全国革命老区县发展史丛书·广东卷

佛山市三水区革命老区发展史

佛山市三水区革命老区发展史编委会　编

SPM 南方出版传媒·广东人民出版社
·广州·

图书在版编目（CIP）数据

佛山市三水区革命老区发展史／佛山市三水区革命老区发展史编委会编. —广州：广东人民出版社，2021.6

（全国革命老区县发展史丛书·广东卷）

ISBN 978-7-218-14782-6

Ⅰ．①佛…　Ⅱ．①佛…　Ⅲ．①三水区—地方史　Ⅳ．①K296.54

中国版本图书馆 CIP 数据核字（2020）第 252170 号

FOSHAN SHI SANSHUI QU GEMING LAOQU FAZHANSHI

佛山市三水区革命老区发展史

佛山市三水区革命老区发展史编委会　编　　　　版权所有　翻印必究

出 版 人：肖风华

封底摄影：三水区档案局李东
责任编辑：卢雪华　伍茗欣
装帧设计：张力平等
责任技编：吴彦斌　周星奎

出版发行：广东人民出版社
地　　址：广州市海珠区新港西路 204 号 2 号楼（邮政编码：510300）
电　　话：（020）85716809（总编室）
传　　真：（020）85716872
网　　址：http://www.gdpph.com
印　　刷：广州市浩诚印刷有限公司
开　　本：715mm×995mm　1/16
印　　张：19.25　　字　　数：280 千
版　　次：2021 年 6 月第 1 版
印　　次：2021 年 6 月第 1 次印刷
定　　价：72.00 元

广东省编纂《革命老区县发展史》丛书
指导小组

组　　长：陈开枝（广东省老区建设促进会会长）

副组长：林华景（广东省老区建设促进会常务副会长）

　　　　宋宗约（广东省农业农村厅二级巡视员、广东省老
　　　　　　　　区建设促进会副会长）

　　　　刘文炎（广东省老区建设促进会副会长）

　　　　郑木胜（广东省老区建设促进会副会长）

　　　　姚泽源（广东省老区建设促进会副会长兼秘书长）

　　　　谭世勋（广东省老区建设促进会副会长）

　　　　廖纪坤（广东省农业农村厅总经济师）

办公室

主　　任：姚泽源（兼）

副主任：韦　浩（广东省农业农村厅扶贫协作与老区建设处
　　　　　　　　处长）

　　　　柯绍华（广东省老区建设促进会副秘书长）

　　　　伍依丽（广东省老区建设促进会副秘书长）

《佛山市三水区革命老区发展史》编纂委员会

主　　　任：李金旺

副 主 任：梁炬坤　董志泉　邓志东

顾　　　问：王恒韶　植伟森

成　　　员：李　强　傅　梅　张坤祥　陈玉虎

　　　　　　罗嘉幸　麦自能　陈世宁　郭尚林

　　　　　　蔡　迅　蔡广辉　何永坤　陆伟明

　　　　　　余燕良　林辉明　罗志锐　禤广二

主　　　编：唐恩林

责任编辑：黎嘉仪　邓　韵　麦晓明　李少青

在举国欢庆新中国成立 70 周年前夕，中国老区建设促进会王健会长请我为《全国革命老区县发展史》丛书作序，作为一名在老区战斗过并得到老区人民生死相助的老兵，回首往事，心潮澎湃，感慨万千，深感义不容辞，欣然应允。

中国革命老区，是以毛泽东为代表的中国共产党人在领导人民推翻帝国主义、封建主义和官僚资本主义三座大山，争取民族独立和人民解放伟大斗争中建立的革命根据地，在这片红色的土地上，诞生了无数可歌可泣的革命英雄儿女，为后人树起了一座不朽的丰碑，她是新中国的摇篮，是党和军队的根。

在艰苦卓绝的战争年代，老区人民把自己的命运与中华民族的命运紧紧地联系在一起，与中国共产党和人民军队的命运紧紧地联系在一起，他们生死相依，患难与共。我曾亲历过战争年代，并得到过老区红哥红嫂的救助，切身感受到发生在身边的一幕幕撼天动地的革命故事，在那极其艰难的条件下，老区人民倾其所有、破家支前，不怕艰难困苦，不怕流血牺牲。"最后一碗米送去做军粮，最后一尺布送去做军装，最后一件老棉袄盖在担架上，最后一个亲骨肉送去上战场"，这是当时伟大的老区人民为建立新中国做出巨大牺牲的真实写照，它将永远镌刻在中国共产党、中国人民解放军、中华人民共和国的历史丰碑上。他们的光辉业绩永载史册，他们的革命精神必将影响一代又一代的革命新人，造就一代又一代的民族脊梁。

在社会主义革命和建设时期，革命老区和老区人民响应党的号召，面对落后的面貌、脆弱的经济、恶劣的生态环境，他们本色不变，精神不丢，自力更生，艰苦奋斗，干一行爱一行。始终坚持"革命理想高于天"，自觉做共产主义远大理想的坚定信仰者和忠实实践者，勇于向恶劣的自然环境和贫穷落后宣战，他们在各条战线上为国建功立业，用平凡的双手创造了一个又一个不平凡的奇迹，彰显了老区人的崇高精神和人格力量。

在改革开放的伟大进程中，老区人民解放思想，勇于创新，发奋图强，攻坚克难，老区的经济社会建设取得了辉煌成就。特别是在改变中国的面貌、中华民族的面貌、中国人民的面貌、中国共产党的面貌的伟大实践中发挥了至关重要的作用。老区人民既是改革开放的参与者，也是改革开放的推动者。

艰苦练意志，危难见精神。老区人民在近百年的革命战争、社会主义建设和改革开放的伟大实践中，孕育形成了伟大的老区精神：爱党信党、坚定不移的理想信念；舍生忘死、无私奉献的博大胸怀；不屈不挠、敢于胜利的英雄气概；自强不息、艰苦奋斗的顽强斗志；求真务实、开拓创新的科学态度；鱼水情深、生死相依的光荣传统。这是党和人民宝贵的精神财富、丰厚的政治资源，是凝心聚力、振奋民族精神的重要法宝，也是社会主义核心价值观的重要内容。

中国老区建设促进会怀着强烈的政治责任感和历史使命感，组织全国各地老促会人员克服困难，尽心竭力编纂《全国革命老区县发展史》丛书，记录老区的光辉历史和辉煌成就，传承红色基因，弘扬老区精神，是功在当代、利及千秋的一件大事。手捧这部丛书的部分书稿，读着书中的故事，倍感亲切，深感这部丛书具有资政、育人、存史的社会功能，有着重要的时代和历史价值。它是不忘初心、牢记使命的源头活水，是赞颂共产党、讴歌老区人民的一部精品力作，是弘扬老区精神、传承红色记忆的丰厚载体，是一项继承优秀传统文化、弘扬革命文化、发展社会主义先进文化，坚定"四个自信"的宏大文化工程。它必将成为一种文化品牌，为各界人士了解老区宣传老区支持老区提供一部有价值的研究史料。希望读者朋友们能从中了解并牢记这些为党和民族的利益不断奉献的老区人民，从中得到教益，汲取人生奋斗的精神动力。

　　新时代赋予新使命，新起点开启新征程。让我们更加紧密地团结在以习近平同志为核心的党中央周围，坚持以习近平新时代中国特色社会主义思想为指导，增强"四个意识"，坚定"四个自信"，做到"两个维护"，弘扬老区精神，铭记苦难辉煌。为实现"两个一百年"奋斗目标，实现中华民族伟大复兴的中国梦作出新的更大的贡献！

邓清田

2019 年 4 月 11 日

2017 年 6 月，中国老区建设促进会组织全国各地老促会启动编纂《全国革命老区县发展史》丛书，按照"建立中国共产党、成立中华人民共和国、推进改革开放和中国特色社会主义事业"三大里程碑的历史脉络，系统书写革命老区百年历史，深入挖掘革命老区红色文化资源，这对于充实丰富中国革命史籍宝库、在新时代传承红色基因、弘扬革命精神、强固根本，对于激励人们在新的历史条件下夺取中国特色社会主义伟大胜利，实现口华民族伟大复兴的中国梦具有重要意义。

丛书编纂以习近平新时代中国特色社会主义思想为指导，以《中国共产党历史》《中国共产党的九十年》等重要文献为基本依据，以党的领导为核心，以老区人民为主体，以老区发展为主线，体现历史进程特征，突出时代发展特色，坚持辩证唯物主义和历史唯物主义相统一、历史真实性与内容可读性相统一的原则，书写革命老区从站起来、富起来到强起来的光辉革命史、不懈奋斗史、辉煌成就史，把老区人民的伟大贡献、伟大创造、伟大成就、伟大精神充分展示出来，形成一部具有厚重历史特征和鲜明时代特色的精品力作。这是一部培根铸魂、守正创新，既为历史立言，又为时代服务，字里行间流淌着红色血脉、催生着革命激情的传世之作。丛书的编纂出版将成为讴歌党讴歌人民讴歌时代、传播红色文化、为革命老区和老区人民树碑立传的重要载体。

　　丛书按照编年体与纪事本末体相结合、以编年体为主的编写体例确定框架结构；运用时经事纬、点面结合的方式记述史实；坚持人事结合、以事带人的原则处理人与事的关系；采取夹叙夹议、叙论结合以叙为主的方法展开内容。做到了史料与史论、历史与现实、政治与学术统一，文献性、学术性、知识性相兼容。

　　为编纂好《全国革命老区县发展史》丛书，打造红色文化品牌，中国老区建设促进会认真组织积极协调，提出政治立场鲜明、史料真实准确、思想论述深刻、历史维度厚重、时代特色突出、编写体例规范、篇目布局合理、审读把关严格、出版制作精良的编纂出版总要求，力求达到革命史籍精品的精神高度、思想深度、知识广度、语言力度，增强丛书的权威性和社会影响力。各省（区、市）、市（州、盟）、县（市、区、旗）老促会的同志，以强烈的使命感、责任感和紧迫感，勇于担当，积极作为，认真实施，组织由老促会成员、专家学者等参加的十余万人编纂队伍。编纂工作主体责任在县，省、市组织协调、有力指导、审读把关。各方面人员以高度负责的精神和科学严谨的态度，满腔热情地投入工作，为丛书编纂出版做出了重要贡献。丛书编纂工作还得到了党和国家有关部委、地方各级党委政府及有关部门的大力支持和积极参与，社会各界也给予了热情帮助。中共中央政治局原委员、中央军委原副主席、原国务委员兼国防部长迟浩田上将，对老区人民怀有深厚感情，对革命老区建设发展十分关注，欣然为《全国革命老区县发展史》丛书作总序。

　　丛书由总册和 1599 部分册（每个革命老区县编纂 1 部分册）组成，共 1600 册。鉴于丛书所记述的史实内容多、时间跨度长和编纂时间紧，不妥之处，敬请批评指正。

中国老区建设促进会

革命老区发展史反映的是老区人民在党的领导下，数十年来艰苦奋斗、发展壮大并取得喜人成就的历史。进入新时代，我们要站在新的历史起点上，更深刻、更全面地审视老区历史，展望老区未来。历史需要反思，需要研究，需要总结，需要传承。反思能增长智慧，研究能得到启迪，总结能获得新知，传承能体现价值。编纂革命老区发展史丛书，就是为了深入挖掘、深度研究、深刻认识老区发展的历史进程，认真总结老区发展的历史经验，准确把握老区发展的历史规律；就是为了充分阐述和肯定老区人民的伟大贡献，充分展示和肯定老区发展的伟大成就，充分认识和肯定老区精神的时代价值；就是为了发扬光荣传统，传承红色基因，弘扬老区精神；就是为了不忘初心，牢记使命，与时俱进，在新的历史时期作出新的贡献。也就是说，通过编纂丛书把老区的光荣历史、老区人民的伟大贡献、老区发展的巨大成就上升到革命精神层面、红色文化层面、先进思想层面和时代价值层面来认识、来总结、来传承。为此，编写出一部有价值的老区人民在党的领导下几十年奋斗史和发展史专著，发挥其资政、育人、存史的社会功能，可谓是为老区人民群众办的一件久久为功的好事、实事。

第一章

区域和革命老区概况

第一节 基本情况

一、区域概况

佛山市三水区地理坐标为北纬 22°58′～23°34′，东经 112°46′～113°02′。位于广东省中部、珠江三角洲西北端、佛山市西北部。东邻广州市花都区，东南与佛山市南海区相连，西北与肇庆市四会市交界，北接清远市清新区，西南与肇庆市高要区、佛山市高明区隔西江相望。三水中心城区东距广州市区 30 千米，东南距佛山市禅城区 24 千米。

三水区位于三水盆地内。区域形状狭长，南北最长 68 千米，东西最宽 30.1 千米。地势自西北向东南倾斜，西北多高丘，最高峰西平岭海拔 591 米，东南多冲积平原及低丘。中部云东海湖地势低洼，在珠江口海平面以下，最低处负 1.07 米。

2017 年，三水区总面积 827.69 平方千米。辖西南街道、云东海街道、白坭镇、乐平镇、芦苞镇、大塘镇、南山镇 7 个镇（街道），有 22 个社区居民委员会（简称"居委会"）、48 个村民委员会（简称"村委会"）、774 个自然村。三水区委、区政府驻地西南街道。

二、名称沿革

三水，因西江、北江、绥江三江在境内汇流而得名。秦朝时期属南海郡。西汉至东晋时期属番禺县、四会县。唐朝至明朝属南海县、高要县。明嘉靖五年（1526 年），分割南海县 34 图、高要县 17 图，建置三水县。中华人民共和国成立后，经国务院批准，1959 年 3 月 2 日，三水县并入南海县（称南三县）；1960 年 9 月 30 日，恢复三水县建制；1993 年 3 月 29 日，三水撤县设市（县级市）；2002 年 12 月，三水撤市设区，成为佛山市 5 个市辖区之一。

三、资源优势

经勘查，三水区内矿产资源有石油、油页岩、天然气、煤、铁、钨、铅锌、铋、石膏、水泥灰岩（含花岗石、石料）、岩盐、硫铁矿、磷、地下水、矿泉水、泥炭土、白陶土、二氧化碳气体等 18 种，还有一定储量的银矿 1 处、金矿多处。曾开采的矿产有石油、油页岩、煤、石膏、水泥灰岩（含花岗石、石料）、硫铁矿、矿泉水、白陶土、岩盐。开发利用的矿产以白陶土、岩盐、石油 3 种为主。

三水境内河涌交错，珠江水系的第一大河西江、第二大河北江及其支流绥江在此汇流。西江流经西南街道、白坭镇边境，北江从北至南纵贯大塘、芦苞、乐平、西南等镇（街道），并经思贤滘与西江相通。西江年平均径流量 2254 亿立方米（仅次于长江，居全国第二位），北江年平均径流量 483.4 亿立方米，三水区是广东省内水资源最丰富的县级区。区内有西江、北江的支流 8 条，分别是思贤滘、漫水河、西南涌、芦苞涌、九曲河、青岐涌、乌石涌、南沙涌，还有樵北涌、左岸涌、大棉涌等 33 条主干内河涌。西江水质常年 II 类水标准，在丰水期还能达到 I 类水标准。广州市、佛山市自来水第二水源供水工程设在西南街道金本下陈村西江河段，设计取水规模为每日 350 万立方米，可供 600 多万市民用水，由 2 条直径 3.6 米的主管供自来水至广州、佛山两市，是全国第三大引水工程。

第二节 革命老区情况

一、革命老区概况

1957 年，经广东省人民政府审定，全区有革命老区村庄 7 个，均在乐平镇辖内，分别为源潭村委会的张岗头、隔坑、康乐，三溪村委会的横岗、桃圻、田螺圻（1990 年后田螺圻分拆成田东、田西 2 个自然村）、小迳。2017 年，老区总人口 5793 人。

1939 年 9 月，中共西江特别委员会（简称"中共西江特委"）决定成立中共三水县工作委员会（简称"中共三水县工委"），云昌遇任书记，开展党的秘密发展、教育群众等工作。在芦苞、乐平、南边一带都有地下党员在进行工作，后在南海、三水交界的官窑、源潭、大旗头村等地逐步秘密发展武装力量，组建抗日队伍。

1944 年 7 月，南（海）番（禺）中（山）顺（德）游击区指挥部决定把南海人民抗日独立中队扩编为南三大队。

1945 年 1 月 15 日，南三大队在沙头乡（原属三水，1958 年划归南海）召开大会，公开宣布接受中国共产党领导，编为广东人民抗日游击队珠江纵队独立第三大队（简称"独立第三大队"），冯光任大队长，梅易辰任政委，下辖 3 个中队、1 个独立小队及民运组、医疗站等。

1945 年 2 月 14 日，独立第三大队从沙头出发，攻打乐平圩汪伪联防队，遭顽强抵抗，互有伤亡，后撤退。4月上旬，独立第三大队决定夜袭源潭圩汪伪联防队禤绍祥部，大队组织了300多人，其中20多人为突击队，分为爆破组和冲锋组。凌晨2时多，队伍接近敌炮楼，爆破组刚将炸药包挂在铁门上，就被敌伪发觉，爆破组遭猛烈射击，未能将炸药包引炸，被迫退回。天将亮，独立第三大队改攻村后炮楼，爆破组炸开大门，冲锋组3人为一组，3个小组接力冲上，互为掩护。敌伪亦顽抗反击，独立第三大队战士欧波当场中弹牺牲。经过数十分钟的奋战，全歼敌军。此时天已大亮，独立第三大队不敢久留，立即撤回鬲坑村。

4月中旬，独立第三大队集中所部300多人，从鬲坑村出发，夜袭南边圩伪保警中队。该驻地两侧围有铁丝网，独立第三大队用6张长凳叠起作梯级，横跨铁丝网，被发现后遭射言。后改由爆破组在炮楼后墙炸开缺口，冲锋组正准备冲入洞口时，敌兵投来手榴弹，独立第三大队战士陆卓手疾眼快胆大，将手榴弹踢回屋内，当场炸死伪兵数人。陆卓勇敢地冲入屋内，但不幸被伪兵击中，当场牺牲。其他队员也跟着冲进去，敌人无法抵挡，缴械投降。这一仗俘虏伪警10多人，独立第三大队押着俘虏，抬着陆卓的遗体返回鬲坑，天才大亮。

4月下旬，独立第三大队决定夜袭欺压群众、破坏抗日根据地的位于梁家庄的维持会。由铁鹰中队邓队长带领游击队员40多人，半夜从张岗头总部出发，经黄花基奔袭梁家庄，至村边被敌伪发现，遂进行强攻，展开了激烈的巷战，敌伪撤退到炮楼，负隅顽抗，游击队员包围炮楼，屡攻不下。朱苏、朱三2位游击队员负伤，由2位女卫生员背回总部。至次日清晨5时，避敌增援，遂撤回张岗头。

5月上旬，广东人民抗日游击队珠江纵队（简称"珠江纵队"）决定建立南三乡政建设委员会，下设7个乡办事处：南海县的大榄、小榄、银岗、小坳；三水县的源潭、沙头、桃坳，设民兵常备队。其中源潭乡办事处主任为禤筠华。建立根据地后，开展减租减息、征粮收税、宣传教育等工作，逐步开拓游击活动地盘。此时第二次世界大战已临尾声，日军深知大势已去，无心恋战，汪伪保警亦龟缩未敢妄动。部队分散开来做群众工作，除奸捉匪，维护防务治安。南三乡政建设委员会及所设乡办事处是人民的政权，现在的三水革命老区就是指抗日后期这一小片建立过民主政权的乡村。

1945 年 8 月 25 日，珠江纵队接上级命令，令独立第三大队全部北上粤北，迎接南下的王震大军。独立第三大队响应中共中央战略调整，于是由郑少康率领约 480 名队员挺进粤北，后因其他原因，王震大军未至广东，郑少康所部改为粤北支队，至 1946 年又奉命随广东人民抗日游击队东江纵队（简称"东江纵队"）北撤山东。

南三乡政权此时面临仅有武装骨干 20 多人和部分民兵常备队、联乡干部等坚持民主革命根据地的局面。1945 年 8 月底，原汪伪联防队队长禤绍祥向源潭民主政权反扑，留守武装、民兵及当地群众奋力反击，互有伤亡，但保住了政权，击退了伪联防队。11 月下旬，国民党军及地方反动武装组织了 2000 多人向南三边老区发起"扫荡"。12 月中，全体武装人员撤离南三边地区，公开身份的革命人员如禤筠华等大多前往香港暂住，南三乡民主政权至此解体。

康乐、张岗头、隔坑、桃坳、小迳、田螺坳、横岗等 7 个村庄，游击队活动频繁。白天，游击队员隐蔽在山岗丛林里；夜晚，他们恰似神兵从天而降。面对敌强我弱的形势，他们灵活机动，出其不意、攻其不备，充分发挥善于夜袭的优势，打敌巢、炸碉堡、捉汉奸、杀日寇。时而奇兵突出，以少胜多；时而集中兵力，围歼敌营。一场场战役，一次次奇袭，令敌伪防不胜防，打得敌人丢盔弃甲。

村边的山岗田野，村后的茂密丛林，村口的围墙碉楼，护村的簕竹林带，都成了游击队的有利阵地，有效阻遏了敌伪的反扑和进犯。军爱民，民拥军，军民团结无所惧，不屈不挠斗志昂。独立第三大队和乐平乡亲共同筑成了抗日的铁壁铜墙，挺起了中华民族的脊梁。

以乐平的源潭、三溪一带村落为中心，方圆近20里（1里＝500米，下同）的土地上，抗日的烽火燃红一片，抗日浪潮令敌胆寒。从1938年10月日军入侵三水，到1945年8月15日日本帝国主义宣布无条件投降，三水人民浴血奋战，尤其是中共领导的抗日游击队和乐平乡亲，数十次英勇抗击猖狂一时的日本侵略者，取得了令人瞩目的辉煌战绩，为全国的抗战胜利作出了出色的贡献。

二、各革命老区村概况

（一）张岗头村

张岗头村，位于乐平镇西南部，距离镇政府约6千米。该村位于丘陵地带，相邻自然村有乐源村、新屋村、圳西村、刘边村。始建于清朝初年，张姓始祖从韶关南雄珠玑巷迁至此地开村。因建在山岗的头部，以姓名村，故名张岗头村。

开村时，属三水县三江都；清光绪十四年（1888年），属三水县东区念东局；民国时期，属三水县东区、三区念东乡。中华人民共和国成立后，1953年，属三水县三区乐平乡；1963年，属三水县乐平公社；1989年，属三水县乐平镇隔坑管理区；1997年10月，属三水市乐平镇隔坑村委会；2004年7月，属三水区乐平镇源潭村委会至今。

张岗头村

世居村民姓氏为张姓，村民均为汉族，属广府民系，使用粤方言。2017年底，该村户籍人口207人，其中男性98人、女性109人；80岁以上者7人，最年长者93岁（女）；生活主要依靠农业收入的有58人，常年在城镇生活和打工的有55人；实际在村人口152人。祖籍该村的香港同胞约200人，台湾同胞7人。祖籍该村的华侨30人，主要分布在加拿大、美国、新加坡。

传统经济以养殖猪、鱼、"三鸟"（鸡、鸭、鹅）等为主。2015年，经营鱼塘发包75亩（1亩=666.667平方米，下同），年产值约23万元；土地发包165亩，年产值约33万元；土地出租200亩，每年租金约75万元。村民主要收入来源中农业生产占15%，工资性收入占35%，村集体性分红占30%，房屋出租占20%。

省道361线、县道新乐南公路和塘西大道、乡道隔坑大道经过该村。该村于1963年通电，1986年全村村道实现水泥硬底化，1989年通自来水，1992年通电话，1999年通互联网络。2011年9月，张岗头村开展新农村建设。村中建有垃圾收集站，集中收集处理垃圾。文体设施主要有篮球场。

1956年11月，该村村民参与修筑张岗头后岗山塘。1957年2月经广东省人民政府审定，张岗头村被认定为革命老区。

2012年12月，张岗头村被评为广东省卫生村。

（二）隔坑村

隔坑村，位于乐平镇西南部，距离镇政府约7千米。相邻自然村有上边村、康乐村、新屋村、洲头村。始建于明正德初年，冯氏始祖冯敬才迁至此地开村。因位于丘陵，地形像一对凤凰并肩而栖，北边的松岗和南边的地塘岗是凤凰昂起的头，老坑坜和尖嘴地为凤凰的双尾，故原名凤凰岗，后因与上边村相隔一条坑而改称隔坑。

隔坑村

开村时，属南海县；明嘉靖五年（1526 年），属三水县三江都；清光绪十四年（1888 年），属三水县东区念东局；民国时期，属三水县东区、三区念东乡。中华人民共和国成立后，1953 年，属三水县三区乐平乡；1963 年，属三水县乐平公社；1989 年，属三水县乐平镇隔坑管理区；1997 年 10 月，属三水市乐平镇隔坑村委会；2004 年 7 月，属三水区乐平镇源潭村委会至今。

世居村民姓氏为冯姓，明初从南海县石涌迁至广州白米岗。明正德年间从白米岗迁至该地。村民均为汉族，属广府民系，使用粤方言。2017 年底，该村户籍人口 418 人，其中男性 191 人、女性 227 人；80 岁以上者 20 人，最年长者 90 岁（女）；常年在城镇生活和打工的有 125 人；实际在村人口 283 人。非户籍外来人口 9 人。祖籍该村的香港同胞约 20 人，澳门同胞约 20 人。祖籍该村的华侨 8 人，主要分布在加拿大、美国。

传统经济以农业为主，主要种植冬瓜、番茄，养殖猪、鱼、"三鸟"等。2017 年，经营鱼塘发包 750 亩，土地发包 280 亩，年产值 56 万元。村民主要收入来源中农业生产占 55%，工资性收入占 25%，村集体性分红占 20%。

省道 361 线、县道新乐南公路和塘西大道、乡道隔坑大道经过该村。该村于 1962 年通电，1989 年通自来水，1992 年通电话，1996 年全村村道实现水泥硬底化，2005 年通互联网络。文体设施主要有篮球场。2013 年完成新农村建设。

1957 年 12 月，经广东省人民政府审定，隔坑村被认定为革命老区。1976 年 11 月，隔坑南头灌溉站引水涌工程建成。1986 年 10 月，隔坑有机玻璃厂投产。

2014 年 6 月，隔坑村被评为广东省卫生村。

（三）康乐村

康乐村，位于乐平镇西南部，距离镇政府约 7 千米，相邻自然村有上边村、隔坑村、洲头村。始建于明弘治年间，因与二边村同一始祖太公，子孙繁衍，村中出现上下两部分，因地势低洼，易受水患，故取名下边村。后迁至岗丘边，改名康乐村，取安康快乐之意。

康乐村

开村时，属南海县；明嘉靖五年（1526年），属三水县三江都；清光绪十四年（1888年），属三水县东区念东局；民国时期，属三水县东区、三区念东乡。中华人民共和国成立后，1953年，属三水县三区乐平乡；1963年，属三水县乐平公社；1989年，属三水县乐平镇隔坑管理区；1997年10月，属三水市乐平镇隔坑村委会；2004年，属三水区乐平镇源潭村委会至今。

世居村民姓氏主要为禤姓，南宋咸淳年间从山东经广东韶关南雄珠玑巷迁至广东南海县三江都，明弘治年间从圣溪村迁至该地。村民为汉族，属广府民系，使用粤方言。2017年底，该村户籍人口293人，其中男性144人、女性149人；80岁以上者9人，最年长者98岁（男）；生活主要依靠农业收入的有56人，常年在城镇生活和打工的有90人；实际在村人口203人。非户籍外来人口7人。祖籍该村的香港同胞约150人，澳门同胞约30人，台湾同胞约30人。

省道361线、县道新乐南公路和塘西大道、乡道洲头大道经过该村。该村于1963年通电，1986年通电话，1994年全村村道实现水泥硬底化，同年通自来水，2000年通互联网络。村中建有垃圾收集站，集中收集处理垃圾。文体设施主要有篮球场。

1957年12月，经广东省人民政府审定，康乐村被认定为革命老区。2000年6月，康乐村长达1.8千米水泥砖石混合三面光主干灌溉沟完成。

2012年12月，康乐村被评为广东省卫生村。

（四）田西村

田西村，位于乐平镇西南部，距离镇政府约5千米，与桃圳村、田东村、横岗村、禄步村相邻。明成化二十二年（1486年），何姓迁至此地开村。据《三水县地名志》记载，因地形地貌似田螺，原名田螺圳村。20世纪50年代后，成立田联大队，1990年分为田东村、田西村。

开村时，属南海县；清朝，属三水县三江都；民国时期，属三水县南区。中华人民共和国成立后，属三水县三区；1958年，属三水县三溪公社；1983年，属三水县乐平镇三溪乡；1989年，属三水县乐平镇三溪管理区；1997年10月，属三水市乐平镇三溪村委会；2003年，属三水区乐平镇三溪村委会至今。

世居村民姓氏主要为何姓、龙姓，第一大姓为何姓，明洪武元年（1368年）从湖南迁至广东韶关南雄珠玑巷，明成化二十二

田西村

年从珠玑巷迁至此地开村。村民均为汉族，属广府民系，使用粤方言。2017 年底，全村户籍人口 1260 人，其中男性 723 人、女性 537 人；80 岁以上者 23 人，最年长者 97 岁（女）；生活主要依靠农业收入的有 268 人，常年在城镇生活和打工的有 850 人；实际在村人口 410 人。祖籍该村的香港同胞约 200 人，澳门同胞约 130 人。祖籍该村的华人华侨 25 人，主要分布在菲律宾、越南、新加坡、美国、日本、加拿大等国家。

传统经济以种养业为主，主要种植萝卜、雪梨瓜、西瓜、花生、芋头，养殖四大家鱼及鸡、鸭、猪等。2000 年后，大部分青壮年外出打工。随着乐平工业园区的发展，该村土地被征收。通过招商引资，许多企业落户田西村，如国内知名企业福工汽车有限公司。村民收入不断增加，生活水平逐步提高，幸福指数不断攀升。村民主要收入来源有工资性收入和村集体经济分红。

乡道三江公路经过该村。该村于 1963 年通电，1970 年通电话，1984 年全村村道实现水泥硬底化，1995 年通自来水，21 世纪初通互联网络。文体设施有篮球场。

1957 年 12 月，经广东省人民政府审定，田西村被认定为革命老区。

（五）田东村

田东村，位于乐平镇西南部，距离镇政府约 5 千米。相邻自然村有三江村、田西村、横岗村。始建于元朝，罗姓迁至此地开村。据《三水县地名志》记载，因地形地貌似田螺，原名田螺坽村。20 世纪 50 年代后，成立田联大队。1990 年分为田东村、田西村。

田东村

元朝，属南海县；明嘉靖五年（1526 年）至清朝，属三水县三江都；民国时期，属三水县南区。中华人民共和国成立后，属三水区中区；1954 年，属三水县三区；1958 年，属三水县三溪公社；1983 年，属三水县乐平镇三溪乡；1989 年，属三水县乐平镇三溪管理区；1997 年 10 月，属三水市乐平镇三溪村委会；2003年，属三水区乐平镇三溪村委会至今。

世居村民姓氏主要为罗姓，据范湖显学冈《罗氏族谱》记载，始祖罗贵孙琴轩生四子，四子米周迁居三水县田螺坵村。村民均为汉族，属广府民系，使用粤方言。2017 年底，该村户籍人口 700 人，其中男性 345 人、女性 355 人；80 岁以上者 15 人，最年长者 97 岁（女）；生活主要依靠农业收入的有约 500 人，常年在城镇生活和打工的有约 40 人；实际在村人口 660 人。非户籍外来人口 20 人。祖籍该村的香港同胞约 300 人。祖籍该村的华人华侨 17 人，主要分布在美国、加拿大、澳大利亚。

该村于 1960 年开始通电话，1962 年通电，1985 年通自来水，1999 年通互联网络，2000 年全村村道实现水泥硬底化。文体设施有篮球场、老人娱乐中心等。村民生活水平逐步提高，幸福指数不断攀升。

1957 年 12 月，经广东省人民政府审定，田东村被认定为革命老区。

（六）横岗村

横岗村，位于乐平镇西南部，距离镇政府约 3 千米。相邻自然村有田东村、田西村、沙塘村、汉塘村。始建于明末清初，始祖为避战乱从广东韶关南雄珠玑巷迁至此地开村。原名坑尾村，曾用名横溪村，后改名横岗村。随着城市产业的扩张，横岗村成为三溪村委会第一个全征地村，是被乐平工业园区包围的城中村。2005 年，按照村统一规划，推平旧村后面的竹园作为宅基地分到每位村民，现在已基本盖成出租楼房。

开村时，属三水县三江都；清光绪十四年（1888 年），属三

横岗村

水县东区敦仁局；民国时期，先后属三水县东区、三区教仁乡。中华人民共和国成立后，1953 年，属三水县三区念仁乡；1956年，属三水县乐平乡；1963 年，属三水县乐平公社；2003 年，属三水区乐平镇三溪村委会至今。

世居村民姓氏主要有叶、罗、甘、沈、李、禤，第一大姓为叶姓，明末清初从广东韶关南雄珠玑巷迁至此地；第二大姓为罗姓，明末清初从广东韶关南雄珠玑巷迁至此地。村民均为汉族，属广府民系，使用粤方言。2017 年底，该村户籍人口 446 人，其中男性 207 人、女性 239 人；80 岁以上者 12 人，最年长者 93 岁（男）；外出打工人口 236 人，实际在村人口 210 人。非户籍外来人口 9200 人。祖籍该村的香港同胞 8 人。

乡道 522 线从村旁经过。该村于 1963 年通电，1986 年通电话，1987 年通自来水，1999 年通互联网络，2005 年全村村道实现水泥硬底化。2008 年底，建成宝盈横岗市场，吸引大批外来务工人员到横岗村租住。村中适龄儿童在位于桃圩村的三溪小学就读。文体设施有篮球场、横岗村文化室、村民阅览室，存有图书200余册。

抗日战争时期，村民在横岗村外围种满了带刺的竹子（簕竹），有利于隐蔽。珠江纵队经常在横岗村驻扎，村民也自觉组成民兵团，拿起土枪土炮与游击队员一道抗击日军。

1957年12月，经广东省人民政府审定，横岗村被认定为革命老区。

（七）桃圩村

桃圩村，位于乐平镇西南部，距离镇政府约5千米。东邻田西村，南邻禄步村，北邻夏洞村。明成化年间，何姓迁至此地建村。据《三水县地名志》记载，原名叫驼圩村，后因"驼"字不雅，改为桃圩村。在过去的百年间，桃圩村经历了多次水患，如

桃圩村

今成为乐平工业园区中的村落。

明清时期,属三水县三江都;民国时期,属三水县南区。中华人民共和国成立后,属三水区中区;1954 年,属三水县三区;1958 年,属三水县三溪公社;1983 年,属三水县乐平镇三溪乡;1989 年,属三水县乐平镇三溪管理区;1997 年,属三水市乐平镇三溪村委会;2003 年,属三水区乐平镇三溪村委会至今。

世居村民姓氏主要有何、潘、龙、李。第一大姓为何姓,明洪武年间从湖南迁至广东韶关南雄珠玑巷,明成化年间从珠玑巷迁至此地建村。村民均为汉族,属广府民系,使用粤方言。2015 年底,该村户籍人口 1413 人,其中男性 698 人、女性 715 人;80 岁以上者 43 人,最年长者 102 岁(女);生活主要依靠农业收入的有 85 人,常年在城镇生活和打工的有 450 人;实际在村人口 963 人。非户籍外来人口 145 人。祖籍该村的香港同胞约 400 人,澳门同胞约 50 人。祖籍该村的华人华侨约 40 人,主要分布在菲律宾、越南、新加坡。

传统经济以种植菜、瓜及养殖猪、鱼、"三鸟"等为主。2000 年以后,村中大部分青壮年外出务工。现在经营鱼塘发包、土地转让、商铺出租。村民主要收入来源有工资性收入、农业收入、房屋出租、商铺出租、村集体经济分红。2013 年 9 月,该村制定了《三水区乐平三溪村委会桃坼村股份合作社章程》。

国道 321 线、县道南丰大道、乡道三溪公路经过该村。该村于 1965 年通电,1970 年通电话,1986 年通自来水,1999 年通互联网络,2007 年全村村道实现水泥硬底化。村内有三溪小学,2017 年有 6 个年级,6 个教学班,在校学生 283 人,教职工 15 人。文体设施有 2 个篮球场、1 个文化中心,还有阅读室。

该村有革命烈士何学文(1924—1945),抗日战争时期参加珠江纵队独立第三大队第一中队第一小队。1945 年 2 月 6 日,独立第三大队夜袭南海官窑取得胜利，何学文因英勇作战受到好评。
2月14日，在一次爆破行动中，何学文头部中弹，壮烈牺牲。

1957年12月，经广东省人民政府审定，桃圳村被认定为革
命老区。

（八）小迳村

小迳村，位于乐平镇西南部，距离镇政府约5千米。东邻夏
洞村，南邻康乐村，西邻源潭村委会。因村前后是岗丘，来往多
小路而取名小迳村。清中期，因人口迁入而形成村落。

小迳村

开村时，属三水县三江都；清光绪十四年（1888年），属三
水县东区敦仁局；民国时期，先后属三水县东区、三区。中华人
民共和国成立后，1953年，属三水县三区三溪乡；1989年，属三
水县乐平镇三溪管理区；1997年10月，属三水市乐平镇三溪村

委会；2003 年，属三水区乐平镇三溪村委会至今。

世居村民姓氏为朱姓，清代从广东肇庆迁入。村民为汉族，属广府民系，使用粤方言。2017 年底，该村户籍人口 1036 人，其中男性 493 人、女性 543 人；80 岁以上者 23 人，最年长者 93 岁（女）；常年在城镇生活和打工的有 534 人；实际在村人口 502 人。非户籍外来人口 1410 人。祖籍该村的香港同胞 40 多人。

传统经济以农业为主。2005 年，小迳村土地全部被征收，纳入乐平工业园区范围。村内的一些岗丘，如红岗窦、冬冬岗、山塘等被推平，用于工业用地、建学校、宅基地等。乐平工业园区现有广东佳明重工有限公司、佛山海尔滚筒洗衣机有限公司、佛山市日丰企业有限公司、广东兴发铝业有限公司佛山分公司等众多企业。现在大部分村民外出务工，村民的主要收入来源有工资性收入、村集体经济分红等。

该村交通便利，村口于 2012 年初修建完成西乐大道（X495）、乐强大道，其中西二环高速部分高架桥横跨小迳村。20 世纪 60 年代通电，80 年代初通自来水，90 年代通电话，2003 年通互联网络。村中建有垃圾收集站，每天有专人打扫收集垃圾，环境干净整洁。村中原设有小迳小学，1988 年 9 月并入源潭小学，现原校址内建有标准篮球场，并设有老人之家活动中心。

1957 年 12 月，经广东省人民政府审定，小迳村被认定为革命老区。

老区经济社会发展情况

革命老区村庄所处的乐平镇位于佛山市三水区中部，是三水区第二大镇街，与佛山市南海区、广州市花都区接壤，地理位置优越，区位优势明显。西二环、佛山一环等高速公路、省道盐南线、三水大道、塘西大道、西乐大道贯穿辖区。交通便捷，距广州新机场、佛山中心城区30分钟车程。

2004年是乐平发展史上的重要一年，三水区委、区政府在乐平设立了区级的三水中心科技工业区。在三水区委、区政府的领导下，乐平镇和园区精诚合作，经过几年来的精心打造，三水中心科技工业区取得了长足进步，相继获得"中国汽车零部件三水产业基地""中国医疗器械三水产业基地""国家火炬计划佛山自动化机械及设备产业基地""国家新型显示器件佛山产业园"等4个国家级产业基地称号，并初步形成以汽配、化工、机械制造、电子电器及医疗器械项目为主导的产业格局，在三水经济中占有重要地位。

乐平始终坚持"工业强镇"发展战略，强化招商引资，实施招大、招外、招优的招商战略。2003年以来共引进新项目292个，其中2006年引进新项目95个，合同投资总额达55.7亿元，首次引进了世界500强项目日本三菱塑料和中国500强项目武钢气体。2006年9月，三水中心科技工业区顺利通过国家发改委审核，成为省级开发区，牢固确立了乐平作为三水工业主战场的位置。

2006 年，乐平镇实现工农业总产值 145.5 亿元，同比增长 43.4%；其中工业总产值 137.5 亿元，同比增长 46.8%；实现地区生产总值 41.3 亿元，同比增长 36.1%；完成税收收入 3.5 亿元，同比增长 26.3%。

在工业经济跨越发展的同时，社会各项事业协调发展，成功创建广东省教育强镇和广东省卫生镇。先后获得全国农村优秀学习型乡镇、全国法律援助工作先进集体，广东省先进基层党组织，佛山市文明镇、佛山市计划生育保险工作卓越先锋奖等称号。乐平镇还是广东省重点发展的中心城镇之一，享受广东省加速小城镇发展的多项优惠政策。佛山高新区核心园北园位于辖区内，规划面积 100.98 平方千米，是全省五大智能制造示范基地之一。2015 年，乐平镇居全国百强镇第 48 位。

2016 年，乐平镇户籍人口 158324 人，工农业总产值 966 亿元，农村经济总收入 218.99 亿元，农村居民人均年纯收入 18257 元。2017 年，乐平镇地区生产总值 305.87 亿元，工业总产值 1001 亿元，成为三水区首个工业总产值突破千亿元的大镇；工农业总产值（当年价）1018 亿元，财税收入 32.4 亿元。2016 年和 2017 年位列中国建制镇综合实力前 100 强，全国科学发展百强镇第 38 位。2017 年，三水区地区生产总值 1150.91 亿元，乐平镇地区生产总值 305.87 亿元，占全区的 26.6%。

革命老区村庄恰恰位于工业园内，桃坭、田西、横岗、康乐、隔坑、小迳 6 个村庄的所有土地，田东、张岗头的部分土地已被三水中心科技工业区征收，用于发展工商业。投资近 10 亿元，占地 962 亩的佛山职业技术学院亦坐落于小迳村内。村庄四周厂企林立，店铺繁多，酒店旅馆、餐饮娱乐比比皆是。如今的老区经济已从单一的农业向三大产业发展，老区村民部分坚守种养殖业，部分进企业务工，也有部分经营企业和从事商业活动。至 2017 年，老区总人口 5793 人，农村居民人均纯年收入已突破 1.9 万元。在每年享受农村股份分红之余，由于外来务工人员众多，村民亦不失时机地利用宅基地兴建出租屋用以增加收入。

新中国成立以来，勤劳善良的老区人民在党的领导下不畏艰苦，排除万难，齐头奋进，打下坚实的基础。改革开放后，老区人民以经济建设为中心，以结构调整为主线，实现经济持续健康发展，社会各项事业全面进步，物质生活水平全面提升，步入了小康社会。

中共十八大以来，在党的宏观政策和习近平总书记提出的中国梦重要思想指引下，伟大的祖国正阔步前进在中国特色社会主义道路上。老区人民在党的英明领导下走向富强，过上了幸福生活，致力为实现中华民族伟大复兴贡献一份力量。

第二章

大革命与土地革命战争时期

第一节 中共三水县支部的成立

随着工农运动的兴起和发展，马克思主义革命理论广为传播，为中国共产党三水地方组织的建立，奠定了阶级基础、思想基础和组织基础。

1924年1月，在中国共产党的推动下，第一次国共合作实现，开创了反对帝国主义和封建军阀的革命新局面。为加快发展革命力量，中国共产党利用有利时机，派遣一批党员到各地指导并组织工农运动，建立和发展党的地方组织。1924年春，中共广东党组织派共产党员邓熙农回家乡三水开展革命活动。邓熙农在工人中认真培养骨干，物色发展对象。不久，陆伟昌等共产党员也陆续回到三水，开展党的工作。经过一段时间的努力，邓熙农、陆伟昌于1924年5月发展了从广西来三水西南做工的韦瑞珍（韦一平，壮族）、韦明秀（壮族）入党。在此期间，中共广（州）三（水）铁路支部成立，先后由周贞、陈志文任支部书记。1926年2月，邓熙农、何挽中（何家贤）等共产党员先后被改组后的国民党广东省党部委任为国民党三水县党部筹备员，他们利用合法身份开展革命活动。1926年春夏，中共广东区委又先后派梁应坤、程鸿博（程达夫）、莫萃华（莫瑞华）、陈启熙、陈殿钊、谭毅夫到三水。这些在三水活动的共产党员，虽然以开展工农运动为重点，但一直着力开展建党工作，在西南、河口、一区（后为中区）、四区（后为西区）发展了一些工农群众和知识分子入党。

　　1926 年 5 月至 6 月间，三水县最早的党组织——中共三水县支部成立，隶属中共广东区委，书记梁应坤，支部驻地设在上横涌村，联络处为西南镇同德肉店。中共三水县支部的建立，使三水县的工农运动有了一个坚强的领导核心。三水人民的革命斗争也由此进入了一个崭新的历史时期。1926 年 6 月，三水县第一个农民协会（简称"农会"）在上横涌村成立，梁应坤任会长，三水工农运动面貌焕然一新。

第二节 工农运动的高涨

中共三水县支部成立后，根据上级的指示，支部全力领导工农运动，全县工农运动掀起高潮。

工农运动必然触及封建势力的利益，动摇他们的统治根基。因此，反动派们对工农运动十分恐惧和仇视，千方百计进行阻挠、破坏和镇压。但是，"青山遮不住，毕竟东流去"，在党组织的领导下，三水县广大工农群众为争取自身的权利，为夺取革命斗争的胜利披荆斩棘、勇往直前。

一、碾谷业工人的罢工斗争

资本家为追求更高的剩余价值，获取更大的利益，会通过增加工人的劳动强度、延长工作时间、克扣工人工资等各种手段来攫取利润。而工人为得到应有的待遇和一定的权益，必然会提出正当的要求。当这种合理要求遭到压制时，矛盾便爆发而产生对抗。

1926 年 6 月至 7 月间，芦苞镇米业工人为改善工作条件，向店主提出要求。米业店主不但拒绝工人的正当要求，还以停发工资、开除工人等恐吓手段进行威胁，引起工人强烈不满。工人迫于无奈，举行罢工斗争。工人的合理要求和罢工行动，得到了县内同业工人的同情和声援。在中共三水县支部领导下，米业碾谷业工会组织全县碾谷、米店 300 名工人罢工声援。广东碾谷总工会得悉三水米业工人的罢工斗争，即发声援电函，并派出代表前来援助。罢工持续一个多月，事件震动全省，国民党广东省党部工人部将此事向省党部作了报告。最后国民党广东省党部指令"三水县党部筹备处转告三水县长，责成米店接纳工人条件"，由"农工厅及三水县传集双方妥调处理"。迫于各方面压力，米业主们只好答应工人增加工资、实行 8 小时工作制的要求。碾谷业工人的罢工行动，是在中共三水县支部成立后领导下的第一次工人罢工斗争并取得胜利，充分显示了团结和组织起来的工人，力量强大；也说明了只有通过斗争，工农才能取得自身的权益。

二、农会遭破坏与农军的反击

农民运动动摇了农村封建势力的根基，触及了地主豪绅的利益。封建势力和地主豪绅为了维护其统治地位和既得利益，对不断兴起和发展的农民运动千方百计地加以镇压。

1926 年 6 月 12 日，乘三水与四会县交界处的榄岗乡农会成立之时，国民党三水县县长杨宗炯借名"剿匪"，唆使游击队（指民团）队长唐金全带队包围榄岗乡，用排枪向榄岗乡农会猛烈射击，农会骨干梁文炯、罗文宣当场被打死。后该队攻入村内，对全村 200 多户群众进行抢掠。稍后，民团团长李迪甫也到木棉乡启良学校，将农会会员李桃英、李鸿安、李积良 3 人逮捕，诬指他们是"匪"，沿途殴打，押送县署。三水县农会将情况向国民党广东省党部反映，但杨宗炯"置省部来函于不顾，不加调查"，下令将 3 人枪决。上述事件发生后，三水县农会亟将情况上告。国民党中央农民部派特派员宋华（共产党员）到三水处理此事，与杨宗炯交涉，但遭到民团围攻。嗣后，广东省农民协会西江办事处主任周其鉴（共产党员）、国民党广东省党部代表阮志中（共产党员）又先后到三水查处。杨宗炯慑于压力，撤销了唐金全职务，并赔偿农民损失。

国民党右派和反动民团对农民的疯狂镇压，令革命群众无比义愤。为了给反动民团以有力还击，在榄岗和木棉事件后不久，经过精心准备，在农会负责人陆伟昌率领下，阁美乡农民自卫军数十人，手持棍棒、枪械，包围袭击了青岐圩的民团团警，当场打死团警4名，为死去的共产党员和农友报仇雪恨。

三、"倒杨"运动

汹涌澎湃、方兴未艾的农民运动，强烈地震撼着地方封建统治势力，三水民团团警状如疯犬四出围攻农会，拘捕农会领导人。1926年5月召开的广东省第二次农民代表大会在《关于目前农运形势问题》中指出：各地尤其是三水县署、游击队（大多由民团改编而成）十分气盛，抽剥团资，压迫农民，以"有匪徒在办农会"，借缉奸为名镇压和解散农会。广东省农民协会半年来的重要工作中关于民团问题决议案也指出：自从第二次代表大会至现在，三个月当中，我们天天都见着听着民团摧残我们农会，屠杀我们农友，焚烧我们农村的事实，郁南、封开、德庆、高要、三水、紫金、惠阳、中山、顺德、花县……到处如此。面对反动势力的疯狂镇压，为保卫农会、保护农会会员，梁应坤、何挽中、陆伟昌等共产党员和农会负责人，坚决领导农会，组织农民群众起来斗争，爆发了在三水境内规模和影响较大的"倒杨"运动。

"倒杨"运动是新诞生的中共三水县支部领导广大农民群众把国民党右派分子、三水县县长杨宗炯拉下马的革命斗争。三水县农民运动兴起之时，杨宗炯和三水县民团大队长陆伯泉继破坏榄岗乡农会，枪杀榄岗、木棉两乡农会会员后，1926年8月10日，乘上横涌村农会成立不久，又借捉拿土匪为名，派民团大队入村围捕农会骨干。面对持枪团警，共产党员、上横涌村农会副会长何挽中毫不畏惧，并义正词严地怒斥了陆伯泉。敌人恼羞成怒，依仗人众枪多，强行将何挽中等 8 名农会会员逮捕，还抢走耕牛 2 头。为反击反动民团，保卫农会和农民利益，解救被捕农友，上横涌乡农民在梁应坤领导和邻近乡村农民支持下，一面与反动民团进行斗争，强烈要求释放被捕人员，一面向广东省农民协会控告县民团非法拘捕和杀害农会会员的罪恶行径。1926 年 7 月，广东省农民协会通过其刊物《犁头周报》（第 15 期）发表短评，揭露和抨击国民党三水县政府和三水县民团摧残农会的罪行。与此同时，广东省农民协会又在《中国农民》（第 10 期）《关于半年来的重要工作》中之民团问题决议案里，揭露三水县等地国民党右派"勾结无聊政客、失意军人，收买土匪，扩大民团，利用民团到处摧残农会，焚烧农村"的罪行，指出"这是反革命整个阴谋的一部分"，要求政府责成民团停止镇压农民，切实保护农民利益。在强大的舆论压力下，三水县民团被迫先后释放何挽中等 8 人，并烧炮仗赔礼道歉。1926 年 10 月 16 日，在有共产党人杨匏安、罗绮园和国民党左派人士何香凝等出席的国民党广东省执委第四十二次会议上，对"农民部提出三水县长杨宗炯庇纵队兵前往捕杀李桃英等 3 名党员及抢掠上横涌乡农民财物押殴何挽中等 8 人兹复。据上横涌乡农会报告该县长擅捕该会农民自卫军分队长梁耀棠殴至重伤，谓将该县长及游击队长陆伯泉撤职严办"一事进行讨论，会议议决：将国民党广东省农民部提出的对三水县长杨宗炯和游击（民团）队长陆伯泉撤职查办案，送省政府及政治委员会查办，请省监会审查予以处分。这样，历时 3 个多月的反杨斗争，终于以"倒杨"胜利作结束。这是中共三水县支部成立后领导农民斗争取得的又一个胜利。这一斗争事实说明了"若无农民从乡村中奋起打倒宗法封建的地主阶级之特权，则军阀与帝国主义势力总不会根本倒塌"的革命道理。

学运、青运、妇运的发展

一、三水的学潮

三水青年学生继承五四运动的革命精神，积极参与各种政治运动，对社会的不良现状敢于作坚决的斗争。

1926 年"五九"国耻日（1915 年 5 月 9 日，袁世凯承认日本帝国主义提出的"二十一条"不平等条约，激起全国人民的反日行动。人们把 5 月 9 日定为国耻纪念日），三水青年学生与群众云集西南，举行大会，省派来的宣讲员周百贞宣讲了"五九"国耻事实，听者非常拥护，群情极其义愤。1926 年 6 月，三水中学学生对学校的行政腐败十分不满，要求派代表参加校务，但校长毫不理会。学生们无法忍受，集体举行罢课。三水县县长虽然多次调停，但碍于校长情面，只下令学生上课，谈判毫无结果。学生坚持：撤换校长关伯麟；财政公开，学生参加校务；淘汰不良教师等三项条件，否则继续罢课下去。迁延日久，迄未解决。1926 年 12 月 24 日，国民党广东省青年部派朱念民前来调处，关伯麟自愿解职，校长由县民公举潘世荣接任。在省港大罢工期间，三水青年学生组织宣传队、募捐队开展援助省港罢工周活动，捐款捐物援助罢工工人。在北伐战争中，组织运输队、担架救护队，支援北伐军。由于三水学运颇有成绩，在 1926 年 4 月 24 日召开的广东省学联会第一次代表大会上，全省 49 个市、县、区的 108 名代表中，就有三水县学联会的代表。

二、三水县妇女解放协会的成立和活动

三水妇女富有革命斗争传统。早在 1906 年，西南织布女工就为反对资本家克扣工资而进行过英勇斗争，清代一幅题为《女工又闹》的木刻画就反映了这次革命行动。在第一次大革命洪流中，三水的各种群众运动无不渗透着妇女们的一份积极力量，尤其在农运和学运中，表现更为明显。

为更好地领导妇女运动开展，1926 年 5—6 月，在中共三水县支部指导下，在西南镇从事教育工作的黄秀华、程碧霞（程肖娥）组建了三水县妇女联合会（后改名广东省妇女解放协会三水分会，简称"三水妇协"），参加者有三四十人。

三水妇协成立后，串联和发动妇女，组织识字班、姐妹会、互助会等，组织妇女读书识字，对妇女进行启蒙教育，提高妇女觉悟，广泛地团结各阶层进步妇女投身解放运动，参加反帝反封建斗争，争取"男女平权""自由平等"，使处在中国几千年封建制度"四条绳索"（政权、族权、神权、夫权）捆绑下的广大妇女得以解放出来。

第四节 大革命失败前后的应变斗争

一、工农围攻国民党三水县署

工农运动的迅猛发展，革命力量的不断强大，使国民党三水县党部的右派势力寝食不安。他们大力扶植反动势力，打击和排挤在该党部任职的中共党员和左派人士；不断制造事端挑起工人内部纠纷，出动武装镇压工农运动，袭击工会、农会；通缉中共党员、工会及农会领导人和进步人士。共产党员、国民党三水县党部农界负责人何挽中同刘钜泉等工会、农会骨干，向县党部提出交涉。然而，国民党三水县党部右派分子却诬蔑何挽中等人寻衅闹事，捣乱党部。其后，在全县印发公告，通缉何挽中、刘钜泉、卢启杰、郑福等。国民党三水县党部右派分子倒行逆施的做法，激起全县人民的极大义愤，爆发了继三水农民群众"倒杨"运动后的又一场较大规模的斗争。1927 年 4 月 15 日，在中共三水县支部领导下，工会和农会组织了 1000 多名手持各种器械的工农群众，包围三水县署，强烈要求撤销对共产党人和进步人士的通缉令，停止对工会、农会和进步团体的镇压迫害。广大群众的正义要求遭到国民党三水县党部右派分子的拒绝。工农群众怒不可遏，当场痛打国民党三水县党部改组委员梁持公。国民党三水县县长欧阳万里慑于工农群众的强大压力，又因当日广州发生反革命政变，广三铁路停运而无法与国民党广东省政府联系，欧阳万里孤立无援，被迫公开承认错误，签署撤回通缉令。这一斗争的胜利，再次显示出三水人民大无畏的革命精神。

二、三水党组织转入地下斗争

正当反帝反军阀的工农革命深入发展之时，1927 年 4 月 12 日，蓄谋已久的蒋介石在上海发动反革命政变。4 月 15 日，与蒋介石沆瀣一气的广东国民党右派分子，以"清党"为由，对共产党人和革命群众实行大逮捕、大屠杀。其中三水籍的中共中央候补执委、全国铁路总工会书记邓培在广州被捕牺牲。4 月 16 日，国民党广东省党部执行委员会发出《通告各县市党部检举共党分子》，同时通令全省所有农运特派员停止职务，撤回广州，接着派出"改组委员"到各地去改组中共组织领导的农民群众团体。一连串的反革命行动接踵而来，大有"黑云压城城欲摧"之势。

国民党三水县党部和县署亦步亦趋，4 月 19 日，在全县进行大规模搜捕共产党员，查封工会、农会组织的白色恐怖行动。其后，国民党广东省工人部指派谢桂生、苏沛带队到三水，会同三水的反动工会组织，对各进步工会清查、封闭，对共产党员和工会、农会领导人进行大搜捕。面对强大的右派势力及疯狂的镇压行动，为保存革命火种和力量，三水党组织根据中共广东特委(原中共广东区委) 6 月发出的第三号《通告》和《广东各县破坏工作纲领》中关于鼓动农民起来进行有计划暴动，反抗反动派血腥镇压，化被动抵抗为主动进攻的指示，转入秘密活动，组织新的斗争。

第五节 中共三水县委的成立及其领导的斗争

一、中共三水县委员会的成立

在大革命失败的极其严峻的形势下，中国共产党人并没有被国民党反动派的屠杀政策所吓倒。他们冲破反革命的高压，重新积聚革命力量，继续艰苦卓绝的斗争。

南昌起义爆发后不久，为纠正党在大革命时期的严重错误，中共中央于1927年8月7日在湖北汉口召开了紧急会议（即八七会议）。会议批评了以陈独秀为首的右倾机会主义错误，确定了实行土地革命和武装反抗国民党的总方针，把发动农民举行秋收起义作为当前最重要的任务。8月20日，中共广东省委召开会议，传达八七会议精神，制定了广东省各县市的暴动计划。

1927年广州四一五反革命政变后，中共三水县支部在白色恐怖下坚持革命斗争，并根据八七会议精神开展党组织的重建工作。1927年秋，中共三水县委员会成立，县委书记为梁应坤，县委委员有邓熙农、陆伟昌等，县委机关驻西南镇。

新成立的中共三水县委，根据中共中央土地革命和武装反抗国民党的总方针和中共广东省委关于准备暴动的指示，把工作重点转移到农村，发动群众，巩固和扩大农会组织，建立农民自卫队等武装力量，为举行农民武装暴动创造条件。1927年11月，根据中共广东省委准备举行广州起义的计划，中共三水县委组织横涌、阁美等农会与理发、榨油业等工会的农军和工人赤卫队，赶制各种起义用的标志和宣传品，并进行秘密训练，做好配合广州起义的各项工作。广州起义爆发后，三水部分工人赤卫队员和农军一度占领广三铁路走马营路段。广州起义失败后，因广州外围敌军的反扑，队伍被迫转移、解散。尽管如此，三水农军和赤卫队参与武装暴动，充分表现了三水工农群众大无畏的斗争精神，显示了工农武装的威力。

二、坚持白色恐怖下的斗争

广州起义失败后，国民党更加猖狂地到处搜捕共产党员和革命群众，革命处于低潮时期。三水县的部分党员分散隐蔽或被迫转移外地。截至 1928 年初，全县党员只得寥寥 10 余人。三水县党组织的力量非常弱小，但广东省委制订的《西江暴动计划》却要包括三水在内的西江"创造一个暴动局面来"，指示三水及西江一带的党组织"要引起农民暴动"。三水县党组织盲目执行省委的错误指示，致使三水县党组织在准备暴动中又遭破坏。1928 年 4 月 4 日，广东省委秘书沈宝同向受中共中央委托来香港处理广州起义善后事宜的中央政治局临时事务委员会委员周恩来汇报工作，谈到广东党组织的情况时说，三水"完全失去党的组织"。

为使党组织得到恢复和重建，中共广东省委作出指示："三水等县立即改组党的组织，从支部一直到县委，工农指导机关中须工农分子占多数，从根本上肃清组织上的机会主义。"省委还要求三水等地"采取巡视员制度，经常派人到区、乡的党支部，务须党的政策得到一般党员明瞭（了）"。1928 年 4 月下旬，经省委派人前来帮助改组后，中共三水县临时委员会（简称"中共三水县临委"）成立。同年 8 月 9 日，恢复中共三水县委员会。中共三水县临委和县委书记均为梁应坤，委员有邓熙农、陆伟昌等。同日，中共广东省委致信三水县委，要求三水县当前的工作：一是造成工人群众浓厚的反攻空气，打破反动空气，提高群众的勇气；二是做普遍的宣传，以引起民权运动；三是组织群众，尤其是注意群众，如碾谷、油业、起落货、烟丝等工人的组织，群众组织好乃可使党的组织发展；四是注意找有职业的工人出来负责他们自己的工作，不必过于干涉而减低其独立能力，但又应时常指导工人，务使工会能独立工作。对党的问题，提醒特别注意不要离开群众，以免引起敌人注意，要求切实节约经济开支。根据中共广东省委的指示，三水县委把工作重点从农村转到城镇，并迅速恢复和发展三水的党组织和赤色工会。三水县委认真执行中共广东省委的指示，深入开展工作，在短时间内，重新恢复了油业工人和横涌、阁美等一批党支部，吸收了一些工农积极分子入党，发展了 500 名工人加入工会。三水的工农群众重新振作起来，工农运动重新活跃。就在三水党组织大力发展党员和开展群众工作之时，国民党三水县的反动势力也更加疯狂地进行搜捕。1928 年秋，三水县委委员邓熙农被国民党三水县通缉大队逮捕后杀害。邓熙农在狱中坚贞不屈，拒绝诱释。同期，县委委员陆伟昌也被追捕的反动军警枪杀。三水的党组织又一次遭到严重破坏，党员被迫分散，转入个别活动。

1932 年 11 月，在中共广东省委机关连续遭到破坏后，三水县的党组织和省委失去联系基本停止了活动，全县党员（除自动脱离组织者外）奉命分头易地隐蔽疏散。县委书记梁应坤撤至香港坚持革命斗争。

在大革命、土地革命时期，中共三水县组织经历了初建发展、受破坏、重建、再受破坏的几个阶段。

三水县党组织的建立，是马克思列宁主义在三水传播的结果，工农运动深入发展，也是三水社会政治经济发展的必然结果。在俄国十月革命胜利和五四运动的影响下，三水的知识分子开始接受、学习、宣传马克思主义，推动思想解放运动的开展。大革命时期，国共第一次合作的实现，为中国共产党公开组织领导工农革命运动创造了条件。中国共产党诞生后的第三年，上级就派共产党员来三水县指导农运、工运，在他们的发动和组织下，三水农运、工运迅速发展，马克思主义在实践中更广泛地得到传播，一些先进分子在工农运动中加入党组织，党建工作也得到了发展。三水县第一个党支部就是建立在这样坚实的基础上的。三水党组织建立以后，集中精神领导工农运动，以工人阶级为领导，联合农民阶级及其他阶层的革命力量，在城乡开展轰轰烈烈的反帝反封建斗争，并不断出现高潮。这些斗争胜利阐明了中国共产党以马克思主义为指导思想，结合当时中国革命的实际制定出来的方针政策，一经同群众革命实践相结合，就会产生无穷的力量和巨大的成果。实践还证明，有了共产党的领导和以马列主义为指导思想的革命理论，还必须从当时当地的实际情况出发，只有如此，共产党的事业才能达到预期目的，革命才能取得胜利，反之，就会受到挫折或失败。三水党组织成立之前的一些罢工斗争未能取得较好效果，就证实了这一真理。

三水党组织的发展大多是在革命低潮期间进行的，1928年8月在一片白色恐怖中，就有5名坚定的工农分子入党。这一史实说明，在发展新党员时，要对他们认真进行共产主义教育，让他们树立崇高的共产主义理想和坚定的革命信念，从而使新党员具有高度的党性，让党组织真正成为无产阶级的先锋队伍。

三水党组织的建立是三水早期共产党人对党无限赤诚的直

接体现。邓培、邓熙农等优秀共产党员，为建立三水党组织，历尽艰辛，坚韧不拔，无私奉献，甚至为党的事业献出了宝贵的生命。他们为革命抛头颅、洒热血的浩然正气体现了共产党人崇高的革命精神和高尚品格。

第三章

抗日战争时期

第一节 县委加强对沦陷区抗日救亡工作的领导

在广州和珠江三角洲地区内的多数县份沦陷后，三水也成了半沦陷区。此时的三水是珠江三角洲沦陷区到粤北、粤西大后方的重要通道，也是抗日的重要前线。

1940 年 10 月，中共西江特委为加强对三水沦陷区的抗日工作领导，专门设立了中共三水县沦陷区工作委员会（简称"沦陷区工委"），先后隶属中共三水县工委和三水县委，书记黄万吉，副书记麦长龙，委员郭振亚。沦陷区工委机关驻三水县乐平小迳村。沦陷区工委专门负责三水沦陷区和前线一带的抗日救亡工作的领导。沦陷区工委组织共产党员和进步青年深入到各乡村，以举办夜校的形式开展抗日宣传活动，通过交友形式接触上层人士，开展统战工作，发动和组织青壮年组建自卫队，动员各界力量运用各种方式投入抗日斗争。

各地抗日群众团体开赴三水

由于三水的特殊地理位置，尤其在广州沦陷后三水成了抗日前线，各地不少抗日群众团体开赴三水开展抗日救亡活动。

1938 年 1 月中旬成立的广东青年抗日先锋队 1000 多名队员奔赴东江、西江、北江地区和中区进行战时动员工作和抗日武装斗争。其中部分队员在三水、四会边境地区深入农村、城镇活动，动员和组织群众开展抗日救亡活动。

1939 年 5 月中旬，根据中共西江特委指示，四会县临工委在税警总团政训处青训班中，挑选了部分旅澳中国青年乡村服务团的成员，组成了以其为骨干的四会青年三水前线服务队，全队 120 多人，由队长肖德根（共产党员）、副队长潘达率领到三水的乐平、桃坭、小迳、夏洞、大箕一带开展活动。具体工作是：巡回乡村宣传动员，组织群众联防抗日；深入敌人前沿，了解和收集敌伪情报；锻炼和考验青年，发展党的组织。

在各种抗日力量的带动下，三水的群众抗日运动迅猛发展。至 1939 年 3 月，建立了妇抗会，有 300 多人。此外，还有妇女救护队 100 多人，妇女壮丁训练队 200 多人，农民剧团 30 多人，壮丁训练同学会 300 多人。

抗战初期，任国民党兵团分队长的共产党员梁景山率队在乐平红岗窦一带和南海小榄等地，主动袭击来犯之敌。共产党员张心吾带领三水游击独立第二中队在南边宝月圩一带阻击日军北犯。

共产党员陈肃立则在西区组织了一支抗日自卫武装抗击日军。1940 年 1 月，经共产党改造和领导的广州市区游击第二支队（简称"广游二支队"）部分队伍，来到三水乐平、沙头、桃坑一带活动，进行抗日宣传，开展税收工作，解决部队给养。1942 年 10 月，广游二支队调派霍文、陈英带领先头部队 20 余人，秘密开赴南海理教，为开展南海、三水两县的游击斗争作准备。1944 年 7 月，成立南三大队，下辖 3 个中队和 1 个手枪队。1945 年 1 月 15 日，广东人民抗日游击队珠江纵队公开宣告成立，同日，南三大队亦公开宣告成立，隶属珠江纵队，番号为广东人民抗日游击队珠江纵队独立第三大队。独立第三大队在抗战后期，长期活动和驻扎于三水革命老区桃坑、小迳、隔坑、康乐、张岗头、田螺坑、横岗村一带，抗击日、伪军，建立基层民主政权，为抗日战争的胜利作出了贡献。

第
三
节

血染红岗窦

1939 年 5 月 27 日，日军 300 余人强行向丰岗团队阵地进犯，受到驻守在当地的南海游击队与三水游击第二大队联合的迎头痛击，游击队当场击毙日军 50 多人，顿挫敌人的嚣张气焰。

5 月 28 日上午 10 时，日军增至 400 余人，猛向大簕、红岗窦两地侵进。南海游击队与三水游击第二大队立即奋起与之激战，相持达六七个小时。这一战，又击毙敌人百多人，血染整个红岗窦。

5 月 29 日上午 6 时，日军由河口、西南等地集结步兵 600 余人，工兵百余人，钢炮 8 门，倾巢而出，再次向红岗窦进攻，企图夺取南边、乐平等地。南海游击队与三水游击第二大队立即奋起抵抗，在当地民众协助下，虽然武器装备欠周全，火力较弱，但凭着红岗之险，居高临下，使敌人无法前进一步。南海游击大队长蔡慕云没有一刻离开火线，身先士卒，守军士气大振；中队长林其广连日在凤岗、小坊阵地拒敌 200 余人，在短短 3 个小时内，歼敌 10 多人；排长辛振雄率一排坚守阵地，虽然他手持的枪托被毁，他所指挥的士兵死伤过半，但对正面之敌仍奋勇抵抗，最后在四面被围的情况下才冲出重围。在战斗中，三水政工队前线组陈万祥、杜国栋、司徒敏、孔宪聪、莫如豪、林锦芳等带领战地民众，组织担架运输队伍，及时送茶水、运送伤员。指挥洲头村自卫会会长潘岳、保长禤令涵率领村民做好后援，并策动张岗头、洲头各村村民于 27 日、28 日、29 日的三日对敌战斗中，不怕牺牲，支援前线。当中尤以司徒敏表现最为出色。29 日，日军曾一度占领南边圩，30 日凌晨 1 点，南边圩的日军遭游击队夜袭，日军稍作抵抗便向西南方向落荒而逃。南海游击队与三水游击第二大队当场夺获敌旗一面，打死日军多人，缴获胜利品无数。

此役连续 4 天，主战场在红岗窦。这就是乐平人民引以为荣的"血染红岗窦"之战。

珠江纵队独立第三大队的历史沿革及抗日救亡活动

一、南三大队的成立

1942 年 10 月上旬，此时已进入抗日战争的中期，中共南番中顺中心县委在顺德西海召开会议，总结广州市区游击第二支队进驻西海近两年开展抗日斗争的经验，分析研究面临日伪顽军进攻的严峻形势。会议认为西海根据地受到严重威胁，在敌强我弱的形势下，应将部分部队从内线转移到外线作战，开辟新的抗日游击区，以利于更好发挥抗日作战能力，坚持敌后斗争。会议决定除小部分部队留守西海外，大部分队伍撤出外线经营番（禺）南（海），发展中山，开辟南（海）三（水）（此时三水划归粤中）地区。根据会议决定，中共南番中顺中心县委领导成员和广游二支队各级指挥员于 1942 年 11 月迅速率领部队撤离西海，分赴各地。1942 年 10—11 月，南番中顺中心县委先派党员干部麦君素（麦逊）从顺德到南海西樵，恢复建立中共地方党组织，接着派霍文、广游二支队副中队长政训员陈英带领 20 多名游击队员秘密开进南海理教。部队站稳脚跟后，南番中顺中心县委委员刘向东及黄江平（黄平）又先后率队进驻理教。这几支队伍会合后转移到活动条件较好的河滘，一边开办农场，自筹自给；一边发动群众，扩大武装。

1943 年 1 月，中共广东省临时委员会（简称"中共广东省临委")成立。中共广东省临委和东江军政委员会（简称"东江军委"）以联席会议形式，作出重大决策，对全省党组织和军队实行统一领导。2月，中共广东省临委和东江军委在香港"新界"沙头角乌蛟藤村召开联席会议。会议传达并学习了周恩来关于不能对国民党存在任何幻想，要以积极行动和国民党顽固派展开针锋相对的斗争；要艰苦奋斗，克服困难，粉碎敌人的"围剿"封锁，以争取胜利的电报指示。讨论了国内外及东江与珠江三角洲两地抗日形势，总结过去工作，决定今后应坚决执行"长期打算埋头苦干，积蓄力量，等待时机"的基本方针。同月，中共广东省临委和东江军委决定成立南番顺游击区指挥部，并取消广州市区游击第二支队建制（对外仍称"广游二支队"）。

1943年3月，根据中共广东省临委指示，撤销中共南番中顺中心县委，成立中共南番中顺临时工作委员会（简称"中共南番中顺临工委"，12月改为中共珠江特别委员会，至1945年1月）。南番中顺游击区指挥部成立（简称"南番中顺指挥部"），统一领导中共在珠江三角洲的人民抗日武装。在南海理教的游击队于1943年3月组建为南海人民抗日独立中队。独立中队从1943年夏至1944年春，先后袭击寨边颜村伪军据点和从佛山窜到理教骚扰的伪军，在南海县理教、河滘、杏市、沙头等地建立起抗日游击区。根据斗争的需要，1944年7月，南番中顺指挥部将南海人民抗日独立中队扩编为南三大队，下辖3个中队和1个手枪队。大队长黄平，政治委员李群（梅易辰），教导员陆华。部队对外称黄平部队。南三大队成立后，积极筹划挺进南三边境地区的准备工作。南三边境地区是敌人力量相对薄弱的地区，又是河涌水网地区，活动回旋余地大，且有共产党员在此活动，群众基础较好。1944年7月上旬，由大队长黄平、中队长潘恩隆和负责组织的陆华率领1个中队挺进南海县北部开辟新区。他们先行进入小塘板桂村活动，由于受到驻紫洞的南海县伪联防第五大队罗勤部的伏击，在崩岗头激战一整天后，才将敌击退，后转移华涌、塱下。部队与中共西江特委派往官窑述安以当收支员作掩护隐蔽活动的共产党员高柱天，前中共北江特委派往百计塱隐蔽活动的共产党员王仲华取得联系，后逐步扩展到附近的小榄、南蛇坑、松木塱、百计塱及三水沙头、南边等地，初步建立了以黄洞为主要活动范围的稳定的活动基地。8月，驻在"新老家"（指河滘）的部队，除留下小分队由麦君素负责留守外，余部由政委李群率领挺进黄洞，与先行部队会合。

南三边境地区的农村多由日军扶植的伪联防队管治，伪联防队又多由土匪、地痞组成，由地方实力派人物控制和掌握。伪联防队内设立日特菊机关（以日本南支特务菊池信之名）支局长，支局长由伪联防队长兼任。要在这些地区开展抗日工作，必须打击汉奸和各种顽固势力，争取中间分子，团结一切进步力量。南三大队为了进得去、站得住，积极开展除奸活动和统战工作，经过深入调查研究，南三大队选准了两个目标给予打击，一个是潘登，一个是邝召龙。潘登是日特菊机关队长"飞鸟"密探、三水县伪联防队第五大队独立第四分队队长，邝召龙是伪第五十五师特工队队长，二人甘当汉奸，认贼作父，横行乡里，鱼肉乡民，与抗日军民为敌。南三大队于1944年10月16日派中队长潘恩隆率手枪队数人前往沙头圩茶楼将潘登击毙。与此同时，派高柱天带数名手枪队员前往凤岗乡将邝召龙活捉，后处决。驻三水南边的伪芦西地区警备工作第三区所伪警，平日欺压百姓，当地群众深恶痛绝。11月1日晚，大队长黄平、政委李群率领60余名战士突袭该地，只用10分钟便攻入敌营，击毙伪警2人，其余缴械投降。11月3日，南三大队又根据情报，在象岗山附近的西南涌抓捕伪三水县政府调查主任张德和、伪第五区征收主任冯灿奎及两名卫卒，缴获短枪两支、现款数十万元。

锄奸活动有力打击和分化瓦解了敌伪势力。一些反动头目的活动有所收敛，有些则转向支持人民抗日武装。南三大队在开展对敌斗争的同时，大力建立南三边区的革命秩序，公开发表《黄平部队告南三同胞书》，明确南三大队是南三人民的子弟兵，阐明部队抗日、团结、爱民的三大主张，号召各地、各界群众投入抗日斗争。南三大队锄奸、护民、抗日的行动，深得人民群众的赞赏和拥护。人民群众主动接触部队，乐意为部队办事，许多具有爱国思想的热血青年接触部队，要求参军支前。南三大队吸收了一批新战士，队伍壮大了，活动地区更广阔了。

二、南边初战

1944 年初，南海人民抗日独立中队隐蔽在杏市河滘村进行整训。河滘位于佛山西南方约 40 里的地方。这里河涌纵横交错，鱼塘、蔗地、桑基密集。周围没有公路，交通闭塞。所以，这里尽管距广州、佛山很近，敌人要来"进剿"却相当困难。

经过一段时间的整训，到了 1944 年 6 月，原来只有 20 多人的南海人民抗日独立中队便扩充为 80 多人的队伍。编制是 3 个小队组成 1 个中队，另加一个 12 人的手枪班。参加部队的除当地贫苦农民子弟外，还有一部分投笔从戎的青年学生。

1944 年 5 月，盘踞在广州的日寇进攻桂林，敌后空虚。南海人民抗日独立中队认为主动出击敌人，建立南三边区根据地的时机已到。于是，在整训之后，又用了 10 天的时间作战前准备。战士们擦拭武器，个个摩拳擦掌，跃跃欲试。队伍里经常响着这样的歌声：

我们是民族的英雄，

我们是抗日的游击队，

生长在珠江畔，

为保卫肥美的蔗和桑，

为收复失掉的地方，

来啊！同志们！

铁的队伍，

……

进攻它、打击它、最后消灭它！

……

三水县中部的南边圩是三水县城北往芦苞、大塘至清远县的交通要道。在此有个无恶不作的惯匪林伯平当上了汉奸，横行于南边、范湖、乐平一带。他自恃控制着拥有两挺机关枪的敌伪联防队百余武装力量，便到处抢劫旅商，霸占民田，敲诈勒索，杀人放火。由于风闻鬼仔队（群众对年轻游击队员的称呼）的厉害，他便进一步勾结日寇，经常带领日寇去"清剿"共产党领导的鬼仔队。

于是大队部决定攻打南边，打击这个民族败类。当南三边界地下党来南边获得伪军情报后，大队长黄平作了远道奔袭南边的部署，政委李群（梅易辰）和教导员陆华作了战斗动员，战士们都争着参加这次隐蔽了大半年之后的初战。最后挑选了60名战士，由大队长和政委亲自带队，其中持短枪的十几个小鬼由中队长严标和霍同率领担任突击任务。

1944年7月，一个月明星稀的夜晚，部队左右穿插，避开了紫洞、华涌等敌伪和大天二（流氓恶霸的俗称）的据点，直扑南边圩。晚上12时，南三大队包围了南边伪自卫队的营房，只见构筑了工事的平房透出几点昏黄的灯光，万籁俱静。短枪班悄悄撬开木栅，鱼贯地匍匐进至营房，就在狗吠起来的时候，走在前面的霍同"砰"地一枪击倒了敌哨兵。严标带着突击队冲了上去，第一梯队紧紧跟上。霎时枪声大作，被惊醒的伪军面对黑洞洞的枪口，有的一手拽着子弹带，一手挽着枪带，吓得目瞪口呆，手足无措；有的则吓得连衣裤也来不及穿就举手投降。企图顽抗的伪军正副队长，立即被击毙。这一战战绩辉煌，击毙敌人 3 名，其余全部活捉，缴获 60 多支长短枪和捷克、勃朗宁机关枪各一挺，缴获了一批子弹（当时子弹很缺），鬼仔队无一伤亡。但遗憾的是没有捉到汉奸林伯平，从俘虏口中得知，原来林伯平当夜像平时一样，龟缩在三水范湖匪窝老巢。

战斗结束后，圩上群众纷纷开门慰问鬼仔队，请战士们喝茶。在人头攒动之中，政治教导员陆华抓紧时机做政治宣传工作，揭露敌伪罪行，讲解中国共产党抗日救国的宗旨。一时间，群众热烈庆贺鬼仔队为民除害的胜利欢呼声响彻整个圩场，在夜空中久久回荡。这一切无疑又大大地加强了战士们团结各阶层一致抗日、开辟南三根据地的信心。

拂晓前，部队撤回了警戒队伍，发给路费遣散了俘虏。战士们迈开威武的步伐告别群众，踏上了新的征程。

三、实行抗日民族统一战线，坚持团结抗日

1941 年 12 月，日本发动太平洋战争，后抽调了在中国大陆的部分日军参加太平洋战争，在中国大陆的日军防务因此显得空虚。南三地区的日军比以前减少了，只有佛山的南海和三水的西南驻有日军。汪伪政权的正规部队也随伪县政府一起驻于佛山和西南。敌伪对南三边境地区广大农村的统治主要依靠伪联防队。日军为了加强对伪联防队的控制，在其部队内设立了日特菊机关支局长。一般情况下支局长由伪联防队队长兼任。南三大队根据

这个情况，作出相应决定。实行推进团结进步力量、争取中间分子、打击顽固势力的政策。在大力开展统战工作、团结一切可以团结力量的同时，对于那些既有不少劣迹，又拒不接受劝告的汉奸、土匪、恶霸分子，坚决予以打击，视情节轻重分别严肃处理，直至铲除消灭。

为了开展统战工作，部队在凡能活动的地方都广交朋友。黄平、李群更是常与当地附近的头面人物接触，进行统战，对敌伪反动势力分化瓦解，对中间力量积极争取。有的地方由于地下党员有工作基础，见效更快。如伪述安乡联防队，不费很大气力便争取了过来，使部队能以黄洞村为立脚点。经过一段时间的努力工作，南三大队的活动地区发展到百计塱、松木塱、南蛇坑等地，回旋地区不断扩展，团结地方上层人物更多，部队政治影响更大。

打击敌伪势力，一方面是部队发展壮大的需要，是人民对维护地区生活安定的要求；另一方面也锻炼了指战员们对敌斗争的能力。所以，部队绝不放过任何战机。1944 年秋，伪艺术宣传大队"至尊粤剧团"到紫洞演出，宣扬投降论调。经部队派人前往教育和警告后，仍拒不悔改。于是部队等该剧团从紫洞乘船转至西樵海舟的途中，突然实施袭击，俘获该团团长等 10 人并押回河滘，对其教育 3 天，并予以罚 2 挺轻机枪和 10 支步枪及款项后释放，从而打击了日伪的"和平攻势"。三水县南边伪芦西地区警备工作第三诘所伪警平日欺压百姓，当地群众非常厌恶。南三大队于 1944 年11 月 1 日晚，由黄平、李群率队前往袭击。战斗开始，三路战士直冲敌营，正在梦乡之中的伪警一闻枪响，四处躲藏，部队很快攻入敌营。这一仗缴获机枪 2 挺、长短枪 60 余支和子弹一批。部队还在圩内宣传抗日救国，宣布没收汉奸财物，俘虏经教育后全部释放。

南三大队的上述行动，影响很大，对南三边境地区各地原与敌伪有关系的各种势力，起到了分化瓦解的作用。三水县田螺埗的何新荣（日特菊机关支局长、伪联防中队长），南海县小坭的黄七（诨名"牛肉七"，日特菊机关支局长、伪联防中队长）和张世良（伪联防中队长）等先后向南三大队投靠。1944年11月3日，南三大队根据伪乡长潘玉枢提供的情报，在象岗山河上截获伪三水县府调查主任张德和伪第五区征收主任冯灿奎及2名卫士，缴获快制驳壳枪2支和现款数十万元，有效地打击了伪三水县府的征收地税计划。

南三大队抗日救国、除暴安良的行动，深为当地人民群众理解和赞赏，一些具有爱国思想的热血青年开始接触部队，积极要求参加部队。南三大队也借此吸收了一批新战士。部队的活动地区也逐步扩展到三水县的沙头、田螺坭、桃坭和南海县的小坭等地。南三大队在沙头设立税站，征收税款，维持部队给养。

四、宣传和执行抗日、团结、爱民三大主张

南三大队开进南三边境地区活动以来，在当地群众中得到了越来越广泛的支持。但是，还有一些群众对南三大队不了解，加上日伪军造谣惑众，致使有的群众对部队产生了疑虑。为了消除疑虑，扩大政治影响，让南三边境地区人民群众对部队有进一步的理解，增强军民团结协作，积极开展对敌斗争，共建南三地区的革命秩序，南三大队以"黄平部队"［大队长黄平、副大队长何达生（尚未到职）］的名义，公开发表《黄平部队告南三同胞书》。明确南三大队是南海、三水两县人民的子弟兵，除奸锄恶，为民造福。阐明部队抗日、团结、爱民的三大主张，号召南海、三水两县各地民众与部队合作，推行下列工作：

一是帮助本队带路、放哨、送情报，给予本队驻防地点，并掩护本队的一切活动，认真对敌伪实行封锁消息，使敌伪不知本队的行踪。

二是各地圩场、乡村民众，协助本队进行锄奸工作，捕捉敌人派的密侦、奸细、鬼头仔、坐探，严密检查与监视来往可疑行人。

三是积极动员本地爱国热血青年参加本队工作，各乡村父老、公正士绅，立即制止其子弟参加伪军、伪组织和一切土匪行动。

四是各乡村迅建组织县区人民行政机关和抗日武装队伍，充实各乡自卫力量，积极与本队联合起来，粉碎敌伪的"清乡""扫荡"。

五是各乡村在物资上给予本队种种帮助与方便，如借军粮、捐寒衣、慰劳伤兵病兵、借用费等等，举凡借来之款项、军粮、用费等等，本队定如数依期归还。

六是本年晚造各乡切实照本队发出《征收抗战军粮条例》缴交军粮，以解决本队经济上之种种困难，本队部分经济虽从与敌伪汉奸斗争中求补充，但仍要人民给予部分帮助，本队取之于民，保证其用之于民。

《黄平部队告南三同胞书》发表以后，起到了澄清事实的作用，使南三边境地区广大人民群众对南三大队有了进一步的理解，并得到他们的拥护支持。民众与部队关系比以前更好，各地坏人有所收敛，各乡治安明显改善。此时部队开始向各地征收军粮。征收抗战军粮的办法是按农田优劣，每亩征收稻谷 7.5～10 千克不等。为了减轻群众负担，部队申明凡缴纳了抗战军粮的，就确保其不用再向敌伪交粮。从此，南三大队的给养有了保障。

五、在南三边境地区站稳了阵脚

南三大队的《黄平部队告南三同胞书》发表以后，各地治安日臻良好，过去各地被迫投降分子都感于大义，纷纷脱离敌伪关系参加抗日救亡工作。但是，还有少量冥顽不化、利欲熏心之徒，甘受敌伪驱使，与人民为敌。何三（诨名"朝鲜三"）、周飞（诨名"哥仔"）之流，就是这类人物。

何三是大榄土霸，性情暴戾、横行乡里、欺压百姓。他接受敌伪清乡特务队大榄分站站长的委任，向敌伪报告南三大队的行踪，散布谣言，破坏南三大队的声誉，还向各地圩场敲诈勒索，当地群众恨之入骨。部队曾对他进行教育争取，但他毫无悔改，表面应付，暗中继续与南三大队为敌。周飞则与何三朋比为奸，接受伪清乡特务队任务，准备在大榄建立秘密组织，伺机攻击南三大队。为此，南三大队于 1944 年 10 月下旬，派潘恩隆率队到大榄拘捕他们，何三拒捕当场被击毙；周飞被捕后不服罪亦被处决。事后，部队还张贴告示揭露他们的罪行，群众闻讯，为之雀跃。接着，群众向部队举报三水县三江伪联防队队长"胡须廉"在三江渡口设卡勒收行水，部队即派员前往驱逐伪军，并烧掉卡棚。不久，伪联防队又来重搭卡棚，部队再派队员袭击，终于把这个伪军据点拔除。

通过上述军事行动，部队的活动地区扩展到南海大榄及其附近一带村庄。由于南三大队在广大群众中有着良好的影响，不少青年要求参加部队，南三大队发展到 200 余人。为了便于指挥，1944 年 11 月中旬，南三大队在三水沙头整编队伍，将原队伍编成 3 个中队和 1 个手枪队。黄平任大队长，何达生（实未到职）、潘恩隆任副大队长，李群任政治委员，陆华任教导员。为了进一步搞好部队医疗工作，部队将原在小榄开设的掩护中共西江特委机关的惠民医社编为部队医疗站。部队还通过开展统战工作，争取到了曾任国民党军医的杜耀初医生的支持，将他设在三水县竹山岗的医务所列为部队秘密医疗站。此外，中共北江特委抽调了几批党员到南三大队实习培养，分别安排在中、小队任政治工作干部，一边做政治工作，一边学军事知识。后来他们被逐步调回北江特委，但留下了麦荣（麦冠常）、杜福、王式培、杨旸（朱阳明）、黄刚（黄坚）、黎锡（黎定中、白头黎）、何平（陈汉华）等人在南三大队任职，部队力量得到增强。至此，南三大队终于在南三边境地区站稳了阵脚，为下一步公开在中国共产党领导下进行活动，打下了坚实的基础。

六、珠江纵队独立第三大队成立

1944 年世界反法西斯战争正处于战略反攻阶段，日军在太平洋战场上节节失利，其本土和海上交通亦岌岌可危，陷入完全被动局面。日军为使海上交通线如被切断时，仍能保持其本土与东南亚的联系，于 1944 年 1 月 24 日发出了打通中国大陆交道线的作战命令。从 4 月起，日军向国民党战场的平汉、粤汉和湘桂铁路沿线的豫、湘、桂等省区发起新的战略性进攻。国民党军队抵挡不住日军的进攻，除在少数战役中进行了较激烈的抵抗外，大多数情况下是一触即溃，甚至不战而逃。在此形势下，广东面临全面沦陷的危险。

1944 年 7 月 5 日，中共中央发出关于开展敌后游击战争的指示，指出敌打通粤汉铁路乃势在必行，应本着开展敌后游击战之方针，加紧进行工作。与此同时，中共中央决定：以八路军第一二〇师三五九旅组成八路军独立第一游击队（即"南下支队"），分批南下，先创建以衡山为依托的抗日根据地，尔后创建湘粤赣桂边的五岭（越城、都庞、萌渚、骑田、大庾岭）抗日根据地。

8 月，中共广东省临委和东江军政委员会在宝安县土洋村召开联席会议，讨论中共中央关于开展敌后游击战争的指示。会议分析了广东形势，鉴于南海、番禺、中山、顺德游击区难以归东江纵队统一指挥，决定成立中区纵队，并作出了全面开展广东抗日武装斗争的决定。9 月至 10 月间，南番中顺游击区指挥部在五桂山区槟榔山村召开的干部大会上，内部宣布成立中区纵队。

1944 年 12 月上旬，根据中共广东省临委和东江军政委员会的指示，在宅梧召开中区纵队和珠江、粤中、西江地区党组织负责人参加的会议。会议由广东省临委委员连贯主持。会议决定：为了适应新的形势，撤销中区纵队建制，将驻粤中地区部队和珠江地区部队分开。在粤中地区的部队成立广东人民抗日解放军，原珠江地区的部队成立广东人民抗日游击队珠江纵队，均直接由广东省临委、东江军政委员会领导。

1945 年 1 月 15 日，广东人民抗日游击队珠江纵队公开宣告成立。司令员林锵云、政治委员梁嘉、副司令员谢斌、参谋长周伯明、政治部主任刘向东。与此同时，南三大队也公开宣布接受中国共产党领导，隶属珠江纵队，番号为广东人民抗日游击队珠江纵队独立第三大队，大队长冯光（何达生从此复名冯光）、政治委员梅易辰（李群从此复名梅易辰）、副大队长潘恩隆、教导员陆华。该大队下辖 3 个中队和 1 个独立小队以及民运组、医疗站等。

独立第三大队在三水县沙头乡成立。成立时举行了隆重的成立大会，群众欢欣鼓舞，锣鼓喧天，并携带物品到部队驻地慰劳。独立第三大队指战员和民兵们整齐列队，迎接一批又一批前来慰劳庆祝的群众，军民鱼水之情，沐浴在一片欢乐气氛之中。部队还以广东人民抗日游击队珠江纵队独立第三大队名义印发"恭贺新禧，并祝抗战胜利"的贺年卡片，向社会公布。

从此，独立第三大队鲜明地向社会正式宣布：它是在中国共产党领导下的抗日队伍，为打败日本帝国主义，夺取抗日战争胜利而努力奋斗。

七、攻破伪军重要据点——官窑圩

独立第三大队成立，不仅南海、三水两县人民欢欣快慰，部队指战员们亦深受鼓舞。大队部为了用胜利行动来庆祝这具有历史性意义的大事，决定袭击伪军重要据点——官窑圩。

官窑是南海、三水、花县交界的一个重要圩镇，是南海县伪三区区署、伪联防大队部和第二、三、九区伪联防特务大队部所在地。独立第三大队面对强敌，敢于蔑视，又慎重对待。经过周密侦察、研究部署和战前动员，指战员们精神振奋，信心十足。准备工作就绪后，部队于1945年2月6日晚，由冯光和梅易辰率领第一、二中队和手枪队，共100多人，在沙头、小坏等地民兵和群众300多人配合下，从沙头出发，沿西南涌南岸基圆冒着寒风细雨向官窑圩进发。7日零时，部队抵达官窑圩外围，停下来作接敌和警戒部署。然后分三路进入圩镇，直逼中街炮楼和伪区署、伪警队。手枪队在炮楼前除掉了伪军哨兵，爆破组在炮楼脚下装上炸药包，"轰隆"一声巨响，炮楼门被炸开了，突击队乘着硝烟冲进炮楼，敏捷地击毙妄图顽抗的伪军士兵，大喝一声"缴枪不杀"，其余伪军见状纷纷举手投降。在中街炮楼的进攻打响的同时，埋伏在伪区署周围的另一路队伍亦向伪军发起了猛烈攻击。平时作威作福、欺压百姓的汉奸万文甫、梁支厦争先逃命。他们的帮凶万卓南等4人东藏西躲，但终被擒获，因他们民愤甚大，被就地处决。

这次战斗仅半个小时便全部结束，俘获伪警察20余人，缴获轻机枪2挺、长短枪80多支和粮食、物资、弹药一大批。并砸开伪区署监狱，救出群众30余人，独立第三大队无一伤亡。打扫战场以后，由民兵和群众将缴获的战利品用12艘小船运回沙头。同时，部队还向居民、商户宣传独立第三大队抗日救国的主张，深得群众赞赏。俘虏经教育后，除留下部分要求参加部队者之外，其余一律罚款释放。拂晓前部队全部撤离官窑。

独立第三大队这次行动，对南海、三水、花县边境地区震动很大。部队锄奸除恶，抗击日伪军，纪律严明，作战英勇，且战士不少是10多岁的"小鬼"，南三边境地区群众在敬佩部队之余，亦十分亲切地把独立第三大队称为"鬼仔队"。

八、出击乐平失利

独立第三大队进攻官窑圩和夜袭牧牛沙的胜利，大大鼓舞了群众，振奋了军心。南海县伪三区区长梁支厦逃过厄运却报复心切，向伪南海县府请求派兵"清剿"。三水县乐平伪联防队队长骆汉容则玩弄阴谋，他派人到沙头找独立第三大队表示欢迎独立第三大队进驻乐平。独立第三大队则要求骆汉容他们一天之内撤离乐平，双方没有达成协议。独立第三大队指挥员意识到这是骆汉容的缓兵之计，但也低估了伪军的力量，改变了以往夜间行动的方式，决定白天进军乐平。1945年2月14日上午，由冯光、梅易辰率领第一、二中队和沙头、小坭等地民兵共200余人，从沙头出发直奔乐平。部队刚到达乐平圩内，据守大炮楼的伪联防队就率先开火，部队立即予以还击。由于大炮楼四周有围墙，而且楼门紧闭，要解决伪军只有先用炸药破坏围墙。爆破组先行侦察，然后在火力掩护下安装好炸药。"轰隆"一声，只炸开两尺多的缺口，指挥员一了解，原来围墙太厚、炸药力量不足。部队设法补救时，伪军在大炮楼上居高临下，用火力把缺口封锁，部队战士更无法接近炮楼。双方对峙射击了一段时间。突然，圩内地面的伪军向独立第三大队的阵地冲杀，来势凶猛。为了扭转被动局面，副中队长梁志一着急，挺起身躯指挥杀敌，不幸中弹牺牲。小队长伦航在拿起机枪扫射伪军时，亦被伪军击中阵亡。战斗一直持续到傍晚，后部队被迫撤出乐平。

独立第三大队回到沙头的当晚，不顾疲劳马上召开干部紧急会议，对当前敌我斗争形势作了分析研究，认为伪军势必对大队进行报复，为此，大队部决定避敌锋芒，部队主力跳出外线沙头河以北，留少数队伍和民兵在沙头村内钳制来犯之敌，力求内线坚持，外线配合，伺机内外夹击入侵之敌，挫败他们的进犯。

九、沙头保卫战

乐平未能攻克，暴露了独立第三大队的弱点，致使日伪军反动气焰高涨，决心趁机消灭抗日部队。1945 年 2 月 15 日（农历年初三），伪军拼凑 100 余人，分四路向沙头、小坭一带进犯。其部署是：南海县伪军由梁支厦纠集伪军万文甫、蒲二等部从官窑沿基围西进；伪军孔四拱、刘启等部从百计塱、松木塱、石头村方向北上；三水县伪军林伯平部从三水、南海交界处象岗山一带东犯；伪军骆汉容部从乐平南下。伪军的行动果然不出独立第三大队所料，独立第三大队按原计划行事，一方面发动松木塱、石头村、百计塱、田螺坭、凤岗等地民兵沿途阻击伪军；一方面将主力撤出沙头，在小坭、桃坭、凤岗等地隐蔽，留下小分队和民兵在沙头据守 3 个炮楼以钳制伪军。西炮楼由潘恩隆率领几名战士和民兵驻守；村中炮楼由戴甦率领几名战士和民兵驻守；村前门楼由王仲华带部分战士和民兵驻守。3 个炮楼三足鼎立，互相照应，居高临下阻击来犯之敌。伪军来势虽然凶猛，但沿途受到各村民兵阻击，进展迟慢。先行伪军到达沙头后，立即发动攻势，但被独立第三大队留守队伍和民兵一次又一次地击退。有时伪军头目押着士兵冲锋，被杀伤几人后又溃退下来。村外的伪军扯着嗓门喊冲喊杀，村边的伪军胡乱放枪，却不能踏进沙头一步。战斗到 2 月 19 日，双方仍在僵持。

经过 5 天战斗，弹药消耗了不少，但伪军未能进入沙头村一步。伪军恼羞成怒，于是倾巢而出。驻三水西南的日军和驻佛山的汪伪警备大队也于 2 月 20 日同时出动，连同上述各路伪联防队，共约 2000 人围攻沙头、小垇，主力则部署在沙头，战斗十分激烈。

在小垇战场，日军进攻遇到守卫在该村北面山坡上的独立第三大队一个班的阻击。日军采取轮番冲锋，并以炮兵助战，向这个班的阵地步步进逼。突然，一颗炮弹在班长跟前落下，班长被炸伤了，全班也受到猛烈炮火威胁，子弹亦消耗不少，这个班便逐步后撤。在部队的火力掩护下，这个班退到北面炮楼。不久，200 多名日军又向炮楼方向推进。这时，大队部领导从整个反"扫荡"计划考虑，立即命令所有部队向炮楼左侧竹林方向撤退，留下梁添、邓伟、黄锐芬 3 人守卫炮楼钳制敌军。部队刚撤离炮楼，日军在炮火掩护下便向炮楼逼近。这时 3 名战士沉着地在炮楼上奋勇抗击，掩护部队主力转移。日军几次冲锋被打退以后，他们捉来一批当地妇女，强迫她们站成"人墙"掩护日军进攻，企图用这种办法来阻止我军还击，达到攻入炮楼的目的。炮楼上的 3 名战士待妇女们接近炮楼，避开火力范围时，才开枪向日军猛烈射击，妇女们乘日军慌乱之机逃入树林中去。小垇的北面炮楼在日军撤退时，始终仍在独立第三大队据守之中。

在沙头战场，日伪军依仗其人员众多、武器精良，狼奔豕突地从四面八方进攻沙头。村前门楼被冲击得最厉害，游击队奋力抗击，杀伤了一些日伪军。后来日军集中炮火轰破了村口闸门，驻守部队转移入村内防守，日伪军乘机突入村内。由于村内都是鳞次栉比的砖屋、土墙、簕竹和石垣，日伪军只能从小巷道中前进。独立第三大队战士和一些民兵分成几个战斗小组，伏在屋顶上与日伪军打麻雀战。坚守村中和村西两座炮楼的战士们利用居高临下的有利地形，不断向入侵的日伪军猛烈射击，巷战十分激烈。日伪军利用地形逼近炮楼脚下，被驻守战士扔下手榴弹炸死1人，其余爬墙逃命。日伪军为了摧毁炮楼消灭守卫战士，不断掷弹筒、用迫击炮轰射楼顶，炸碎了不少瓦片，用机枪、步枪向炮楼的枪眼射击，以封锁枪眼使防守部队不能发挥火力，意图杀伤防守人员。不久，两座炮楼都有人负伤，卫生员罗生奔走于两座炮楼间救护伤员。而坚守炮楼的指战员们在大敌当前，抱着与炮楼共存亡的决心，继续顽强地战斗。

直到2月20日15时，沙头村内两座炮楼仍向日伪军发射愤怒的子弹，日军仰望两座屹立的炮楼无可奈何。就在此时，大队部接到从沙头送来的战斗讯息，冯光、梅易辰当机立断，率领主力部队从外线进行反击。部队前进一靠近沙头就用密集的火力迫使伪军后撤，日军害怕被两面夹击，也开始从村内撤退。坚守炮楼的指战员纷纷下楼追击日伪军。一群日伪军向沙头村后堤围逃跑，被埋伏在堤围弯角上的战士迎头痛击，七八个日伪军当场应声倒下，其余抱头鼠窜……直到傍晚时分，日伪军才完全撤走。

在敌我力量悬殊的情况下，独立第三大队指战员毫无惧色，英勇奋战，战斗持续了7日6夜，毙伤日军20余人、伪军40余人。保住沙头、小坵不落入日伪军手中，独立第三大队和当地民兵有潘照坤、潘宝和、卢洪、关相、陈泰、丁沃光等光荣牺牲。战斗中日军在已占领的街巷烧毁民房数间，抢走猪牛190多头，掠去衣物一大船，并将独立第三大队队员陈贻翼、杨华钦、梁球、何少玲、陈雪梅和10余名群众押回西南枪杀。日伪军烧、杀、抢、掠的暴行令当地群众蒙受了重大损失，更加激起军民的无比义愤。为了避免继续与日伪军正面交锋，保存部队元气，独立第三大队动员民兵、群众坚壁清野和组织疏散，留下一些人就地隐蔽、监视日伪军动向后，于2月21日晚亦离开南三边境地区，转移回"新老家"休整。

十、奔袭源潭、南边

南三边境地区中部几个敌伪据点被拔除后，对周边影响很大，各乡治安明显好转，向独立第三大队靠拢的人更多。可是，南三边境地区北面的三水源潭圩和南边圩两个敌伪据点，对独立第三大队仍有威胁。因此，部队决定啃掉这两块"硬骨头"，使北陲有所保障。

源潭驻有伪联防队褟绍祥部，分驻圳东村前、后两座炮楼。1945年4月中旬的一个夜晚，独立第三大队从大榄、小逵出发，准备袭击源潭圩。走了一段崎岖小路，进入源潭已是凌晨2时了。指挥员把警戒队和火力队安排好后，突击队就开始接敌行动。走在最前面的爆破小组接近村前炮楼时守敌还不知晓。爆破员将炸药包往铁门上挂时因不慎发出声响被楼内伪军发觉，伪军开枪猛烈射击，爆破员被迫退下来。独立第三大队以密集火力还击，掩护爆破员上前点燃炸药包。但由于炮楼周围地形空旷，在伪军的强大火力下爆破员无法接近炮楼。拂晓前夕，指挥员命令部队马上撤离，转向村后炮楼进行攻击。爆破员接受村前炮楼的教训，很快炸开村后炮楼的楼门，突击队员敏捷地冲上炮楼，全歼守敌。在冲击炮楼中，年仅15岁的战士欧波英勇牺牲。对于村前炮楼，部队感到白天不好解决，准备天黑后再行攻击，于是留下侦察人员监视伪军动向，其余全部转移到隔坑村休息。就在此时，褟绍祥乘机逃命，带着亲信仓皇离开源潭。部队获得这个情报后，急忙调遣队伍占领源潭。这次战斗缴获长短枪20余支，没收褟绍祥财物一批。当时因南三边境地区形势较好，部队在源潭连住了两天。晚上由政工队演出节目，许多群众前来观看；白天部队在源潭圩旁的大草坪上踢了一场足球，这是游击环境中一桩罕见的事情。由于部队战斗取得胜利，加以大力宣传独立第三大队抗日、团结、爱民三大主张，源潭圩人民群众受此鼓舞，掀起了参军抗日的热潮。禤姓子弟如禤海、禤祥、禤洪等 10 多人，就在这时入伍。

南边圩是伪军在三水县的重要据点。1944 年 11 月初，南三大队曾袭击该圩，全歼守敌。时隔 5 个多月，独立第三大队决定进行第二次袭击。根据侦察员报告，圩内驻有伪保安队，邻近的陆坑村驻有伪保警中队。近日均加强防卫，尤其陆坑村的伪保警所驻的祠堂，两侧围着铁丝网。为了打好这仗，独立第三大队出击之前，曾模拟伪军防御工事，作过多次军事演习。1945 年 4 月下旬的一个夜间，部队主力与民兵常备队共 200 余人，从隔坑村出发，冒着蒙蒙细雨走了 3 个多小时才接近南边圩。部队兵分两路，一路袭击南边圩伪保安队，一路进攻驻陆坑村的伪保警中队。对陆坑村伪保警中队的袭击，因天雨路滑，队员接近祠堂时产生响声，被伪警发觉开枪射击，从而影响到未能按原部署作战，形成双方对射局面。稍后，部队指挥员决定改变战术，重新组织力量，用少数人在祠堂正面佯攻，吸引伪警主要力量。突击队和爆破组则运动到祠堂背后，用炸药包炸开一个大洞，跟着冲入伪警的营房。就在此时，一颗冒烟的手榴弹落在突击队员跟前，在千钧一发之际，战士陆卓用脚把它踢回敌群中去，"轰"的一声几个伪警倒下去了。陆卓在硝烟里继续前进，打开手电筒找寻敌踪，被伪警对准电光射击，不幸中弹牺牲。突击队员们前仆后继，勇猛地扑向伪警。伪警被打得无路可逃，纷纷举手缴械投降。伪保警中队长在混战中带着一挺机枪向公路方向逃窜。这次战斗毙伤伪警 10 余人，俘获伪警 10 多名，缴获长短枪 20 余支。对南边圩内伪保安队的袭击，进行得比较顺利，部队接近敌营，伪军尚未发觉，突击队枪声一响，10 多名伪军惊惶失措，全部当了俘虏。

是役，还收缴了长短枪 10 多支和弹药、物资一批。

十一、开辟芦西公路活动区

独立第三大队重返南三边境地区，打了不少胜仗，日伪军的反动气焰被打了下去，独立第三大队声誉大大提高，南三边境地区形势相对稳定。广大群众更加爱戴部队、依靠部队，有的群众要求部队进驻他们的乡村，有的群众则要求部队为他们排忧解难。例如，有些农民向部队反映鹧鸪坑一个姓周的恶霸和官窑上新村一个姓李的恶霸，横行霸道，欺压百姓，要求部队整治他们。部队经调查属实后，采取行动，没收这两个恶霸的部分财产，分给了当地困难的乡民。

为了巩固扩大成果，开拓西面新区，大队部决定利用第二中队指导员钱涤笙是三水县辑罗人的关系，派其所在的第二中队开拓芦西公路南边一带地方的活动区域。行动前，大队部首先派人请钱涤笙家人来讲述家乡情况，了解到当地大部分群众对独立第三大队很有好感，民间传说着"鬼仔队神出鬼没，打仗很厉害""敌伪很怕鬼仔队"等等。但也有部分群众对部队不了解。掌握情况后，大队部经分析，认为芦西公路一带存在开展活动的条件，但必须加强第二中队的力量。为此，部队调配杜福为副指导员、杨明为小队政治服务员、黄岗为班长，还调配一个手枪组加强第二中队。第二中队开拔前，大队部再三与全体指战员讲明开拓芦西公路活动区的意义和任务。

芦西公路是日军南北来往的交通要道，地段比较复杂，既有日伪势力活动，又有国民党别动队出入。第二中队进入芦西公路后，因人地生疏，群众基础薄弱，加以日伪常在公路穿插，部队初时转移频繁，每晚转移至少一两次。为了改变这种状况，部队深入群众了解情况，知道当地群众对独立第三大队还存在各种疑虑，有的对独立第三大队的宗旨和力量比较信任，有的对部队力量存有怀疑，有些上层人士对部队力量半信半疑，还害怕国民党找他们的麻烦。部队针对这些情况，对群众进行宣传教育，用大量事实说明独立第三大队的抗日政策主张，并向他们展示抗击日伪的胜利战果，以解除群众的顾虑。经过一段时间工作，情况有所改善，群众开始愿意接近游击队，进而支持游击队。部队能够召集附近乡村的开明士绅开会，公开宣传独立第三大队抗日、团结、爱民三大主张。自此后，独立第三大队在芦西公路南段一带出出进进，活动自如，影响更加深远，回旋地区更加广阔。

十二、根据地的扩展与巩固

独立第三大队袭击三水源潭伪联防队禤绍祥部和夜袭南边圩在陆坑驻扎的伪保警队取得胜利后，部队声誉和战斗胜利得到广泛的宣传，南三根据地得到扩展。同时参军抗日的热潮掀起，参军者络绎不断，部队接待工作应接不暇。不久，源潭民主政权的联乡办事处便成立了。

此时，活动于辑罗、钱坑一带的马锦、钱涤笙的第二中队，也受到当地群众和开明人士的支持，站稳了脚跟，扩大了新区。

1945 年 4 月下旬，珠江纵队领导人谢斌、刘向东率珠江纵队第二支队主力 200 余人来到南三地区，准备西挺广宁。林峰、冯光被调参加西挺，独立第三大队被抽调两个小队约 50 人编入西挺广宁的挺进大队，并于 5 月上旬起程离去。独立第三大队建制作了相应调整，大队长由梅易辰接任，政委仍由叶向荣担任，陆华调往司令部，由何干城接任教导员。下设 3 个中队和 1 个手枪队、1 个政工队。并建立了南三乡政建设委员会，领导小㟆、大榄、沙头、银岗、小坺、源潭、桃坺等 7 个联乡办事处。

5 月间，广州伪绥靖公署派军第二十师近千人向新区进行

"扫荡"。部队分头匿影藏形,主力则隐蔽于南蛇坑附近。

1945 年 6 月至 8 月中旬,大队领导忙于建设政权和巩固部队,建立的 7 个联乡办事处由高柱天、麦君素、邓梦云、邓斌等组成的乡政建设委员会领导。这一期间,南三乡政建设委员会做了大量的工作,如废除苛捐杂税,减租减息,促进生产,鼓励和保护商品买卖,及时处理抢劫、偷窃、姓氏纠纷等事件,保护了人民生命财产的安全。又实行低率的征粮和税收,使部队的衣食得到起码的保障,生活比以前好多了。此外,还举办了各种训练班,培养了乡政工作人员和妇女工作人员,加强了乡政建设和群众组织工作,过去匪如牛毛的边界地方出现了太平景象。

这时,部队没有打仗,以巩固部队、开展军政训练为主。政委叶向荣过去很重视思想政治工作,经常批评单纯军事观点,但因部队处于打仗、流动、分散的环境中,政治工作只能"零敲碎打",现在可以有条不紊地按计划进行。叶向荣调走后,由教导员何干城来管政治工作。何干城针对干部和战士中存在着的雇佣思想、离队思想、单纯军事观点,以及自由散漫习气、违反组织纪律等现象,开展了思想政治教育工作。部队以《中国共产党红军第四军第九次代表大会决议案》为思想武器,按各种思想表现分成若干课程,上政治课,并采取讨论、提问、考试、公布考试成绩,以及自我对照和批评的方法进行教育。

为了政权和部队的巩固,政工队的工作更为频繁,他们自编自演节目,召开军民联欢会或到某地搭台演出。除歌舞外,还有话剧、歌剧、活报剧等,演出了《新旧政权对比》《把鬼子赶出去》《弃暗投明》《放下你的鞭子》《朱大嫂送鸡蛋》等剧目,收到很好的效果。艺术的魅力使群众和战士或同仇敌忾,或喜笑颜开,均沉醉在胜利喜悦之中。

十三、南三乡政建设委员会的建立

坚持长期抗战不仅需要根据地的扩大，更重要的还在于根据地的巩固，而抗日根据地的建设，首要的就是政权建设。

1944 年 1 月 31 日，中共中央书记处就游击区建立抗日民主政权问题给中共广东省临委书记尹林平发出指示：要求在根据地和游击区建立"三三制"民主政权（即在政府工作人员中，共产党员、非党左派进步分子、中间派各占三分之一），明确提出建立抗日民主政权的政策和原则，强调政权形式、施政纲领必须"因地制宜"，适合"当地具体情况、切合当地实际"。南番中顺游击区指挥部根据中共广东省临委指示，1944 年春向各抗日根据地和抗日游击区发出《关于政权工作的决定》（简称《决定》）。独立第三大队按照《决定》于 1945 年 3 月初建立了鳌龙吉乡民主政府，乡长陆普平，副乡长伦相。1945 年 5 月，结合南三边境地区的实际情况和中山、顺德、番禺的经验，进行充分的筹建工作，在南三边境建立了沙头、桃坺、源潭、小榄、银岗、大榄、小坺等 7 个联乡办事处的基础上，成立了南三乡政建设委员会。主任高云（高柱天），副主任麦少农（麦君素），民政委员邓梦云，武装委员邓斌。南三乡政建设委员会设在南海小榄圩。

南三边区抗日民主政权实行中国共产党的各项新民主主义政策，大力推动抗日游击区内的各项事业的发展。

实行民主政治制度，推动和加强民主政治建设。南三乡政建设委员会实行"三三制"，按一定比例吸收党外人士参加政权管理，实行民主合作；保证一切抗日人民（包括地主、资本家、农民、工人、城乡贫民等）的人权、财权及言论、出版、集会、结社、信仰、居住、迁移、宗教的自由权；实行普选制（凡 18 岁以上的抗日人民，不分党派、不分职业、不分宗教信仰、不分性别，都有选举权和被选举权），在选出各级参议员的基础上选举各级行政首长。这样，从参政、议政到民主自由权等方面充分保证了人民当家作主的权利。同时，建立群众武装组织，充分发挥人民战争的威力。南三乡政建设委员会和各联乡、村都组建了民兵常备队，共有数百人。民兵常备队平时以农业生产为主，防奸防特，维持治安，战时则配合部队作战和运送伤员、搬运战利物资等，成为敌后抗日游击战争中一支重要的抗日武装力量。

开展减租减息推动农业生产发展。南番中顺游击区指挥部在《正义报》上发表《改善农民生活，加强团结》的社论，提出地主对农民一律减收"二五田租"，放弃一切加租的做法，并减少借贷利息，反对割禾青、蔗青等所谓"对半利""倒四大"之高利贷款规定，使地主和农民双重得益。南三乡政建设委员会在辖区内认真执行"双减"政策，佃农与地主重新订立租约。通过减租减息，减轻了农民的负担，调整了社会各阶层的关系，促进了农业生产的发展。

协助部队征粮征税，解决部队给养和活动经费。南三乡政建设委员会制定和执行《征收抗战军粮条例》，田多多征、田少少征，田优多征、田劣少征。每亩征收稻谷 7.5～10 千克不等。还申明，凡缴纳了抗战军粮的，则确保其不再向日伪交粮。因为负担合理，只搞一面税，群众都乐意缴纳军粮和税项。1945 年 4月，珠江纵队一部准备西挺时，为保证给养，南三乡政建设委员会在南海县官窑黄洞村征粮，群众十分踊跃，很快就征收到了2000 千克稻谷，及时地解决了西挺部队的军需困难。

积极开展妇女工作，组织妇女参政支前。派出妇女干部李长松、梁昕、冯坤、谭清、罗钊、罗郁、黄佩兰、张柳金等到南三边区各乡村协助民主政权开展妇女工作，发动妇女参加识字班、夜校，组织姊母会、姐妹会。1945 年 8 月，由谭清任班主任，梁昕、李长松分任正、副指导员，在三水乐平举办了珠江纵队第四期妇女干部培训班，培训了南海、番禺、顺德三地妇女二三十人。妇女运动的开展，使游击区的广大妇女提高了觉悟，在劳军、扩军或支前枪伤护理等方面发挥了重要作用。

南三乡政建设委员会因独立第三大队主力挺进粤北，留守部队力量薄弱，当地反动势力乘机反扑，于1945年10月被迫解散。

南三边境地区抗日游击区的民主政权，虽然存在的时间只有半年左右，各项建设也不尽完善，但它通过中共中央的指示，学习和仿效其他大解放区民主政权建设的经验，制定出适合本区民主政权建设的具体方针和政策的做法，是成功的。在动员和组织南三边境地区人民抗日救亡当中起了重要作用，这些做法已为以后的政权建设、民主政治建设积累了宝贵的经验。

十四、手枪班的战斗片段

独立第三大队有一个手枪班，这个班由七八名战士组成。班长是霍桐，杨和担任副班长，战士有霍富、卢铨（卢振光）、霍祖、何沃、杜炳等。手枪班的平均年龄在十七八岁，尽是些机灵小伙子。手枪班配备的武器多是左轮或驳壳枪（盒子枪），平时负责保卫大队首长的安全，执行锄奸工作；战前负责侦察敌情；战时摸敌哨兵。

（一）沙头击毙"鬼王登"

日军占领三水后，沙头圩有一个诨名叫"鬼王登"的汉奸潘登，是日本队长"飞鸟"的密探，他专门搜集抗日队伍的情报，跟踪抗日队伍的动向，然后向日本队长"飞鸟"告密。此汉奸行为给抗日队伍带来不少麻烦和威胁，南海人民抗日独立中队决定派出手枪班消灭这个汉奸。

手枪班接受了这个特殊任务，立即对"鬼王登"开展侦察，掌握了他经常带着五六个随从到沙头圩茶楼喝茶的规律。由此，手枪班制订了在沙头将其击毙的行动计划。

1943年夏末秋初的一个早上，"鬼王登"照例大摇大摆地带着几个手下到沙头圩喝茶了。手枪班的同志侦察到这个情况，知道铲除这个汉奸的时候到了。大队部当即作出部署，由副大队长潘恩隆率领手枪班的霍桐、杨和、卢铨、霍富一起行动。他们神不知鬼不觉地进入沙头圩，在沙头茶楼分散而坐，大家看似是在闲散地喝茶聊天，暗中则紧密监视着"鬼王登"和他几个手下的动静，等待时机动手除奸。

"鬼王登"生性狡猾，也知道抗日队伍早将他视作"眼中钉"，因此他一举一动都十分小心，即使在茶楼喝茶也是这样。他有一个习惯，喝茶时从不坐在凳子上，而是一只脚踏在椅子上，一只脚站在地上，一手拿着茶杯，一手却紧紧握着挂在胸前的左轮手枪，时刻注意着周围的动静，以防不测。

"鬼王登"如此小心，手枪班一时难以下手，大家都在耐心等待下手的机会。"鬼王登"吃饱喝足后，终于有了松懈的时候。他喝完茶后，挺着肚子在茶居室随意走动了起来。当他走到柜台边的时候，潘恩隆举起帽子，发出了行动的指令。霍桐迅速拔出驳壳枪，对着"鬼王登"就是"呼"的一枪，"鬼王登"当即倒地绝命。其他几个手枪班的年轻人同时行动，迅速打响了战斗，将"鬼王登"的几个手下全部解决，缴了他们的武器。

手枪班击毙汉奸"鬼王登"的消息迅速传开，老百姓们一片叫好。手枪班也威名远扬。

（二）大榄圩除奸"朝鲜三"

当年南海大榄圩有一个欺行霸市、无恶不作的地头蛇，诨号"朝鲜三"。抗战时期，他投靠日军，当上了汉奸恶霸，群众对他恨之入骨，日夜盼望抗日队伍早日将他除掉。

　　"朝鲜三"十分狡猾，一方面对抗日武装队伍表示友好，暗地里却刺探抗日队伍的情报，向敌伪军头目密报领赏，严重威胁着抗日斗争的进行。大队领导看破了他的真面目，决心除掉"朝鲜三"。

　　除掉"朝鲜三"的军事行动在紧张的气氛中进行着。地点定在"朝鲜三"开设的一家烟馆兼赌场里。行动小组由潘恩隆、霍桐、卢铨在楼上负责监视"朝鲜三"的动向，伺机下手。高柱天、杨和、何沃、霍富则负责收缴在楼下赌场的"朝鲜三"手下的武器。两个小组统一指挥，统一行动，相互配合，确保行动万无一失。

　　当日，楼下赌场赌得不可开交。行动小组首先从收缴楼下马仔的武器开始。"朝鲜三"的马仔正玩得来劲，根本没想到手枪班会从天而降，自身已是大祸临头。高柱天率领几位同志收缴武器的工作虽然做得很顺利，但还是闹出了一些动静。正在楼上吞云吐雾的"朝鲜三"听到了楼下传来的声音，警觉性极高的他自知不妙，立即从烟床上一跃而起，拔出从不离身的驳壳枪，大声喝问道："楼下干什么？"同时想冲向楼下。

　　电光石火间，在楼上密切监视"朝鲜三"的潘恩隆、霍桐等跃出阳台，拔出手枪，迅速占据有利地形。"朝鲜三"跑到楼梯口，但他不知楼下到底什么情况，想冲下去又犹豫不决。此时，楼下的手枪班队员已解决了那些马仔，正冲上楼支援。"朝鲜三"发现了往楼上摸来的手枪班队员，大惊失色，"呼"的干了一枪，将杨和左手的中指和食指打伤。"朝鲜三"还想继续开枪，可驳壳枪却卡壳了。霍桐、卢铨举枪朝"朝鲜三"射击，一串手枪子弹将"朝鲜三"当场击毙在赌场楼上。这个汉奸恶霸命丧鸦片烟馆，消息迅速传开，大快人心。

（三）夜袭官窑敌伪联防队

广州、佛山、南海、三水的大部分地区相继被日军占领后，在南海官窑圩上驻扎着一支伪联防队，成员有几十人，配备有轻机枪和各种长短枪支。该伪联防队专干联日反共的勾当，对抗日队伍造成严重威胁。南三大队决定，一定要消灭这支敌伪联防队。

官窑离广州、佛山日伪军的据点比较近，消灭伪联防队的行动必须迅速果断，不能惊动在附近驻扎的日伪军，需尽快结束战斗。1944 年冬，就在将要过农历新年的一天晚上，南三大队夜袭官窑敌伪联防队的行动开始了。手枪班挑选机智灵活的卢铨化装成乞儿，把伪联防队的配备、人数、哨兵等情况摸得一清二楚。尔后，大队长何达生亲自率领大鹏、猛虎、雄狮三个中队 200 多人，将伪联防队包围得水泄不通。同时，还派出了另外两个中队负责打敌增援。由何铨带路，霍桐、霍富、杨和、何沃几个负责清除敌哨兵。

行动当天晚上，寒风呼啸，伸手不见五指。参与夜袭战斗的队员们士气高昂，信心十足。霍桐、霍富、杨和、何沃摸到了伪联防队的门口，迅速解决了几个敌哨兵。南三大队人马冲进伪联防队部时，那些伪联防队员还在床上呼呼大睡。这班伪军从床上被拉起来时，看到面前站着的竟然是南三大队的战士，顿时傻了眼，立即举手投降乖乖地做了俘虏。

接着，南三大队宣传队在街头小巷发传单、贴布告和标语，向广大人民群众宣传中国共产党的抗日方针和政策。还对俘虏们进行了教育，给他们发了路费，让他们回家生产，不要再给日伪军卖命。这次夜袭战斗由于措施周密，行动迅速，将伪联防队连锅端掉时，广州、佛山等地的日伪军都还在睡梦之中，根本没想到官窑的敌伪联防队已经遭遇了灭顶之灾。

天亮前，手枪班的同志和大队人马带着缴获的大批武器物资浩浩荡荡地回到了驻地——三水沙头圩。夜袭官窑圩的战斗，第二天就成为特大新闻广为传播。"鬼仔队"（手枪班的同志）的名称也就此传开了。此后日伪汉奸只要听到"鬼仔队"的名字，就心惊胆战。

十五、创建五岭抗日根据地与北上支援

1945 年初，苏（联）美（国）英（国）军队分别逼近德国本土，德国法西斯覆灭在即。日本侵略军由于在太平洋战场上连续失利，在中国大陆尤其在解放区战场军民局部反攻打击下，占领区日渐缩小，败局不远。为挽救危局，日军加强防御体系，调整兵力部署，垂死挣扎。而国民党军队虽然在与日军作战中节节败退，但在美国的支持帮助下，亦加紧对部队整训，为酝酿大规模内战作准备，频繁进攻共产党领导的抗日人民武装和抗日根据地。出于自身利益的需要，1945 年 3 月底，日伪顽敌联合对珠江三角洲地区展开"万人扫荡"。其中，4 月下旬，广州、佛山等地出动一批伪军包围独立第三大队本部附近的大榄，独立第三大队派出一个中队和在黄洞进行整编的部分队伍抗敌。在游击队的沉重打击下，伪军无法抵抗，狼狈撤走。5 月初，敌伪在广州调集近千名装备精良的部队，向独立第三大队驻地沙头、黄洞一带进行"扫荡"。因独立第三大队早获讯息，为避敌锋芒，保存力量，大队部主动撤离隐蔽，敌伪军队进入南三边境地区搜索时处处扑空，经过 7 天的"武装游行"后，敌伪军灰溜溜走了。

根据形势的发展和斗争的需要，中共中央强调创建五岭抗日根据地。中共广东省临委遵照中共中央指示，于 1945 年 2 月部署珠江纵队一部"挺进清远、四会、广宁，打好基础，再向连阳、湘桂边挺进"。珠江纵队接到命令，即决定由纵队领导梁嘉、谢斌、刘向东率机关和以第二支队大部、独立第三大队一部编成的

西挺大队共 400 多人挺进西江。1945 年 4 月,挺进西江部队在南海县官窑黄洞村集结。5 月 15 日,挺进西江部队从黄洞出发经三水县木棉往四会县大沙。木棉到大沙需渡北江。三水县木棉村的群众组织大批船艇和船夫,运载部队抢渡北江。挺进西江部队夜行昼宿,于 5 月 19 日到达广宁罗汉,与西江人民抗日义勇队会师后,接连多次打退敌伪顽军的进攻,站稳了脚跟。至 8 月,开辟了以广宁县为中心的广宁县、清远县、四会县、高要县、怀集县边境抗日游击区。

为加快创建五岭抗日根据地的步伐,中共中央于 1945 年 6—8 月,连续多次指示中共广东省临委(7 月后改为广东区党委)应派遣有力部队速向北江地区发展。遵照中共中央和广东区党委的指示,珠江纵队独立第三大队大部由第二支队支队长兼独立第三大队政治委员郑少康、独立第三大队大队长梅易辰率领,于 8 月下旬初集结三水县源潭圩,8 月 23 日向粤北挺进。之前到达粤北南雄县百顺乡的八路军南下支队鉴于日军已宣布无条件投降,于 9 月初奉中共中央军委指示挥师北返。而由郑少康、梅易辰率领的挺进粤北部队在途中未接到指示,仍继续向粤北挺进。部队沿途遭国民党军队围追堵截,被迫转入始兴瑶族山区活动。后经艰苦奋战,突出重围,于 12 月上旬到达江西省大余县天井洞与东江纵队第五支队胜利会师。12 月中旬,珠江纵队挺进粤北部队编入东江纵队粤北支队。

独立第三大队在斗争中建立,在斗争中成长壮大。从建队初期的 20 多人发展到 500 多人,下辖铁鹰、大鹏、飞熊、雄狮、海燕、飞雁、群英、泰山、北斗等中、小队。独立第三大队控制区域东起南海县鹧鸪坑,西至华平;南起南海县下旺田,北至三水县源潭,方圆 10 多千米,有数万人口。

4

第四章
解放战争时期

第一节 三水县党组织的恢复和坚持地下斗争

一、抗日战争胜利后三水的形势

抗日战争胜利后，饱受战争灾难的中国人民热切希望可以实现和平，休养生息，重建家园。但是，国民党蒋介石统治集团为了独占抗战胜利果实，维持和恢复其法西斯独裁统治，不顾全国人民的和平愿望和中国共产党的呼吁，在美帝国主义支持下，加紧策划内战。

蒋介石以和谈为幌子，秘密进行"反共"准备，在国民党和共产党两党代表签署《政府与中共代表会谈纪要》（《双十协定》）公布后，就密电各战区司令长官，遵照他的《剿匪手本》，对解放区、抗日根据地和抗日军队努力"进剿"。

在广东，日本投降后，广东省政府主席褚民谊就立即执行蒋介石的"维持治安令"。被任命为华南战区受降主官的广州行营主任张发奎于 1945 年 10 月下旬在广州召开的"粤桂两省绥靖会议"上就要求属下在两个月内肃清"奸匪"，把广东、广西划分为 7 个"绥靖区"，实行分区"进剿"。国民党广东当局调集 8 个军 22 个师兵力，纠合地方团队、伪军对解放区进行分进合击，反复"扫荡"。其中，国民党军第六十四军第一三一师将西江地区划分为广宁与怀集、四会与清远、三水与高要 3 个"绥靖区"，并在各县设立"清乡委员会"。

在三水，日军侵略时龟缩到三水六和一带的国民党军政人员在抗战胜利后又匆匆跑回了城区。1945 年 10 月 15 日，三水县府河口行署陈逊言、县自卫大队长欧桥义率一个中队进入西南，随后三水县流亡政府也从三水六和蒲坑迁到了西南镇（县府所在地河口在抗战期间被毁）搞接收工作，并陆续设立"三水兵役协进委员会"，组织"戡乱建国委员会自卫总队"，以维持治安之名，大量招募兵员，并积极策划、部署内战以图扑灭中共及其武装力量。

抗战胜利后，为配合八路军南下支队创建五岭根据地的战略任务，独立第三大队主力北上，南三边境游击区只剩下由高柱天负责领导的珠江纵队独立第三大队留守小分队抗日民主政权干部 20 余人及民兵常备队，他们高举独立第三大队的旗帜，坚持敌后斗争。1945 年 9 月初，伪联防队禤绍祥部来犯，企图复与源潭，留守部队迅速集中组织留守小分队和民兵常备队 200 多人将禤部击退，保卫了源潭乡民主政权。各乡村的反动势力此时也蠢蠢欲动，搞反攻倒算。黄洞村不法分子黄昌散布谣言，煽动群众不交公粮；刘边村的刘二联同大天二刘举做坏事，留守小分队发现后将他们捉拿处决，张贴公布，稳定了民心和社会秩序。

面对敌我力量对比悬殊，敌人疯狂进攻，中央军委致电东江纵队领导人，指示在八路军南下支队已经北返，创建五岭根据地的目的已不可能实现的情况下，东江纵队应分散坚持斗争，保存干部。1945 年 9 月 16 日，广东区党委作出坚持长期斗争的工作部署，决定一方面坚持斗争，保存力量，保存党的干部；另一方面作长期打算，准备将来开展合法的民主斗争。1945 年 10 月 24 日，广东区党委又发出《当前的斗争形势与工作指示》，强调在国民党对广东全面进攻中，各地武装要分散发展，扩大据点，组织更多的武工队，进行自卫斗争。

1945 年 11 月中下旬间，在国民党加紧部署对华南游击根据地进行全面"清剿"的情况下，南三地区的形势越来越险恶，留守人员面对恶化的形势，采用了分散和隐蔽的方式进行活动。11月底至 12 月初间，为实现蒋介石的"清剿"计划，国民党军与地方反动民团纠合约 2000 人，从佛山、大沥、里水等地出发，向南三边区进行"清剿"。独立第三大队留守部队由严彪率领，在人民群众的支持、帮助下，辗转与敌周旋。1945 年 12 月 15 日，留守部队接到上级隐蔽待命指示，分散撤出南三边区，有的回家隐蔽待命，有的转到广州工作，有的转到香港参加北撤山东。独立第三大队及南三乡政建设委员会被迫停止活动，组织关系移交广东区党委。

二、三水县党组织的恢复与建立中共三水县特派员制

针对国民党统治集团以和谈为幌子，加紧策划内战的阴谋，中共中央制定了全国的战略方针，向北发展，向南防御。指示在南方的党组织要积蓄力量，培养干部，分散活动，坚持斗争。为适应新的变化，加强党的组织，更好地领导军民以革命的斗争反对反革命的斗争，中共广东区党委根据中共中央和重庆局（1946年 5 月改南京局）关于加强南方国民党统治区工作的指示精神，领导成员实行分散领导，着手调整各地区党组织，实行特派员制。其时，三水党组织隶属中共北江特委领导。

1945 年 9 月，中共北江特委决定恢复三水党组织，领导全县人民开展革命斗争。中共北江特委书记黄松坚派袁海修到三水任中共三水县特派员，隶属中共北江特委，后黄松坚调任中共广州市临时工作委员会书记，三水党组织也随之转属中共广州市临时工作委员会（简称"中共广州市临时工委"）领导。三水党组织的任务是站稳脚跟，接收关系，恢复组织，发动群众，准备斗争。

到三水后，袁海修通过在国民党三水县政府当助理秘书的黄澄宇（黄在抗日战争期间与袁在国民党兵团共过事，思想进步，同情和拥护共产党）的介绍，打入国民党三水县警察局当督察员。袁海修很快同打入国民党三水县政警中队任副中队长的共产党员陈明燊、梁景山以及麦少华、李庆玉、陈焕源（陈焕）等共产党员接上组织关系，恢复了三水县党组织的活动。袁海修与地方实力派人物李杰夫、欧芳搞好关系，逐步成为地方实力派代表人物之一。又通过工作的接触，取得三水县警察局局长宋仿高的信任，运用各种手段和形式开展统战工作。

1945年10月，中共广州市临时工委根据三水工作的需要，增派何君侠任中共三水县特派员。何君侠通过统战关系到驻芦苞的地方实力派欧芳开办的芳利轮船公司当会计，进行隐蔽的革命活动。为加强党在国民党三水县警察局的工作，袁海修要求上级党组织增派人员。年底，中共广州市临时工委派共产党员张耀彬（张皎如）到三水县警察局当干事，并协助袁海修工作。随后又先后调共产党员邓玉芳、张月婵进入西南镇的学校，以教学工作为掩护，秘密开展革命活动。

1946年2月初，中共广州市临时工委撤销，成立中共广州市委员会（简称"广州市委"）。同月，何君侠调广州市委工作，黄友涯（黄敏章）接任中共三水县特派员。黄友涯到三水后，由袁海修通过李杰夫的关系，与同来的梁铁（梁雪徽）到李杰夫的家乡西区平南乡小学任教，杨亦山（杨山）到惇庸乡小学任教。为了增强地方各县党组织的力量，广州市委陆续选派一批党员到各县开展工作。巢健（曹淑珍）、谭颂华（谭沃斌）、马荣增（马秀居）、陈衍宁（陈克）、张耀彬到三水北区的芦清、永善、牛栏岗小学任教。巢健、谭颂华、张耀彬、马荣增4名党员建立了中共芦清小学支部，谭颂华任支部书记。这些党员的到来扩大了地下党的活动范围，加强了对统战对象（特别是欧芳）的统战工作。

1946 年 6 月，广东区党委设中共广州市郊一、郊二区特派员。郊一区辖三水、南海、顺德、番禺党组织。8 月，本峰接任黄友涯，任三水特派员。8—9 月，郊一区特派员又前后派胡斯增（胡志中）、汤春韶、陈启锐、廖芬、李剑平分别到三水范湖保联、西南第八保和西区洲边等小学任教。1946 年秋及当年末，马荣增、谭颂华、张耀彬 3 人因工作需要调走，上级组织派伍平、卢文靖、郑方生（郑乃行）来接替。郑方生到范湖保联小学，伍平在芦清小学，卢文靖到欧芳家乡欧边小学，这个点的工作由巢健负责联系。卢文靖广泛接触群众，宣传教育群众。她举办夜校，先是妇女，后来吸收男的参加。通过识字教学，讲形势，向群众宣传革命道理，灌输进步思想，识字班由一个班发展到多个班，把群众团结起来。此期间，党组织吸收了在西南镇任教的罗秀村等人。全县党员有 14 人，基本上各区都有党员活动。这样，三水的党组织有了一定的力量，分布比较普遍，活动的区域也进一步扩展。

1947 年春，三水党组织根据工作的开展和斗争的需要，决定筹建一支武装队伍，并派出汤春韶回新会司前卖地筹资购买武器。不幸的是，汤春韶被军警逮捕。为了组织免遭破坏，广州市郊一区特派员把李峰（汤春韶的丈夫）、袁海修两位特派员和一些党员调离三水，由陈启锐接任特派员，郑方生到三水工作。1947 年 3 月，广东区党委撤销中共广州市郊一、郊二区特派员制，设中共广州市郊区特派员制，辖南海、三水、番禺、顺德及花县（部分）的中共组织。1947 年 7 月，陈启锐离职治病，由胡斯增接任特派员。为了加强三水党组织的力量，上级党组织又增派了苏文哲（苏文华）、钟英等到三水。苏文哲到欧边小学，钟英到芦清幼儿园（1949 年 7 月后，钟英任交通员）。1948 年 8 月，陈启锐再任特派员（后转西区洲边小学）。同期，胡伟川、庾碧盈、杨刚文、张经略、何康明、甘坚、冯明（冯磊明）派到三水。胡伟川、庾碧盈在芦清小学（胡伟川后调龙坡中学），杨刚文、张经略到西区洲边小学，麦少华调西区官员小学，何康明、甘坚、冯明到欧边小学。同年，珠江地工委委员曾谷派张云到三水，打入国民党三水保警大队第二中队，秘密从事策反工作。由于各方面条件成熟，北区欧边小学、西区洲边小学党支部相继成立。欧边支部由何康明任书记，卢文靖任副书记。洲边支部由陈启锐兼任书记，伍平任副书记。1949 年，共产党员刘克洪调到三水，在范湖任教。党组织积极开展党和青年工作，1949 年吸收了陇院村青年农民钟汉联入党。在芦苞，吸收了一批进步青年加入团组织。1949 年 8 月，建立了中国新民主主义青年团芦苞地区小组及团的外围组织。

三、开展和加强统战工作，争取地方实力派的转变

统一战线，武装斗争，党的建设，是中国共产党在中国革命中战胜敌人的三大法宝。

三水是粤中通往粤西、大西南主要通道之一，战略地位十分重要，是敌人必然要控制和掌握的地区，再加上土匪和大天二众多，要开展长期的、规模较大的武装斗争是十分困难的。中共中央提出"为着粉碎蒋介石的进攻，必须和人民群众亲密合作，必须争取一切可能争取的人"的政治方针，确立"针对目前蒋的镇压政策，应扩大宣传，避免硬碰，争取中间分子，利用合法形式，力求从为生存而斗争的基础上，建立反卖国、反内战、反独裁与反特务恐怖的广大战线"的工作策略，要求各地党组织认真慎重、扎实深入地开展和加强统战工作，以发展进步势力，争取中间势力，团结一切可能团结的力量，打击反动顽固势力。

三水党组织在斗争中执行中共中央的指示，根据不同的对象采取不同的形式，开展统战工作和对敌斗争工作。国民党三水县参议员李杰夫曾参加同盟会和广州黄花岗起义，1925年发生"廖仲恺案"时，受蒋介石派系的排斥而离军从商。抗日战争时期，李杰夫出任三水县民众抗日自卫团统率委员会主任、三水县国民兵团副团长，积极从事抗日工作。他有民族正义感，思想比较开明、进步，对国民党的一些反动措施不满，对中共比较同情。中共三水特派员袁海修与他建立了比较密切的关系，在袁海修的工作下，李杰夫接收了包括中共三水特派员黄友涯、陈启锐等多名秘密共产党员到其家乡西区的小学任教。

做好重要人物的统战工作。欧芳是三水地方实力派人物，他控制着以芦苞为中心的三水北部地区，经济实力较强，辖管武装人员数百人。欧芳在大革命时期曾参加北伐，在抗日战争时期任三水县国民兵团自卫第三大队长，率队抗击日军，容纳进步青年加入其部队。同时，他比较热心办教育，有一定的进步性，是可以团结和争取的对象。其时，在芦清乡中心国民小学任教的中共党员巢健、谭颂华、张皎如、马荣增，在三水特派员袁海修和进步人士黄澄宇的引荐下，利用欧芳常来学校的机会，主动接近，与欧芳建立了联系。他们努力抓好教学工作，在学生家长和群众中建立威信，争取欧芳的好感。在取得欧芳信任后，时常找他，从中开展思想工作。1946—1947年因三水发生了两次严重自然灾害，先是旱灾，后是水灾，农村闹粮荒。国民党广东省政府下拨了极少的救济物资赈济灾民。国民党芦苞区分部头目不顾灾民死活，企图瓜分救济物资。中共芦清支部发动群众展开针锋相对的斗争，并得到欧芳的支持，最终把救济物资夺回来分给灾民。芦清小学政治环境恶劣，敌我斗争激烈。教师中，有国民党三水县党部安插的人，其中一个还是区分部书记。1946年开学不久，反动势力强迫全校教师加入国民党，否则将遭解聘。中共芦清支部进行了认真的讨论，商讨对策。教师中既有同意表面应付的，但更多的是表示抵制。后来，党支部书记谭沃斌请示上级党组织，三水县党组织领导分析当时形势，认为党在芦苞脚跟尚未站稳，如拒绝参加国民党则对坚持斗争不利，为保存力量，有必要应付一下。党支部服从组织的决定，4 个党员在形式上参加了国民党。后来国民党芦苞区分部为扩大他们的反动力量，在芦清小学成立了三民主义青年团，强迫学生集体加入。党支部发动学生展开合法斗争，一批进步学生被共产党争取过来，拒绝加入三民主义青年团。

1946 年夏秋间，国民党三水县党部书记长曾肇孤、县长王启厚、警察局长宋仿高部署"绥靖清乡"计划，召开"党工汇报会"、布置"清乡"工作。挂"清匪"之名，行"清共"之实。为掌握敌人的动向，中共三水特派员袁海修利用其警察局督察员的身份，参加了汇报会。在讨论部署力量时，袁海修主动提出自己到比较复杂的北区，政警中队由陈明燊率领到西区。袁海修在得到了"黑名单"令后，即与李峰研究对策。在行动部署后，做好隐蔽工作，在"清乡"实际行动中，他们把矛头指向打家劫舍、危害人民生命财产的土匪，从而保护了党员和进步人士。

在与国民党反动派的斗争中，争取团结那些倾向进步、同情中共的官员，打击政治上反动又贪赃枉法、为群众所痛恨的贪官污吏。芦苞警察所所长、军统特务蔡永澄，经常跟踪、盯梢共产党员，对党开展工作很不利。党组织根据其包庇烟赌、无恶不作的恶劣行径，整理其材料，发动群众联名向国民党广东省民政厅告发，令其被撤职调查。

1946 年 8 月，在范湖保联小学任教的胡斯增，取得本地豪绅的信任，掌握敌人各种情况、动态，适时地宣传党的政治主张，扩大党的影响，揭露国民党发动内战的阴谋。

1947 年 8 月，党组织委派在大塘莘田村的共产党员李庆玉打入大塘永平乡公所任事务员，李庆玉利用工作之便，团结教育了不少青年群众。"他在乡中威信高，该乡两个村以更练形式下的武装，他都能指挥，乡中的大小事有话事权。"三（水）花（县）边境地区土匪比较多，打家劫舍十分猖獗，群众深受其害，李庆玉利用与花县赤坭地区匪首的关系，维护周围乡村治安，保护了群众利益。

三水党组织认真执行隐蔽斗争的策略和广泛开展统战工作，在繁杂的环境中，不但站稳下来，而且卓有成效地打开了斗争的局面。共产党员有的在学校当教师、有的在商店当店员，更有的打入国民党三水县政府机关、地方军事组织内部任职。他们以各自的职业为掩护，在复杂多变的环境中开展活动，争取了较多的统战朋友，拓展了活动的空间，取得了一些斗争的胜利。国民党范湖区分部书记兼保联学校校长卢铭勋，由于受到共产党员统战宣传工作的影响，思想有所改变，使地下党活动的开展减少了阻力。

四、开展反"三征"的斗争

国民党政府挑起全面内战后，为了支撑其战争政策，维护其反动统治，除加紧开展"清剿"及向人民武装力量进攻外，又在各地实行征兵、征粮、征税的"三征"政策，对人民横征暴敛。对于国民党的法西斯统治，中共中央号召各地开展反内战、反饥饿、反独裁斗争。中共珠江三角洲地区工作委员会根据珠江地区的情势，向各地党组织提出"加强党与群众的联系，广泛发展各阶层人民求生存的统一战线，为反对蒋、宋'三征'暴敛而斗争，以发展人民革命力量"的工作方针。三水党组织根据中共中央和中共珠江三角洲地区工作委员会指示，发动群众，以合法斗争形式，运用各种方法，从拖交、拒征到抗交，从秘密反抗到公开斗争，开展反"三征"斗争。1948 年 10 月，国民党三水县田粮科科长带队到乐平、三江征粮，群众联合起来抗交，并将田粮科长殴伤。范湖乡公所以拉壮丁为名，收押壮丁，既拉壮丁又窝藏壮丁，勒索壮丁费，在党组织的发动和组织下，数十名群众包围范湖乡公所，揭露其舞弊勒索行为，迫使该乡乡长释放在押"壮丁"，补偿了安家费。为抵制征粮，共产党员们采用了既隐蔽而又符合群众实际的斗争手法。国民党警队的士兵伙食和薪金是靠收粮兑现的，1949 年 7—8 月，田粮管理处主任率保警二连一个班到黄塘收粮，打入该警队的共产党员金敬、陈正宇利用到农户家"催"粮之机示意群众拖延交粮时间，令其无法收到粮食。无粮则无饷，让士兵对长官产生怨气。由于党组织发动群众通过各种手法和形式进行反"三征"，据记载，1948 年"三水粒款未交省府"。三水群众的反"三征"斗争取得比较大的胜利。

五、中共南三花工委成立

1948 年 9 月 8—13 日，中共中央在西柏坡召开政治局扩大会议。会议根据战争形势的发展，决定用 5 年左右的时间内从根本上打倒国民党的反动统治。作战方式由游击战过渡到正规战。从 1948 年 9 月至 1949 年 1 月，中国人民解放军与国民党军队进行了战略决战，取得了辽沈、平津、淮海三大战役的胜利。

1948 年 12 月 30 日，毛泽东在为新华社所写的新年献词中发出了"将革命进行到底"的伟大号召，强调必须"用革命的方法，坚决彻底干净全部地消灭一切反动势力，不动摇地坚持打倒帝国主义，打倒封建主义，打倒官僚资本主义，在全国范围内推翻国民党的反动统治，在全国范围内建立无产阶级领导的以工农联盟为主体的人民民主专政的共和国"。1949 年 4 月，毛泽东、朱德发布向全国进军的命令，挥师渡过长江，向中南、西北、西南进军。国民党统治集团在政治、经济、军事上面临崩溃的局势。南京解放后，南迁广东的国民党政府妄图以广东为据点，作最后的挣扎，继续实行"三征"暴敛，对人民武装加紧"清剿"。

根据革命形势发展，中共中央香港分局在《我们当前的方针任务》中向各地党组织提出了"在粤汉路、珠江、韩江这些三角洲地带，则以适当的军事力量威胁敌人，利于我之四陲之发展"，"群众工作仍以反'三征'、双减为主"的指示和工作部署，以及"健全与充实党的各级领导机构，使党的领导提高一步，以适应当前革命形势与实际工作的需要，作为党的工作的中心任务"的指示。1949 年 3 月，中共珠江三角洲地区工作委员会撤销，成立中共珠江三角洲地方委员会（简称"中共珠江地委"），隶属湘粤赣边区党委。1949 年 4 月下旬至 5 月初间，中共珠江地委在顺德县容奇镇乌坭塘召开各县区党组织负责人参加的扩大会议，制定了《关于当前形势和今后工作方针的指示》。提出的工作方针是："到处放点，到处生根，发动群众反'三征'，发展人民武装，发展党，打好游击战争基础，准备起义，迎接三角洲解放"；武装斗争的方针是："分散发展，钻敌空隙，歼敌小股，壮大自己，掩护同志斗争"；党的组织工作方针是："放手发展，从发展中争取巩固"。要求各地党组织和党员要按照具体情况作出具体布置，做好各项工作，迎接解放。中共珠江地委为了开拓南（海）三（水）花（县）地区的工作，于 1949 年 5 月成立了中共南三花工作委员会（简称"中共南三花工委"）。党的领导机关由特派员制变为党委制。书记杜路（杜鉴桓），副书记陈启锐（主管三水、花县西部方面工作）。中共南三花工委领导南海、三水两县和花县西部的党组织，机关设在南海县里水冼村。中共南三花工委隶属支部在三水有北区欧边小学支部、西区洲边小学支部，在花县有狮岭区杨义山小学支部，在南海有内河、樵海、三河三个区工委。

中共南三花工委于 1949 年 6 月召开会议，根据中共珠江地委"创造条件，开展武装斗争，迎接解放"的指示精神和"开辟关系，普遍建点，从点发展到面发展，积极发动斗争，大胆发展人民革命力量，迅速打下起义基础"的方针，结合南三花边境的具体情况，决定组织武装队伍，开展武装斗争，加强对国民党三水县保警大队第二中队控制。要求各支部完成要掌握自卫队及各种武装，加强对地方实力派的统战工作，争取他们靠拢党；对掌握武装的实力派人物争取他们起义投诚；加强宣传工作，开展政治攻势；发展党团员、组建地下农会等进步群众组织，积极发展革命力量的四大任务。在中共南三花工委艰苦深入的教育和培养下，在两三个月的时间里，就发展了党员 10 多名（三水 3 人，花县 4 人，南海 12 人），并先后建立中共国民党三水县保警大队第二中队支部、中共花县赤坭区连珠小学支部和中共南海县埗窖支部。连珠小学支部还培养了一批青年加入中国新民主主义青年团，建立了团组织。

三水党组织的巩固和发展，使党的力量得到了进一步的壮大。

第二节 南三花人民游击队的建立与武装斗争的开展

中共中央香港分局在关于开展武装斗争问题中指出：敌人占领的是点不是面。在这种环境下，可以发展游击战。"敌后还是有小块地如三水、花县、南海之间。这些区人多，是会帮助我们的。那里水多，可以进行游击战。武装可用小而多的形式。"中共珠江地委也指出，"创造条件，开展武装斗争，迎接解放"。为了发展武装，1949年6月，中共南三花工委召开会议，提出了几项工作任务：一是组建武装队伍，开展武装斗争。加强对三水县国民党保警二连的控制和策反工作，要求各地党组织尽量多地掌握乡村自卫队和武器。二是加强对三水地方实力派的统战工作，争取他们进一步靠拢共产党，重点对象是芦苞镇掌握武装力量的欧芳，条件成熟时争取他们起义或投诚。三是加强宣传工作，开展政治攻势。四是发展党团员，组织地下农会和进步群众组织，壮大革命力量。会后，派副书记陈启锐到香港筹集500元港币，购买武器。经过南三花工委深入工作的南三花边地区，群众运动和武装斗争得到发展。在花县杨义山、锦山、巴水、中洞、下洞等村建立了农会，组织了武装小组；在三水洲边、田寮、南边发展秘密农会会员5人，秘密武装20余人；在南海冼村、步滘、里水等发展秘密农会会员数十人。

随着形势的发展和各方面条件的成熟，1949年8月14日，中共南三花工委决定建立武工队，从南海、三水、花县抽调10多人组成，配备一批武器，由共产党员骆展翔任队长，李剑平任副队长。武工队对外称南三花人民游击队，骆展翔化名张剑（"剑拔弩张"之义，合杀敌之意），带领部队活动于花县的赤坭、白坭、炭步，三水的范湖、乐平、芦苞，南海的官窑等南三花边地区。一个月后，队伍发展到 100 多人，配备机枪 2 挺，长短枪 50 多支。为了发动群众，争取群众，反对反动势力，1949 年 10 月初，南三花人民游击队印发"反对强征强抢，团结起来，坚持斗争"的传单，号召各界人民团结一致，同人民游击队合作，坚决反抗国民党反动派的强征强抢暴行。在南三花人民游击队的坚决支持下，三水部分地区继续开展了反"三征"斗争。

1948 年夏秋间，国民党驻广东西江和广西八步等地的部队纠合在一起，向广宁革命根据地进行大规模"扫荡"。粤桂湘边总部为了变内线作战为外线作战，除留下一部分坚持斗争、适当发展外，将主力部队向英德、阳山、连县等地转移。在清远坚持斗争的粤桂湘边区人民解放军连江支队第二团于 1948 年 10 月派了一支由陈德、谢剑影、杨南、周林、吴奇等 6 人组成的武工小队到三水、四会两县边境开辟革命新区。武工队站稳脚跟后，数次袭击东河、上林、清莲等乡公所，缴获枪支弹药一批，深入黄岗、迳口、六和等地发动群众抗兵抗粮，吸收了附近村乡的一批青年参加了队伍。到 1949 年夏，武工队发展到 70 人，建立了以大南山为基地的活动区域，推动了四（会）清（远）三（水）边区群众斗争的开展。后来，四会、三水两县联防队纠合在一起大举"围剿"，武工队为保存力量，便转移到广宁县一带活动。

第三节 配合南下大军解放三水

一、加强政治攻势，打击反动势力

三水县党组织和南三花人民游击队在与国民党反动派和地方反动势力的斗争中，除了发动群众、组织群众开展反饥饿、反内战的正面斗争和打击顽固派的武装斗争外，还通过发信函、印传单等方式动摇敌人军心，或利用老关系，深入敌方分化瓦解敌人，打击反动势力。

1948年上半年，范湖保联小学党支部获悉该校女教师黄绮梅的丈夫国民党中校副团长卢伯衡在东北四平战役与解放军作战中负伤，为策反卢伯衡回乡，利用他的职位和影响，在敌人营里打开较大的统战工作的局面，在该校任教的中共三水县特派员兼范湖保联小学支部书记的胡斯增与共产党员关炳淳主动接近黄绮梅，一方面对她表示同情和安慰，一方面向她讲述国共斗争形势和前途。通过动之以情、晓之以理的说服工作，最后黄绮梅以家人病危为由发电报给卢伯衡。半月后，卢伯衡回到家乡。经过中共党组织的立功赎罪、既往不咎的政策教育，卢伯衡以自身的感受和对国共斗争前途的分析，表示愿意解甲归田。此后，他向亲朋好友现身说法，宣传共产党英明伟大，国民党腐败无能，在当地产生了较大的影响。

同年底，为宣传解放战争的伟大胜利，鼓舞和教育人民群众，联合一切力量，打击反动势力，范湖保联小学、芦苞芦清小学和欧边小学等地下党组织，克服各种困难，以简陋的油印工具秘密印发大量反内战传单，通过各种渠道分发给统战对象，敦促国民党的地方武装、国民党三水县政府和各区、乡官员，以及一些国民党军官认清形势，弃暗投明，保护人民生命财产，将功赎罪。统战对象接到传单后，有的反动行动有所收敛，有的惊慌动摇，有的表示愿同共产党合作。

1949 年 10 月初，三水县党组织根据中共珠江地委《关于开展支迎大军及对敌军进行宣传攻势的意见》，积极开展迎军支前的准备工作和政治宣传攻势，大量印发传单、布告，向各界人士宣传，进一步对敌展开强大的政治攻势，宣传《约法八章》、党的各项政策、人民解放军作战的胜利消息。在强大的政治攻势下，敌人营垒出现动摇、分化的现象。国民党三水县党部副书记何振南（三水沙头人）对形势发展十分害怕，打算回乡执教。任党部视察员的何景尧辞职而去。国民党三水县联防队队长李定平接到《约法八章》后说，"功就立不起来，无过就算啦"，表示"不坚持与人民为敌"。三溪乡乡长胡启衡则说，如政府来向本乡征兵征粮本人就把乡公所门关上，以作躲避。

二、打入敌人营垒，策反敌军起义投诚

三水县党组织认真贯彻落实中共南三花工委 1949 年 6 月会议指示，做好策动敌军起义、投诚工作。

1949 年 7 月，南三花工委从南海县增派 4 名共产党员到三水县国民党保警二连当兵，与在该连活动的共产党员陈明燊取得联系，并建立中共保警支部，陈明燊为书记，张云为副书记。主要任务是控制该中队，开展策反士兵工作，待条件成熟举行起义。

8 月，芦苞地方实力派人物欧芳在形势的逼迫下，经三水党

组织和地下工作者、民主同盟成员黄澄宇的说服教育，表示愿意与中共地下组织谈判。中共南三花工委适时派杜路与欧芳的代表欧桂良（欧芳长子，掌管武装）谈判。欧芳在要求保障其家属及财产安全前提下，基本接受了南三花工委提出的"不得妨碍我方人员和游击队的活动，我军未解放芦苞前欧要负责确保芦苞一带治安不受破坏，经济上支持我游击队；我军到境时不得抵抗；我军到达后要主动把全部武装队伍交出整编"三项条件，并于人民解放军南下到达三水县境时交出武装。1949 年 9 月，在范湖陇院村小学任教的共产党员刘克洪，以南三花人民游击队联络员的名义，同范湖保联乡自卫队队长陈志培谈判。在政治压力下，陈志培表示中立，决不妨碍共产党员和人民游击队的行动。

三、接应南下大军，迎接三水解放

1949 年夏，人民解放军突破长江防线后，接连解放了南京、上海、杭州、南昌、武汉等重要城市，国民党反动统治已土崩瓦解，中国人民解放战争取得了决定性的胜利。但国民党反动统治集团仍不甘心灭亡，在美帝国主义的支持下，搜集残余力量，退守西北、西南、华南、台湾及沿海岛屿，并准备把逃到广州的反动政府迁到重庆，进行垂死挣扎。

为了粉碎国民党企图占据西南，重整旗鼓，负隅顽抗的举措，中央军委、毛泽东制定大迂回、大包围、大歼灭的战略，并指示第四野战军和第一野战军第四兵团在四野首长统一指挥下，向华南进军；第二野战军主力和第一野战军、第四野战军各一部，向西南进军；在当地游击队配合下，彻底消灭华南、西南各敌，解放华南、西南各省。

1949 年 9 月初，第四野战军首长根据中央军委指示，决定以第二野战军第四兵团、十五兵团（欠一个军）及两广纵队、粤赣湘边纵队等22万人的兵力，于10月上旬与第四野战军主力发起衡（阳）宝（庆）战役，并进军广东。部署是：第四兵团为右路，先夺取曲江，同时以一部兵力直插三水，切断广州敌人西逃道路，然后主力直下广州。若敌放弃曲江时，则以主力沿北江西侧和粤汉铁路进攻，进至南海官窑、三水地区，从西及西北方向构成对广州的包围。而第四兵团的部署是：以第十三军、十五军及十四军一个师首先夺取曲江，尔后向广州攻击前进；第十四军主力沿北江西岸取捷径直插三水，切断敌人西逃道路。

9月中旬，在南下大军奋勇进攻的强大威力下，敌人的湘粤联防迅速解体。9月下旬，由陈赓统一指挥的第四兵团和第十五兵团向广东进军。10月2日，第四兵团第十四军向粤北挺进。10月5日，兵团首长命令各军按预定任务迅速逼近广州、三水。

为了配合人民解放军进军华南，中共中央华南分局要求珠江三角洲党组织做好十项任务：一是储备公粮千吨；二是动员7万民工支援解放军；三是有力量的地区要封锁粮食出口，如不能封锁可征借；四是动员270名连级或支部级干部交上级使用；五是加强敌军工作；六是加强政治攻势；七是必要时由地委发行钞票或军用票；八是迅速调查交通情况；九是准备接收容奇、大良、佛山、石岐、市桥等地；十是与江南地区取得横向联络。三水党组织在中共南三花工委和派驻三水中共珠江地委成员指导下，认真做好迎接大军南下的准备工作，大力筹集经费、粮食，大量印发传单，广泛收集情报，展开调查研究。

10月14日夜，第四兵团第十四军第四十师解放清远城后，由师长刘丰、政委侯良辅率全师乘船直插三水，追歼逃敌。担任先头部队的第一一八团第一、三营于15日拂晓前，在三水黄塘登陆，追歼国民党第三十九军第九十一师的后卫部队，俘敌150余人。接着抢占三水火车站，解放了河口镇。与此同时，第一一九团第一、二营在龙头岗登陆，跑步向西南镇猛插，围歼西南镇之敌。

在人民解放军进军三水之夜，中共南三花工委负责人杜路、陈启锐和珠江地委派来三水协助工作的萧志刚，在三水县保安营连任副连长的共产党员陈明燊的家里听取对三水县国民党保警二连控制情况汇报，研究二连武装起义问题。经分析，认为二连三个排分散执勤，力量不集中；与南三花人民游击队又未取得联系；国民党第一〇三师一部驻于西南镇附近，敌我力量悬殊。条件尚未成熟，故决定暂不起义。10 月 15 日晨，国民党三水县县长钟锦添得悉解放大军进抵三水，连忙率保警二连两个排，弃城渡江南逃。

10 月 15 日上午 9 时许，人民解放军对西南镇守敌国民党第一〇三师余部（主力已于 13 日、14 日退到三水南部地区）展开攻击。战斗打响以后，中共南三花工委书记杜路、副书记陈启锐和珠江地委干部萧志刚冒着炮火爬上西南镇西北郊的花果山，与人民解放军第一一九团负责人取得联系，并介绍敌我双方情况。战斗中，人民解放军以准确的炮火摧毁了镇内敌控据点。15 日下午 4 时，战斗结束，计毙敌 10 余人，俘敌 350 余人。三水县城西南镇解放。

在第四十师进军三水的同时，由师长查玉升率领的第四十一师亦沿北江南进直下三水。15 日，在三水南部地区截敌第三十九军尾部 3 个营。溃逃至西江左岸三水县西区岗头附近的国民党第三十九军第一〇三师陷入困境。第一〇三师师长曾元三、副师长陈一匡、参谋长牟龙光在人民解放军强大的军事打击和政治攻势下，眼见国民党蒋介石集团大势已去，深感走投无路，决定起义。15 日下午，曾元三派出洽商起义的代表与解放军第四十师的代表谈判。16 日，曾元三、牟龙光和陈一匡分别率第一〇三师返回西南镇集结。18 日由师长曾元三率全师官兵 4900 人在西南镇武庙口举行大会，宣布起义，正式接受收编。同日，国民党三水县保安营投诚。南三花人民游击队于当天进入西南镇，协助人民解放军部队接管国民党三水县政权，维持地方治安。

1949 年 10 月 17 日，三水县临时治安委员会成立，主任陈启锐。同时成立了支前指挥部，任务是负责接收政权，维持治安；征集粮食物资，发动群众修桥整路，支援解放大军西进。

"一唱雄鸡天下白，万方乐奏有于阗。"三水人民在中国共产党的领导下，经过 28 年的艰苦奋斗，取得了新民主主义革命的胜利，进入了社会主义革命和建设的新的历史时期。11 月，中共南三花工委完成其历史任务，所属各县分别组建党委。11 月 20 日，经中共珠江地委批准，中共三水县委员会成立，县委书记徐瑞，副书记陈启锐。从此，三水人民在党的领导下，在 800 多平方千米的土地上，迈步走上了社会主义革命和社会主义建设的征途。

第五章

社会主义革命与建设时期

第一节 老区的建设发展

三水县的革命老区均在乐平镇辖内，1957 年 12 月经广东省人民委员会正式确认分别为隔坑村委会的张岗头、隔坑、康乐；三溪村委会的横岗、桃圩、田螺坜、小迳等 7 个自然村。

1942—1945 年，中国共产党领导下的抗日武装队伍在这里展开抗日救亡活动。人民群众为保卫家乡，打击敌伪，争取抗日胜利，付出很大的代价。其中 1945 年春节期间，汪伪联防队林伯平、骆汉容及南海县官窑万文甫等汉奸勾结日军共 2000 余人进攻该革命老区（含中华人民共和国成立后划入南海县的沙头等村），劫走耕牛 177 头，烧毁民房无数，民众流离失所。中华人民共和国成立之后，在党的领导和各级政府的关怀下，老区人民自强不息，艰苦奋斗，克服大自然的灾害，进行了一系列的经济建设和文明建设。

从 1957 年开始，广东省人民政府对张岗头、隔坑、康乐、桃圩、横江、小迳和田螺坜这 7 个革命老区村落实行倾斜政策，大力支持革命老区村落的农业生产和乡村建设，修建农田水利基础设施，如修筑堤围、建排灌站等，划拨款项补贴，使各项工程得以顺利完成。各级党政机关对革命老区村落给予重视和关注，组织慰问活动，特别是慰问抗日战争时期参加独立第三大队的老游击战士、军烈属、农村老干部等。

为医治战争时期给革命老区带来的创伤，各级人民政府每年都下拨相当数量款项和物资支持老区恢复发展生产和兴办各种福利事业。其中数量较大的是 1958 年，县民政科拨款 2.06 万元、棉被 144 张、棉衣 143 件，救济老区贫困户过冬以及修建被敌伪烧毁的部分房子。1962—1963 年，政府采取"民办公助"方针，先后投资 9.2 万元帮助老区兴建电力灌溉站 5 座，使 50% 的稻田免除旱患。1962 年 11 月，黄花基灌溉站建成，装机 30×40 抽水机 2 台。1963 年 10 月，洲边灌溉站建成，装机 30×40 抽水机 1 台；沙地灌溉站建成，装机 14×8 抽水机 1 台。

在党和政府的领导下，乐平革命老区村落干部和村民积极投身土地改革运动，派出青壮年民工修筑北江大堤，组织农村农业生产常年互助组，成立初级和高级农业生产合作社，推广种植水稻耐旱良种"办爆石"，以提高水稻产量。

在"大跃进"和人民公社化时期，乐平革命老区村落干部和村民踊跃响应"大跃进"和成立人民公社的号召，7 个自然村成立了生产大队，努力发展农业生产，兴修水利，改善农田灌溉条件，推动农业生产的快速发展。

1960 年，南边至乐平全长 10 千米的公路（铺沙公路）建成通车。公路通过源潭一带的张岗头、隔坑、康乐等革命老区村落，使源潭圩、乐平圩的交通更加便利。

1963 年春、夏两季，三水县出现 60 年来罕见的严重干旱。乐平公社源潭片的张岗头、康乐、隔坑，三溪庄的小迳、田螺坭、桃坭、横岗 7 个革命老区村落，发扬老区人民的革命精神，奋起投入抗旱工作，按时把旱季秧苗插下，在大旱之年也取得旱季水稻的丰收，创粮食生产的历史记录。

1965 年，三水全县推广种植绿肥山毛豆，革命老区小迳、张岗头、康乐、隔坑村的低矮山岗多，全部种上山毛豆，满岗青绿一片，小毛豆长势喜人。革命老区桃坭、田螺坭、横岗村地势平坦，充分和利用开发荒地，种上山毛豆。山毛豆长大后砍下作绿肥，成效显著，外地前来参观学习的干部村民来了一批又一批。

1968 年 10 月，三水县西南镇动员首批知识青年上山下乡，到农村落户务农。随后，全国各地城镇知识青年积极响应毛泽东"知识青年到农村去，接受贫下中农再教育，很有必要"的伟大号召，掀起上山下乡的热潮。乐平公社革命老区 7 个自然村落（生产大队）先后妥善接收、安置前来落户务农的知识青年，有三水县各镇街及佛山、江门、广州等地的知识青年，也有各地城镇原籍（乐平源潭、三溪一带）的知识青年。革命老区村落（大队、生产队）的干部社员热情接待，妥善安置，手把手地教会他们干农活，就像抗日战争时期配合、支持抗日游击队珠江纵队独立第三大队那样，鱼水情深，亲如一家，使城镇知识青年很快就安下心来，扎根农村闹革命、促生产，农村工作和农村生产呈现一派欣欣向荣的崭新景象。

城镇知识青年到乐平公社革命老区扎根落户，常听老游击队员、老干部、老社员讲述抗日战争时期游击队员奋勇抗日的革命斗争历史故事，接受教育和鼓舞，更坚定了他们向革命前辈学习、扎根农村干革命的决心和信心。他们当中表现好、进步快、成绩显著的知识青年被选拔担任生产队、生产大队干部，当乡村小学的民办教师，参加医疗技术培训班当上农村"赤脚医生"，在新的岗位上为革命老区建设发展作出了贡献。

1975 年 5 月，三水县全面推广乐平公社新村大队"公栏私养"圈猪积肥经验。革命老区 7 个生产大队干部、社员、知识青年前往临近的新村大队学习取经，掀起了大建猪栏、圈猪积肥的高潮。

小迳村牛路排灌站于"文化大革命"时期开始筹建，由于"文化大革命"的影响老区建设工作曾一度中断，资金不足、材料欠缺，一直无法上马。中共十一届三中全会召开后，1978 年冬，经过拨乱反正，三水县政府投资 1.4 万元、钢材 10 吨，佛山地区老区建设促进委员会拨款建低压电线路 5 千米，使该工程顺利动工，次年建成，受益耕地 1000 余亩。

1982 年，乐平糖厂建成投产，这是三水县首家机械化大型糖厂，日榨量 500 吨，全县掀起了大种甘蔗的热潮。这年开始，水稻增产，甘蔗丰收，也带动了其他经济作物的种植。尤其是乐平公社的 7 个革命老区村落，由于靠近乐平糖厂，运蔗到糖厂便捷，种的甘蔗更多，农业收入也更好。

同时，农贸市场活跃，农副产品日益增多。乐平公社源潭、三溪各村大力发展农业名优产品生产。久负盛名、驰名远近的"三江马蹄（荸荠）"就产自革命老区桃圩村。田螺圩、横岗村一带亦大量种植。"三江马蹄"以其个头大、肉质洁白、爽甜而畅销广州、佛山及出口港澳市场。老区田螺圩村的莲藕也以其肥大、粉嫩、可口而大量外销。尤其是乐平街、三江圩的饮食名店如乐平宾馆指定购买田螺圩村的沙底塘莲藕，厨师烹调深得法传，田螺圩莲藕炆猪肉这道菜式，令远道而来的游客赞不绝口。省、市、县各级党政领导及广州、佛山、港澳宾客到了乐平街，均慕名而至乐平宾馆就餐，指定要上莲藕炆猪肉这道特色菜，"乐平莲藕"扬名远近，宾至如云。

1981 年 7 月 7 日，中共三水县委成立党史研究办公室，随即开展搜集党史资料的工作。前期主要是搜集中国共产党成立以来，三水县党组织开展革命斗争活动，以及抗日战争、解放战争时期的党史资料，包括文献、材料、实物、图片等。县委党史办首任主任是在乐平、范湖一带开展地下工作和革命斗争的老党员刘克洪。中华人民共和国成立初期，他曾任三水县三水区（乐平、范湖、三江）区公所区长。解放战争时期中共党组织在三水的革命活动，刘克洪亲自参与，十分熟悉，尤其是对乐平老区坚持抗日游击战争也更为了解。他带领县委党史办的同事不辞劳苦，采访、搜集各种党史资料。他们多次出差到广东省档案馆、佛山市档案馆，甚至远赴外省，搜集三水县党史资料，采访三水烈士家属，访问知情人士，慰问乐平革命老区 7 个村落的老游击队员，了解当年革命斗争情况，口述笔录，拍摄革命斗争遗址、遗物，积累了大量的中共三水县党史资料。县委党史办的工作人员为筹备编写《中共三水县党史》（第一卷）（1921 年至 1949 年 10 月）而忘我工作，无私奉献。在他们的努力下，《中共三水县党史》（第一卷）终于得以在 2002 年出版发行。他们紧接着又开展《中共三水党史》（第二卷）（1949 年 10 月至 1978 年 10 月）的资料搜集和编写工作。

中共三水县委党史研究办公室编辑出版的《中共三水县党史》（第一卷）全面、深入、详实地论述了三水县人民在中国共产党的领导下，数十年坚持革命斗争，英勇顽强、不屈不挠、可歌可泣的动人事迹，成为三水党建教育和青少年教育的教材和读本。该书用较多篇幅记叙了乐平一带抗日游击队和革命老区 7 个自然村村民坚持敌后斗争，沉重打击侵华日军和伪联防队的光辉历史。

为加速老区建设，发展生产，进一步改善人民生活，三水县于 1982 年成立了老区建设委员会，由县长兼委员会主任。县老区建设委员会对建设老区作出全面规划，发动群众，以自力更生为主，辅以国家支持，同时，实行长期建设与解决群众当前生活困难相结合方针。1984 年，县老区建设委员会又作出调整和充实，加派民政局、财政局、建委、农委、文化教育、武装部等单位负责人参加。1981—1988 年，仅由水电局、交通局、民政局、财政局、教育局以及佛山市、三水县政府等部门专项投资就有 22.8 万元，另下拨钢材 29.5 吨，水泥 676 吨，银信部门贷款 7.3 万余元。经 8 年努力，革命老区面貌发生了三方面可喜的变化：

一是农业迅速发展。老区耕地面积 13173 亩，土地瘦瘠、高旱低涝，粮食产量很低。全面贯彻家庭联产承包责任制后，老区人民生产积极性大大提高，加上国家扶持新建电力排灌站 4 座（加上旧站共 9 座），修建排涝、喷灌、引水等水利工程 14 宗，全面改造低产田 1000 余亩，每年国家下拨大量老区专用化肥。稻田产量迅速提高。

二是全面发展商品经济，改变过去单一生产稻谷为农林牧副渔、工业农业同时并举。几年来，开发荒山、荒地造林 200 亩，种植水果 510 亩，扩种甘蔗 400 亩，鱼塘 100 亩，木薯 100 亩。大养鸡鸭鹅、生猪，种植莲藕、马蹄等。开办小型工厂 10 余家，其中包括电子厂、藤厂、油厂、白坭厂、屠宰场等，1984 年工业生产收入 100 多万元，比 1983 年增收 9 万多元。人均收入年年增加，1988 年达 1215 元，比 1979 年的 210 元增加 5 倍多。

三是人民群众的生活水平和社会福利事业得到较大的提高和改善。20 世纪 80 年代，全老区新建私房 361 间，重修 724 间，修建小学 13 所，新建 2 所。其中桃坭小学原设在村中旧祠堂内，1985 年集资 21.5 万元，新建成一座建筑面积 1200 平方米的钢筋混凝土结构教学楼。新建卫生站 1 个，乡道 14 宗长 17 千米，桥梁 5 座，打井 24 个。村村办起自来水厂，人人吃上清洁的自来水。

1983 年是三水县农村全面推行家庭联产承包制的第一年。乐平革命老区 7 个自然村落积极实行家庭联产承包责任制，极大地提高了广大社员的生产积极性，彻底解放了生产力。各村农户种好田，多产粮，丰收年粮食总产量刷新历史纪录，农户收入大幅增加，过上了丰衣足食的好日子。

乘着改革的东风，沐浴开放的春雨，乐平革命老区 7 个自然村落的广大村民积极推动经济社会和农业生产的发展。各村大力发挥本地资源优势，增加农村经济收入。如革命老区小迳村、隔坑村、康乐村、张岗头村、桃圻村、田螺圻村、横岗村，充分利用本地陶瓷土储藏量丰富的优势，开挖陶瓷土，销往佛山市石湾及乐平本地的陶瓷厂，增加一笔可观的副业收入。

1987 年 6 月 3—6 日，中共三水县委召开解放战争时期中共三水党史座谈会，来自省内外 40 多位曾在三水县从事地下工作和革命斗争的老同志、老游击队战士参加了座谈会。同年 11 月 30 日至 12 月 2 日，三水、南海两县党史办公室联合在三水县召开《珠江纵队独立第三大队史》编写顾问小组会议。原珠江纵队第二支队政委兼独立第三大队队长郑少康、原独立第三大队政委叶向荣等参加了会议。与会代表踊跃发言，忆述在抗日战争时期珠江纵队独立第三大队在南海县官窑、三水县乐平一带坚持敌后斗争，沉重打击日伪军的光辉历史，为编写《珠江纵队独立第三大队史》提供了大量口述和文字资料（包括实物和图片）。

乐平镇 7 个革命老区自然村为发展农村教育事业，发动村民、民营企业家和港澳同胞、华人华侨捐资办学，新建校舍，改善办学条件，促进农村小学教育的发展。其中，规模较大、新建校舍质量较好、教学设施较完善的老区村落小学有桃圻小学。

20 世纪 90 年代，随着改革开放的浪潮，老区人民的生活发生了翻天覆地的变化，实现了由温饱到小康的历史性跨越。但党和政府并没有忘记老区人民当年作出的牺牲与贡献，在每年的八一建军节和春节，民政部门都带上慰问金和礼品（肉菜、棉被、衣物、米油等）前往老区慰问老区人民和老游击队员。进入 21 世纪后，三水区政府和乐平镇人民政府为统筹城乡发展，全面推进村居治理现代化，深化村居精神文明建设，加大力度投入资金对老区的人文居住环境进行提升改造。其中，桃圩村在 2011 年 8 月投入 4419338.23 元进行新农村建设；横岗村 2012 年 9 月投入 811638 元建造文化室，2013 年 5 月投入 120565.43 元改造给水管道，2016 年投入 170614.44 元更换自来水水表，2017 年再投入 408341 元进行新农村建设；田东村 2014 年 8 月投入 1781632.50 元进行基础设施建设；小迳村 2016 年 1 月投入 290263 元提升公共厕所设施，投入 5.8 万元修建篮球场，投入 13.52 万元安装环村路灯；隔坑村 2013 年 9 月投入 60340 元进行新农村建设，2014 年再投入 444217 元进行新农村示范村建设；张岗头村 2012 年 9 月投入 52370 元提升公路，2012 年 10 月投入 448946 元进行新农村建设，同年底投入 7.46 万元进行村前硬底化；康乐村 2012 年 4 月投入 348517 元进行新农村建设，2013 年 4 月再投入 643055.07 元加大新农村建设。2017 年 1 月，民生微实事对老区新村给予水管补助 7 万元；2017 年 10 月，民生微实事挡土墙工程项目区级给予老区专项经费拨款 8.91 万元。

　　1978 年改革开放以来，乐平镇革命老区 7 个自然村（1990 年后，田螺圩村分为田东村和田西村而改为 8 个老区村落）紧紧抓住发展机遇，全力以赴搞好农田基地建设，发展农业生产，壮大集体经济，增加农户收入。尤其在社会主义新农村建设、卫生村建设与村村通水泥路、村村通自来水、村村通公交车的建设工作中，积极筹集资金，群策群力，努力完成各项创建任务。8 个革命老区村的广大干部、村民发扬革命斗争时期的光荣传统和革命精神，在各项工作中取得了优异成绩，成为邻近自然村的表率和示范。如今，乐平镇 8 个革命老区村落村容村貌焕然一新，绿化美化环境优美，楼房新屋大批涌现，村民生活质量和文化程度得到了极大提高。

　　当年炮火连天、浴血奋战的革命老区村落，如今已旧貌换新颜。革命老区村落的广大干部和村民不忘初心，牢记使命，砥砺前行，同心协力，携手并肩，为早日实现中华民族伟大复兴中国梦而继续奋斗，勇往直前。以下为中华人民共和国成立后三水革命老区的大事记：

1950 年 4 月，退租解压工作开始。5 月，老区群众签名保卫世界和平。

1951 年 3 月，进行清匪反霸运动，打击土豪劣绅。同年全面接种牛痘和注射霍乱疫苗。

1952 年，开展土地改革运动至 1953 年 4 月胜利结束。

1954 年 2 月，建成常年互助组。

1956 年秋，大旱，老区人民同心协力，全面抗旱，取得丰收。

1956 年 11 月，集中劳动力，修筑张岗头后岗山塘，用以水利灌溉。

1958 年 2 月，开始"大跃进"运动，各村的后山树木砍光用来搞大炼钢铁、大搞深耕改土。

1960 年 7 月，自 1959 年冬季至是月未下过雨，出现严重旱情，开展抗旱抢种抢播，抗旱成为压倒一切的工作重心。

1961 年 7 月，台风袭境，风力 11 级，不少树木房屋倒塌。灾后老区人民同心协力修建住所，共度时艰。

1962 年 11 月，黄花基灌溉站建成，装机 30×40 抽水机 2 台。用于灌溉老区一带的村庄农作物。

1963 年 2 月，春夏间出现 60 年来罕见严重旱情，老区人民大兴水利，开挖数千米的引水沟用于灌溉。

1963 年 10 月，洲边灌溉站建成，装机 30×4 抽水机 1 台。沙地灌溉站建成，装机 14×8 抽水机 1 台。

1964 年 5 月，老区全面通电，农户实现电灯照明，排灌、脱粒电动化。

1964 年 6 月中旬，连降暴雨，江水猛涨，开展防洪、全力护堤。

1965 年，大种绿肥，成效显著。同年，隔坑小学建成。

1966 年 7 月，隔坑排灌站建成。

1968 年 6 月，西江、北江出现特大洪水，老区人民奋力抗洪，组织人力上堤防洪抢险，确保堤围安全。

1968 年 8 月，接待和安置下乡知识青年。

1969 年 9 月，大搞水利建设，加固堤围和整治农田水利。

1970 年，开展农业学大寨运动。

1974 年 10 月，受 22 号台风袭击，稻谷、甘蔗受损严重。

1975 年 10 月，13 号台风袭击，风力 10 级，农作物大受其害。

1976 年春，长期低温阴雨，秧苗沤死，春播推迟。

1976 年 11 月，完成隔坑南头灌溉站引水工程。

1977 年 1 月，无雨，春旱，影响春耕，全力抗旱，力争适应季节气候，于 4 月上旬及时将禾苗插下。

1977 年 10 月，隔坑南头站建成，装机 30×14、24×10 抽水机 2 台。

1983 年，全面实行家庭联产承包责任制。

1984 年 10 月，隔坑大队农机站转制，手扶拖拉机折价归各村，中拖实行承包。

1985 年 9 月，桃溪小学建成开学。

1985 年 12 月，进行产业布局调整，在原承包土地适当集中，统一规划边远田、瘦田进行连片开挖鱼塘，打破以粮为纲的单一耕作传统。

1986 年 6 月，隔坑村有机玻璃厂投产。

1987 年 2 月，张岗头村被评为"市级文明村"。

1987 年 6 月，张岗头村通自来水。

1987 年 12 月，隔坑村被评为"市级文明村"。

1988 年 6 月，收购乐平源潭食品站，开办源潭油场。

1989 年 12 月，隔坑小学教学楼落成。

1991 年 7 月，隔坑村顺发盐业加工场建成投产。

1992 年 8 月，进行第二次产业调整，实行土地划等归片，统一规划，再次扩大鱼塘面积，以做到农粮、禽畜、渔业平衡发展。

1994 年 8 月，隔坑村委会至源潭公路奠基。

1995 年 4 月，隔坑村委会至源潭公路全线通车，全长 2.1 千米，投资 210 多万元，是三水县第一条村级水泥路。

1997 年 9 月，发生两次地震，据测为 3.7 级和 4.4 级，部分房屋出现裂缝。

2000 年 6 月，康乐村长达 1.8 千米水泥砖石混合主干灌溉沟完成。

2002 年 8 月，经乐平镇政府批准，同意用地 300 亩设立隔坑工业园小区。

2003 年 8 月，北汽福田签署投资项目战略合作协议，计划投资 32 亿元，规划新建年产 24 万辆皮卡、SUV 的生产基地落户佛山市三水区，选址在桃垳、田西两村。

2003 年 9 月，三溪市场隆重开业，方便老区人民进行商品流通。

2003 年 12 月，利用新一轮土地有偿承包之机，老区各村进行第三次产业布局调整，本着宜田则田，宜塘则塘，在保证人人有田耕的原则下统一规划，连片开发，公开投标，再次扩大鱼塘面积，以经济发展为中心，增加农民收入。

2005 年 9 月，小迳村土地全部被征用，纳入工业园。

2006 年 5 月，横岗村宝盈市场奠基。

2007 年 7 月，桃圩村、康乐村土地全部被征用，纳入工业园。

2009 年 5 月，横岗村新农村建设竣工。

2010 年 7 月，桃圩村新农村建设竣工。

2014 年 9 月，田东村新农村建设动工，至 2015 年 1 月竣工，村容村貌焕然一新。

2015 年 2 月，田西村征地 1230.78 亩配合福田汽车项目。

2016 年 9 月，横岗村新区水利工程竣工。

2017 年，隔坑村土地全部被征用，纳入工业园。

新中国成立以后，乐平镇人民秉承和弘扬老区的革命精神，自强不息、艰苦奋斗、开拓进取，为全面建设小康社会而努力。其间更涌现出劳动模范曾锦清、陈奇勋，革命烈士陆伟东（英雄模范人物），以自身的模范作用引领群众，为建设美好生活而奋斗。

20 世纪 80 年代，改革开放初期，乐平镇依托本地资源和区位优势，大力发展乡镇企业，招商引资，工业经济蒸蒸日上，发展势头迅猛，取得了令人瞩目的成果。

乐平镇多方筹集资金，办起了多家镇办企业。利用本地丰富的陶瓷泥资源，开办了乐华陶瓷厂，生产墙砖、地板砖；用本地的石英砂，开办玻璃马赛克厂；还开办了电动水瓶厂、乐平橡胶厂、乐平糖果厂、广乐染织厂等镇办企业。

1990 年，三水县有 5 家企业获"广东省先进企业"称号，其中就有乐平镇的广乐染织厂和乐平橡胶厂（生产各种优质鞋）。

由于乐平陶瓷泥资源丰富，佛山市有两家大型陶瓷企业在此落户设厂，一家是佛山市卫生洁具有限公司（20 世纪 90 年代后期，由美国科勒公司出资收购，成为该公司在中国投资的第一间工厂，年纳税额超 1 亿元），另一家是佛山陶瓷原料供应厂。

1991 年 12 月 31 日，乐平镇乐华陶瓷厂首创三水县内乡镇企业纳税超 1000 万元纪录。

乐平镇广乐染织厂创办初期，聘请广州市纺织行业的资深技术人员指导和培训员工，由镇长兼任厂长。镇领导狠抓广乐染织厂的经营管理，成效显著，工厂的经济效益节节攀升。到了 20 世纪 90 年代后期，由于市场不景气等各种原因，全国各地的纺织行业都遭遇发展"瓶颈"，举步维艰，经营效益不断下滑。三水县办的大型纺织印染企业——三水棉纺厂也濒临关闭的境况。而广乐染织厂却逆风而上，敢为人先，勇闯新路。他们决心逐步淘汰原有的国产纺织机械设备，次要工序保留国产设备，关键工序则采用外国先进设备。他们首先向银行申请贷款，用于采购外国先进织布生产线。然后，通过香港的纺织机械设备中介公司，与意大利一家公司洽谈购买纺织机械。为节省开支，他们到香港与意大利公司谈判，经过长达 24 小时的讨价还价，终于达成协议，购买了当时拥有世界先进水平的意大利 S1001 型剑杆纺织机一批。这种设备的优点是适应性强，能织各种高档次的布料；优等品率高达 95% 以上。意大利剑杆织布机安装调试后，广乐染织厂的产品数量大幅度增加，优等品率也大幅度提高，大部分产品远销海外市场。乐平镇广乐染织厂成为广东省纺织品出口创汇大户，赢得了海内外客户的信赖，取得了极其显著的经济效益和社会效益，成为乐平镇工业经济的重要支柱。

20 世纪 90 年代后期至 21 世纪初期，三水县办工业企业和乡镇企业在国内外经济、市场不景气的影响下，曾一度转入低谷。乐平镇的镇办工业企业也纷纷转制，工业园区化已成为新的导向，镇领导抓住有利时机，筹办规划，为了 3 万亩土地面积的工业园，全力以赴推进招商引资、招商选资各项工作。经过多年的努力，乐平工业园区已具雏形，逐渐扩大规模，成为三水中心工业园区，又发展成国家高新工业区佛山（三水）科技园。

改革开放初期，乐平镇的农业生产也得到长足的发展，涌现了一批承包土地较多的大耕家，产生了显著的经济效益和社会效益。

1984 年 12 月，乐平区尹边村党员曾锦清承包村内耕地 158 亩办家庭农场，种植大蕉 38 亩、木瓜 12 亩、红柠檬 8 亩、苗圃 5 亩，开挖鱼塘 50 亩，成为三水县内的大耕家，取得了显著的经济效益。

乐平镇南岗村村民陈奇勋承包该村偏远的"白秀庄"（二名）稻田 148 亩，向银行贷款 2 万元购买联合收割机，平整土地和改善排灌系统，把高低不平的 100 多块稻田改造成网格化的 40 多块稻田，便于进行机械耕作。1988 年 2 月，商业部授予三水县"全国粮食生产、交售先进县"称号；授予乐平镇南岗村村民陈奇勋"全国售粮模范"称号。同年 9 月底，全国劳动模范和先进工作者表彰大会在北京隆重举行，陈奇勋被评为"全国劳动模范"，出席了表彰大会，并受到了邓小平等党和国家领导人的亲切接见。陈奇勋成为乐平镇农业生产、粮食生产的标杆人物，极大地推动了乐平镇农业和粮食生产的迅速发展。

1991 年 5 月 8 日，为拦截 3 名入村作案后逃窜的歹徒，见义勇为好青年陆伟东临危不惧，英勇搏斗而壮烈牺牲。中共三水县委、县人民政府和中共佛山市委、市人民政府、市军分区别作出《关于开展向陆伟东同志学习的决定》。广东省人民政府授予陆伟东"革命烈士"称号。

1992 年 5 月 8 日，陆伟东牺牲一周年纪念日，在三水市芦西公路 16 千米处建立一座占地面积 2176 平方米、建筑面积 896 平方米、高 5 米的陆伟东烈士纪念碑。时任全国政协副主席叶选平题写了"陆伟东烈士永垂不朽"的碑文。

建政伊始，百废待兴（1949—1952 年）

一、新中国成立前夕三水的经济状况

1949 年，三水县有 161233 人，以农业生产为主。

由于帝国主义、封建主义和官僚资本主义的长期掠夺和压榨，加上国民党政府的腐朽统治，三水县经济长期处于落后状态。新中国成立前夕，三水县百业凋零，经济处于崩溃边缘。按 1980 年不变价换算，三水县 1949 年社会总产值 6046 万元，工农业总产值 5006 万元，其中农业产值 3903 万元，占 78%。

新中国成立前夕，三水商业支柱主要有 5 个行业：白布业、谷米业、烟丝业、缯麻业和饮食业，1949 年 9 月，全县工商业只有 586 户。

金融方面，新中国成立前全县共有典当行 31 家，银号在 20 世纪 30 年代有 10 多家，全部在抗战时歇业。1938 年建有广东省银行三水办事处，因县内工业不发达，农业凋敝，业务不大，1944 年降为专库，1945 年撤销，1946 年重新开业。国民党政府为了维持统治和搜刮人民财富，实行通货膨胀政策。由于市场不稳，物价变动频繁，社会秩序和人民生活受到严重影响。1937—1949 年 12 年间，三水的物价上涨了 600 倍。而到了 1949 年 10 月三水解放前，国民党发行的"金圆券""银圆券"几乎等同废纸，一文不值。人民饱受通货膨胀之苦，在一次又一次的货币贬值中

遭受一次又一次的损失。在通货膨胀中，工农业生产日益萎缩，国民经济濒临崩溃。加上部分投机商人投机操纵和敌人造谣，三水解放初期的物价一天数变，造成市场的恐慌和混乱。至1950年青黄不接期间，三水县市场粮食还相当紧张，粮价波动剧烈。

市场不稳，物价变动频繁，破坏了社会生产和流通的正常秩序，威胁着各阶层人民的生活，加重了新中国成立初期国家在财政经济方面的困难，成为尽快恢复和发展国民经济的一大障碍。由于解放战争尚未结束，三水还要承担着支援前线和保证供应广州等城市的繁重任务。面对这样的经济形势，三水县委、县人民政府领导全县人民克服重重困难，重建家园，医治战争的创伤，为三水的国民经济尽快恢复进行了积极而有成效的工作。

二、各项经济建设工作的开展

1949年3月，中共中央召开了七届二中全会，全面系统地研究了夺取政权后所面临的政治经济形势，确立了党在经济工作方面的一系列方针政策。根据中共中央的方针政策，三水县于1951年成立县财经委员会，对全县的财政、经济实行统一领导。三水县委、县政府用了3年左右的时间，采取了6项主要措施解决财政经济的问题，使全县的国民经济得到较好的恢复和发展。

（一）稳定市场，稳定物价

新中国成立初期，三水的市场和金融相当紊乱。面对市场物价的大幅波动，严重影响人民群众生活的局面，三水县临时治安委员会多次召开工商界人士座谈会，商讨平抑物价和稳定市场的对策，申明政府稳定物价、整顿市场秩序的决心，要求工商界人士积极配合，共同整治好市场秩序。运用行政手段，禁止黄金、银圆、外币自由流通，依法制裁金融投机者；增加财政收入和节约支出，整顿税收，发行公债，紧缩货币投资和吞吐物资。1950

年 6 月，珠江区贸易公司三水分公司成立，开始了国营商业企业的建设工作。随后，三水县香烟专卖事业分处、红糖收购站等国营企业先后成立。国营商业集中大量物资，迅速向市场抛售，使国营商业在三水市场销售量占据绝对比重，压制了投机倒把活动。

禁止外币流通，取缔专事投机活动的非法金融机构。1950 年 2 月，中国人民银行三水县支行建立，中国人民银行三水县支行大力开展人民币的发行和外币的收兑工作，在全县城乡基本肃清港币的流通和买卖，让人民币成为市场流通的统一货币。随着肃清外币的流通和实施金银计价，全县金融市场的混乱局面得到控制，三水县的市场物价得到了稳定，促进了人心的安定。

调整粮食的购销，稳定粮价。三水历来是谷米集散地，三水的粮食流通情况关系到全县乃至珠江三角洲的粮食供应。1950 年 1 月，三水县人民政府设立粮食科，除了负责碾磨军用粮食外，还担负着调节粮食供应的任务。1951 年 10 月，三水县委、县人民政府撤销粮食科，成立粮食局，加大对粮食的管理力度。1952 年 10 月，粮食公司与县粮食局合并，以经济手段结合行政手段干预粮食市场。宣布禁止私商进入农村及农贸市场采购粮食，逐步控制粮食货源。1953 年 11 月，全国实施粮食计划收购、计划供应，县粮食局全面控制粮源，私商全部退出粮食市场。从此，粮食的收购供应工作由县粮食部门经营，从而使粮情稳定，全县的物价亦日趋稳定。1952 年冬天开始，三水县一度出现的物价猛涨、市场混乱的局面宣告结束。物价的平稳为国民经济的恢复和发展创造了一个良好的社会环境，保证了工农业生产的正常进行。

调整资本主义工商业。1951 年，全县的工商业从新中国成立前夕的 586 户发展到 1928 户，其中西南镇工商企业 487 户，从业人员 1964 人，资金总额 94.04 亿元（折合新人民币 94.04 万元），年营业额 1627.96 亿元（折合新人民币 1627.96 万元）。1952 年 2

月，全县开展"三反"（反贪污、反浪费、反官僚主义）、"五反"（反行贿、反偷税漏税、反盗骗国家财产、反偷工减料、反盗窃国家经济情报）运动，打击不法商人。

调整公私关系。三水县人民政府根据上级的精神，在调整公私工商业关系上确立国营经济领导地位的前提下，将国营经济与私人资本主义经济进行合理分工，从经营范围、原料供应、产品销售、价格政策等方面给私人资本主义经济予以照顾和扶持，使其在国营经济的领导下有所发展。

调整劳资关系。新中国成立初期，三水县的一些私营工商业停业停产，造成2800多名工人失业或半失业，生活受到影响，三水县委、县人民政府采取措施加以解决。一是动员部分工人回乡务农，工人较多的西南、芦苞两镇，自愿回乡务农的就有383人。二是成立工人转业建设委员会，介绍失业工人向其他行业转业。三是组织生产自救，由国家拨出资金或贷款组织生产，或以工代赈解决工人生活。四是迅速建办国营企业和供销合作社，分配招用工人。通过以上四项措施，全县安置了1800名工人就业。1950年9月，三水县工人联合会筹备小组成立。1951年4月，召开工人代表会议，成立三水县工人联合会筹备委员会。全县基层工会发展到20个。

调整税赋。根据国家有关规定，三水县委、县人民政府废除了国民党政府所制定的鱼埠租、鱼筒租、鱼钓租、圩场秤钱等12种苛捐杂税，对工商业税进行了必要的调整。和全国各地一样，三水县通过调整工商业税收，使资本主义工商业逐步实现从半殖民地半封建的轨道向新民主主义轨道转变，有利于国计民生的行业得到扶持和发展，进一步强化了社会主义国营经济的领导地位。

（二）大力发展农业生产

新中国成立初期，三水县委、县人民政府在发动农民开展清匪反霸和减租减息运动的基础上，组织农民努力发展农业生产，进行农田水利建设，以提高农业生产抗御自然灾害的能力；推广先进的农业技术，提高农作物的单位面积产量；推行一系列奖励和支持农业生产的政策，促进农业生产尽快恢复和发展。

开展大规模的农田水利建设，提高抗御自然灾害的能力。新中国成立后，三水县委、县政府十分重视农田水利的基本建设。1949 年 12 月，刚解放的三水县在人民政府成立之前，就成立了县防洪复堤委员会。而刚建立的三水县委和稍后成立的县人民政府在拨出大批赈灾稻谷救济 1949 年遭受水灾群众的同时，抢抓时间，组织农民修筑和加固堤围，进行抢险救灾。

开展群众性的农业技术推广工作，提高农作物的单位面积产量。为帮助农民改进农业生产技术，三水县委、县政府专门召开改良耕作和播种技术会议，推广翻耕的技术，改造低洼田。佛山专员公署又派出工作组到三水，配合县农业技术人员、各区生产助理员、村农会干部，发动和指导农民消灭越冬"三化螟虫"工作；派出水稻选种工作队配合县农业技术人员下乡指导农民进行水稻选种工作，推广黄泥水、盐水选种，培整合式秧田。改进耕作技术、选育良种、指导除虫等技术措施的推广，对提高水稻单位面积产量起到很大的作用。1949 年，全县稻谷平均亩产 75 千克，1953 年达到 106.6 千克。

疏通农产品流通渠道，加快城乡物资交流，促进生产发展。1950 年 6 月，三水县委、县人民政府设立了贸易公司，开展收购农副土特产品、广设贸易网点等工作，促进城乡交流，促进农业生产发展。

制定和实施支持农业生产的政策。1950 年 4 月，三水县委、县人民政府召开全县春耕工作会议，会上决定县政府为农民发放农贷款，中国人民银行三水县支行在三四月间发放农贷款 2.22 亿元（折合新人民币 2.22 万元）；贸易公司结合农贷销售肥料、种子、农具等生产资料。这些措施推动了农业生产的发展。全县稻谷总产量 1949 年为 4.05 万吨，1953 年为 6.25 万吨，增加 2.2 万吨，增长 54.3%；甘薯总产量 1949 年为 852 吨，1953 年达到 2511 吨；大豆总产量 1949 年为 385 吨，1953 年达到 722 吨；花生总产量 1949 年为 720 吨，1953 年达到 1728 吨；糖蔗总产量 1949 年为 1.3 万吨，1953 年达到 21045 吨；果用瓜、蔬菜等，也有大幅度增长。

（三）发展工业生产

在调整工商业的同时，三水县委、县人民政府号召广大工人群众当家作主，搞好生产的积极性，为恢复工业生产和交通运输事业创造条件。

三水县工业基础十分薄弱，1949 年仅有火柴厂、酱泊厂、犁头厂和烟丝厂等几家作坊式小工厂。新中国成立后，三水县人民政府接收了面临停产的西南火柴厂，领导、支持工人们进行生产自救，使之不久后成为三水县首家地方国营工业企业。

发展交通运输业。新中国成立前，三水县内仅有通车的公路线 1 条，支线 2 条，共长 43.4 千米。1949 年 11 月，三水县筑路委员会成立，对由广州起，经三水通往海安，属于国道的广海北线三水县境段的路基、路面以及桥梁涵洞进行抢修。1950 年 1 月，广海北线三水段修复通车，并经政务院于同月内核定为国防路线。3 月，在广东省筑路委员会的统一领导下，按照五等国道标准，对广海北线全线进行重点改造。为了支援人民解放军解放海南岛，三水县工人联合会筹备委员会组织工人们抢建了西南大桥。

三、新中国成立初期的水利建设和防洪抗旱斗争

三水县地处西江、北江、绥江汇流处，县境内河流交错，河堤线长达 2544 千米。北江每年的过境水量为 392.98 亿立方米；西江更是多达 2370.21 亿立方米。这些丰富的水资源在河堤失修的年代却成为水害，常常造成重大水灾。自明嘉靖五年（1526年）三水建县起至 1949 年解放前止，400 多年间三水县共发生大水灾达 88 次。其中，1915 年乙卯大水，决堤 46 条，被淹农田 42万亩，受灾人口 19.77 万人。三水解放前的 1949 年 7 月 1 日，一场特大洪水使三水遭受重大灾害，全县 62 条堤围崩决了 34 条，决口 67 处，决口共长 12812 米，塌泻 122 处，长达 11813 米，被淹耕地 154456 亩，占全县耕地总面积的 38%，受灾人口 41002人。洪水冲毁了西南火车站 6 段铁路，火车头被浸得只剩 10 厘米左右的烟筒露出水面；县内唯一的公路——芦西公路上的汽车总站荡然无存。全县交通断绝，工厂关门，商店停业，一片惨淡景象。

新中国成立前，三水县的广大农民群众一直处于因旱涝袭击而形成的困难和恶劣的生产、生活环境之中。新中国成立初期，三水农村的生产、生活环境仍未得到根本改善。1951 年，三水县耕地的积水面积仍达 117031 亩。

新中国成立后，中共三水县委把兴修水利作为重要事务。1949 年 12 月，三水解放后仅两个月就成立了三水县防洪复堤委员会，把"堵口复堤，生产救灾"作为一项紧迫任务认真抓落实。当年冬天，县委组织 7703 人参加堵口复提水利工程，全县修复大、小堤围决口 300 多处。三水县临时治安委员会拨粮 5.94 万千克，实行以工代赈。次年春天，在复堤过程中，全县组织了民工 4 个大队、25 个中队、483 个小队共 41760 人，在 3 个月的春

修工程中，完成了 33 条决堤、66 个决口、47 条围堤（其中惠堤 14 条）的修复工作。共完成土方 363487 立方米，石方 11433 立方米，草皮方 64729 立方米，打桩 3346 条，挖补蚁穴 570 处，造石墙一道，石坝 3 个。1950 年春修工程完成后，春汛、夏汛接踵而至，为了巩固修堤成果，县委又组织起护堤巡逻队 41 队共 709 人，抢险队 4 个大队、32 个中队、409 个小队共 24250 人。在防汛斗争中，县委提出"锣声一响，迅速出动"的口号，并准备了充足的人力和防汛器材。

1951 年 4 月，北江再发洪水。这是新中国成立初期出现的较大洪水。清远石角站水位最高达 12.44 米，仅次于有记录的 1915 年和 1931 年洪水。三水县委、县人民政府迅速组织军民进行抗洪大会战。群众抗洪积极性高涨，纷纷上堤守护，爷孙同行、母女做伴的情形十分常见，抗洪场面十分感人。

1951 年冬天，三水县委、县人民政府成立"六合围"工程指挥部，由县支前指挥部主任李杰夫任指挥，县委书记徐瑞任副指挥。工程指挥部组织了大批民工进驻工地，按区划分堤段，进行土方填筑，每日上堤人数达 6 万多人。填土夯实没有机械，动员群众拉耕牛上堤踏实松土，再用桩槌木棍人工打实填土。后来，县委从湖北省招募熟练打硪工 8 人来工地传授打硪技术，夯实填土。工程指挥部发动群众开展劳动竞赛。党员、团员突击队纷纷争下战书，没入党入团的则组成青年突击队，要跟党员、团员一比高低。工地上红旗招展，夯土的号子声威武雄壮。芦苞的一支青年突击队人均每天挑土上百立方米，肩膀磨破了，垫上一片旧布继续干，被大家夸赞是"牛一样的人"。就这样，依靠人力肩挑，民工们在 1952 年将乐塘、上梅垴、长洲社、清塘、永丰等 6 条堤围联成一体，称"六合围"（即北江大堤大塘段）；白坭、金本一带的小堤围也同时进行了加高培厚，并联筑而成为横跨三水、南海两县的樵北大围。

四、教育文化体育卫生事业的初步发展

（一）教育事业的初步发展

1950 年初，三水县人民政府接管西南中心国民学校和芦苞圩芦清乡中心国民学校，后分别改名为县立第一、第二小学。同年，将私立芦苞龙坡中学与河口县立三水初级中学合并，在西南镇建立三水县联合中学。其余各小学保持不变，照常上课。1952 年 8 月，三水县人民政府接管全县各小学。至此，全县除保留西南镇冈州小学仍属私立外，其余均由政府办学，改为公立。接管后，全县有中学 1 所，公立小学 170 所，保留私立小学 1 所。

组织教师参加思想改造运动。1949 年 12 月至 1950 年 2 月，三水县组织 73 名中小学教师参加珠江地委和行署在中山石岐举办的珠江三角洲冬令师资教育研究会，学习形势任务、时事政策、新民主主义教育方针、老解放区教育经验、新解放区教育任务和党对知识分子的政策。

（二）文化事业的初步发展

1950 年 1 月，三水书店开设，由三水县委宣传部直属领导，11 月改名为新华书店三水支店，属社会主义全民所有制的专营图书发行企业。

1950 年 5 月，三水县文艺宣传队成立，隶属于三水县人民政府领导，全队共 32 人。队员们深入农村演出，足迹踏遍三水全县，两个月时间内共演出 60 多场歌剧，其中尤其以《王秀鸾》《小放牛》《夫妻识字》等剧目以及音乐、舞蹈节目受到广大群众的欢迎。

1951 年 7 月，三水县收音站建立。9 月，三水县文化馆成立，专职干部 2 人，负责群众文化、图书阅览、广播和体育工作。

1951 年 6 月，三水县解放后第一份杂志《三水通讯》创刊。由县委办公室主编。1952 年，三水县第一份文艺刊物《肄江》创刊，由县文化馆主办。

（三）**体育事业的初步发展**

新中国成立初期，三水县的体育工作由县人民政府文教科兼管。1951 年 2 月，全国体育总会广东省分会三水县支会成立。3 月，县人民政府拨专款，用以工代赈和义务劳动相结合，修建人民体育场（后为县青少年宫活动地址），此后，县内体育场地设施逐步发展、完善。10 月 1 日，三水县举办首届"国防杯"运动会，当时的比赛项目只有男子篮球。各区、县工会、三水中学派队参赛。1952 年 6 月 10 日，毛泽东为中华全国体育总会成立大会题写了"发展体育运动，增强人民体质"12 个大字。这一题词成为新中国体育工作的总方针。此后至 1965 年，三水县每年都举办一次"国防杯"运动会，比赛项目也逐渐增加。

（四）**卫生事业的初步发展**

新中国成立初期，三水县的卫生工作由县人民政府民政科主管。在三水县委、县人民政府的领导下，民政科认真贯彻执行中共中央和中央人民政府制定的"面向工农兵、预防为主、团结中西医、卫生工作与群众运动相结合"的方针，采取积极措施建立医疗卫生机构，扩大卫生技术队伍，提高医疗水平，发动群众大搞爱国卫生运动，改善城乡卫生状况，实行各种生物制品计划免疫，提高群众抗病力，积极防治各种传染病。20 世纪 50 年代初期，三水县消灭了鼠疫、霍乱、天花三种烈性传染病。

1950 年 5 月，三水县人民政府接管卫生院，改称三水县人民政府卫生院，这是新中国成立后三水县第一所公立卫生医疗机构，负责管理全县的医疗卫生工作。6 月 6 日，三水县人民政府召开防疫工作会议，成立县防疫委员会。县防疫委员会的建立，标志着三水县爱国卫生运动的开始。

1952 年，为搞好人民的医疗卫生保健工作，县政府民政科对社会医务人员开展登记、考核、发放牌照等管理工作，并派出人员下乡建立三区（乐平）和四区（白坭）卫生所。20 世纪 50 年代初期，三水县城乡先后开设个体诊所 114 间，其中中西医诊所 11 间、中医诊所 76 间、助产诊所 18 间、牙科诊所 9 间。

五、三年来三水国民经济建设的成就

三水县委带领三水人民经过 3 年的努力工作，国民经济恢复取得很大的成效。1949 年，全县社会总产值 6046 万元（按 1980 年不变价，下同），人均社会产值 375 元；到 1952 年，全县社会总产值增加到 6653 万元，人均社会产值增加到 387 元。1949 年，三水县工农业总产值 5006 万元，1952 年增长到 5383 万元，增长 7.5%。1952 年，三水工业产值 1120 万元，比 1949 年 1103 万元增 1.5%；农业产值 4263 万元，比 1949 年 3903 万元增 9.2%；稻谷总产量 5.82 万吨，增长 43.7%；粮食作物总产量 6.08 万吨，增长 46.9%；甘薯总产量 2391 吨，增长 180.6%；大豆总产量 677 吨，增长 75.8%；花生总产量 1584 吨，增长 120%；糖蔗总产量 17538 吨，增长 34.9%。人民生活得到改善，全县职工平均工资 1950 年为 406 元，1951 年为 411 元，1952 年为 453 元。

从 1949 年 10 月到 1952 年 3 年多的时间里，三水县委、县政府在上级党委的直接领导下，采取了一系列的政策措施，使国民经济在经受了多年战争动乱后得到恢复和发展，农业生产逐步上升，工业生产得到发展，物价稳定，人民的物质、文化生活得到初步改善。这些都为大规模的经济建设准备了很好的条件。从

1953 年起，国家的国民经济已经由恢复走向发展，开始进入大规模的有计划的经济建设时期。根据党在过渡时期总路线提出的总任务要求，三水县委、县人民政府领导全县人民进行第一个五年计划的建设，为社会主义改造创造条件。

第一个五年计划和社会主义三大改造
（1952—1956 年）

一、总路线的贯彻落实

1953 年 6 月，中共中央政治局召开会议。6 月 15 日，毛泽东在会议的讲话中提出了党在过渡时期总路线的基本内容。8 月，毛泽东对过渡时期总路线作了比较完整的文字表述："从中华人民共和国成立，到社会主义改造基本完成，这是一个过渡时期。党在这个过渡时期的总路线和总任务，是要在一个相当长的时间内，基本上实现国家工业化和对农业、手工业、资本主义工商业的社会主义改造。"中共三水县委按照中共中央华南分局的指示，从 1953 年 11 月开始，迅速开展学习贯彻党在过渡时期总路线、总任务宣传教育的活动。1953 年 12 月 5—13 日，三水县委召开县、区、乡三级干部扩大会议，明确了贯彻执行总路线的目的和方法。

三水县委宣传贯彻执行过渡时期总路线，取得了四个方面的效果：

一是提高了群众的社会主义政治觉悟。在贯彻执行过渡时期总路线中，三水县委花力气搞好宣传、学习和教育工作，大大提高了农民群众的思想觉悟，纷纷表示坚决不卖粮食给私商而把粮食卖给国家，以实际行动支援国家的工业建设。

二是推动了农业互助合作化运动的发展。截至 1953 年底，三水县只有常年互助组 100 个，临时互助组 634 个，共计 3826 户。1955 年 9 月，互助组发展到 4311 个，由若干个互助组联合起来的大联组 164 个，共计 41791 户。在常年互助组建立起来的基础上，三水县委、县人民政府试办了半社会主义性质、由 137 户农户组成的初级农业生产合作社 8 个，把它们作为全县农业生产合作化的旗帜。全县私营工业也实现了公私合营，小手工业者均参加了联合厂，成为大集体工人。

三是促进了粮食统购统销政策的实施。通过总路线的宣传教育和贯彻执行，三水县群众对粮食统购统销的必要性和重要意义有了深刻认识，积极拥护统购统销政策，自觉自愿将粮食卖给国家，缓解了粮食供应紧张的局面，保证了市场粮价的稳定。

四是推动了技术改造和工、农、商业生产的发展。由于过渡时期总路线广泛而深入的宣传教育和贯彻执行，三水县广大群众坚定了走社会主义道路的信心，心里有了希望，生产积极性大大提高。截至 1954 年 3 月，三水县供销合作社零售总金额达 271 亿元（折合新人民币 271 万元）。在发展业务中，县供销合作社还组织大量生产资料与生活资料供，收购农副产品达 106 亿元（折合新人民币 106 万元）。西南、芦苞组织了三次物资交流大会，购销总值为 1456 万元。其中，三水县委、县人民政府于 1953 年 3 月 3—9 日，在西南镇广场召开首届庙会式的物资交流大会，国营商业、供销社、私商共设零售摊档 89 个，成交额 29 万多元。广州、佛山、梧州、广宁、四会、清远、高要、南海等市县都参加了交流。三水县城镇工业、手工业等通过民主改革、技术革新、改善经营管理等一系列措施，工作效率也大为提高。

二、第一个五年计划的制定

1953 年 1 月 1 日，中共中央和政务院通过《人民日报》宣告："开始执行国家建设第一个五年计划"。

1953 年初，三水县经过 3 年多的努力，工业生产基本得到恢复，并有了初步的发展，但工业基础仍然十分薄弱，存在厂矿规模小、设备陈旧、经营管理落后、经济效益不高的局面。在全县社会总产值、国民收入和工农业总产值中，农业所占的比重最大。1952 年工农业总产值中，工业仅占 20.8%，农业占 79.2%。根据国家在过渡时期的总任务和国家"一五"计划对地方的要求，结合三水的自然条件和资源优势，三水县委、县政府制定了第一个五年计划。

三水县"一五"计划确定的指标和任务：

一是农业方面，以提高单位面积产量，增加粮食作物特别是稻谷的生产为主，同时积极发展经济作物，发展森林和畜牧业，保证国家工业建设所需要的粮食、原料和出口物资以及三水工业所需要的粮食、人民生活所需的各种农副产品的供应。1956 年，全县粮食总产量要求达到 103506.25 吨，比 1955 年增产 26085.85 吨，增长 33.6%，每亩平均产量 173.6 千克（以播种面积计）。其中稻谷总产量 95787.15 吨，比 1955 年增产 21848.6 吨，增长 29.5%。1957 年，粮食总产量要求达到 133609.95 吨，比 1956 年增产 29603.7 吨，增长 28.4%。

二是工业方面，加强企业管理，提高产品质量，节省原材料，降低成本，大力发挥现有企业的生产潜力。1955 年，全县工业总产值 219.98 万元。1956 年完成旧犁改"五一"犁，大力推广"五一"步犁，1957 年开始自制双轮双铧犁、打禾机，以适应发展生产的需要；西南电厂 1956 年下半年生产量增加 50%，基本满足西南镇用电需要。手工业要逐步巩固扩大，积极进行技术改革，逐步实现半机械化和机械化生产。

三是交通邮电事业方面，从 1956 年开始在 4 年内，加宽加高县道芦西公路，修筑区道 9 条，全长 111 千米。在 1956—1957 年内，所有县、区重点合作社都要架设有线电话，1956 年内乡乡安装有线广播筒，1957 年内要求社社架设有线广播筒，以加强对农民的政治思想教育和开展农村文化娱乐活动。

四是教育卫生事业方面，1956 年试办农村党员业余政治学校，1957 年要逐步开办党员业余政治学校。1956 年小学发展至 135 所，并开始办临时季节性幼儿园，1957 年开始普及小学义务教育。1956 年开始基本消灭老鼠、苍蝇、蚊子和麻雀的工作，做好消灭血吸虫病的调查研究，同时要求有条件的乡设卫生所。

五是财经方面，坚决贯彻为农业生产服务的方针，克服落后、保守和资本主义经营思想，积极做好农副业产品收购及生产、生活资料供应。要求两年内在每个农业生产合作社都设立供应站，在 1956 年内建立农产品采购和鱼类收购等机构。做到围绕农业生产展开工作，从生产出发，按时足量供应人民群众所需要的生产、生活资料，大力收购农副业产品。

三水县"一五"计划的制定，为新中国成立后三水县的工农业生产和社会各项事业的发展描绘了一幅崭新的蓝图。

三、第一个五年计划的完成

在三水县委领导下，经过全县人民艰苦努力，第一个五年计划所制定的各项任务绝大部分超额完成。社会主义建设开局顺利。5 年时间，三水县共完成预算收入 2541.5 万元，年平均收入 508.3 万元，年平均递增 9.6%。第一个五年计划最后一年的 1957 年，三水县工农业总产值 7364 万元（1980 年不变价），比 1952 年增加 36.8%（其中农业总产值 5665 万元，增长 32.9%；工业总产值 1699 万元，增长 49%）。农业除 1956 年比上一年有减产外，其余年年创新纪录。其显著成就表现在六个方面：

一是农业耕地增加，粮食产量增长。"一五"计划期间，通过开荒垦地和改造单造田，三水县 1957 年末耕地面积 542932 亩，比 1949 年增加 63932 亩，比 1952 年增加 49299 亩。其中水田面积 416789 亩、旱地面积 126143 亩，分别比 1952 年增加 15907 亩和 33392 亩。1957 年全县水稻种植面积 69.58 万亩，亩产量 108.1 千克，总产量 7.52 万吨，比 1952 年的种植面积增加 11.91 万亩，亩产增加 7.1 千克，总产量增加 1.7 万吨。经济作物在第一个五年计划期间产量增长较快，1957 年的糖蔗种植面积 17644 亩，比 1952 年增加 10629 亩，总产量 27289 吨，比 1952 年增加 9751 吨。西瓜种植面积 2132 亩，比 1952 年增加 211 亩，总产量 866 吨，比 1952 年增加 150 吨。蔬菜种植面积 25480 亩，比 1952 年增加 20540 亩，总产量 27467 吨，比 1952 年增加 2722 吨。农业副业 1957 年产值 39 万元，比 1952 年增加 4 万元。全县水利建设也有很大成就。第一个五年计划期间，先后兴修、建造了古云灌溉站、六和白鹤洞水库、樵北大围、芦苞水闸及多座山塘水库，整修加固了北江大堤。

二是工业新建、扩建、合并工厂企业。第一个五年计划期间，全县新建、扩建和合并了不少工厂企业。1954 年底成立了西南镇土白布生产合作社；1956 年公私合营的有三水县均茂陶瓷厂、由"镰记""永兴"等 4 家机修店组建的西南镇机械修配合作社、源兴犁头厂、三水县西南酱油厂、西南烟丝厂、三水人民印刷厂、三水酒厂、三水县副食品加工厂；还成立了县手工业联社、岗头丝织生产合作社（后改名为二轻岗头丝织厂）、车衣社（后改名为二轻西南服装厂）、木器家具厂、五金机械修配厂；1957 年成立了三水县建筑公司，2 月筹建了三水地方国营黄塘砖瓦厂，12 月筹建用里 35 千伏变电站。

三是交通运输增加客运量。1957 年，三水县陆路货运量为

0.78 万吨，货运周转量 11.26 万吨；客运量 4.42 万人次，比1952 年增加了 3.82 万人次，客运周转量 88.41 人/千米，比 1952年增加了 76.41 万人/千米。

四是商业零售总额增长。1957 年，全县社会商品零售总额2100 万元，比 1952 年增长 33%。第一个五年计划实施后，国家对关系国计民生的重要商品实行全部包销，既扶持私营工业生产发展，又丰富市场供应。1957 年三水县几种主要日用工业品销售与 1953 年比较，棉布增加 2.9 倍，汗衫、背心增加 2.5 倍，肥皂增加 3.42 倍，香皂增加 320 倍，暖水瓶增加 3 倍，布胶鞋增加2.9 倍，搪瓷面盆增加 2.47 倍。除棉布外，其他商品全部敞开供应。

五是文教卫生事业全面发展。1953 年，建立三水县工人文化宫。1955 年，县文化馆专职人员从 3 人增加到 7 人，当年成立红风话剧团。1956 年三水县农业合作化时，县委号召各地设立农业技术推广站，围绕农业"八字宪法"（土、肥、水、种、密、保、管、工），普及和推广先进农业科学技术。接着成立三水县血吸虫病防治站，在医疗事业上开拓新的科研领域。当年全县有血吸虫病防治的技术人员 185 人，其中医师 54 人。

三水县教育事业贯彻了"整顿巩固、重点发展、提高素质、稳步前进"的方针。从 1955 年 12 月开始，训练了一批群众教师，至 1956 年底，共有农村教师 2373 人，农村夜校 348 所，学员8190 人。另有青年自学小组 8 个，学员 221 人；识字小组 40 个，学员 266 人，包教包学（固定人员教，学员要保证按时来学习）的学员 150 人；送教上门的学员 28 人。圩镇民办学校 22 所，学员 10569 人，扫盲工作有领导地积极地发展起来。到 1957 年底，三水县的小学从 1953 年的 131 所发展到 143 所，在校学生从20876 人增加到 24091 人；中学发展到 5 所，其中 4 所初中、1 所高中，在校学生从 618 人增加到 1986 人，其中高中在校学生 152 人。

1956 年，三水县有医生 204 人，其中中西医 27 人、中医 131 人、助产士 33 人、牙科技士 13 人。

六是劳动就业得到较好解决。"一五"期间，全县私营工商业从业人员 1003 人参加公私合营企业，还组成 872 个合作店（组），安置从业人员 1832 人，安排代购代销点档 333 户，安排从业人员 473 人。

从总体上看，"一五"计划是一个成功的计划。第一个五年计划的完成，使三水县的社会主义建设有了一个良好的开端。

四、"一五"期间的水利建设和防洪抗旱斗争

"一五"期间，三水人民在县委、县人民政府的领导下，开始了大规模根治洪、涝、旱灾害的水利建设。

1953 年，三水县完成土地改革，广大农民群众拥有了自己的土地，对兴修水利，抗击自然灾害的积极性越来越高。县委带领农民群众修筑山塘 29 座，水陂 30 座，开渠 72 宗，掘井 262 个。这些小型水利设施使 5.4 万亩农田解决了灌溉问题。

1954 年 4 月，樵北大围兴修竣工，完成土方 59.1 万立方米，建成大小涵闸 7 座。樵北大围在三水境内堤长 28.2 千米，受益人口 4.15 万人，受益面积 6.62 万亩。8 月 1 日，三水县委下发《关于今后水利工作方针与任务》，实施 4 宗示范工程，带动群众兴修了 21 宗小型水利，解决了 1.74 万亩高田的灌溉问题；在沿江两涌地区兴建窦闸，开挖排灌渠系；修筑北江大堤。

1954 年起，北江大堤加固培修工作由广东省人民政府直接领导。11 月，中共广东省委决定培修加固北江大堤，后经中央批准纳入国家基本建设项目。12 月 4 日，广东省人民政府发出《关于

加固北江大堤的决定》，要求从当年 12 月至次年 3 月上旬，在原有堤围基础上进行联围筑闸，加高培厚。省政府成立北江大堤委员会，副省长古大存兼主任。同时，成立北江大堤工程指挥部，指挥部设在三水县芦苞水闸。大堤沿线的清远、三水、南海三县分别成立指挥分部，沿堤县属各区（镇）均分别成立指挥所。

北江大堤工程由广东省水利勘测设计院按 1915 年洪水位加高1 米作依据设计，分各县组织实施。1954 年 12 月 10 日，北江大堤工程全面动工。参加工程建设的民工有 8 万人，其中三水有 2万多人，还有广州、佛山、肇庆等 15 个县市 5 万多民工。当时基本无工程机械，全靠人力挖土挑泥，把泥土运到堤围，加高培厚。施工中缺乏压路机，就用传统的办法打夯。打夯号声此起彼落，石夯上下飞舞。工地红旗飘扬，歌声嘹亮，民工万众一心，你追我赶，艰苦奋战。

经过 8 万民工 100 天日夜不停地奋战，终于将石角、七乡、六合、榕塞、大丰、沙头、良凿、狮山等独立分散的 13 条小堤围连接起来，还包括新筑的三水河口以北的北基、上岗横基两堤段，加上石角遥堤，使之成为完整的防洪体系，并正式定名为“北江大堤”，由广东省人民政府直接管理。这次修堤的速度非常惊人，人们认识到党和政府领导人民群众发展生产力的决心和力量。1955 年 3 月 22 日，北江大堤竣工之日，北江大堤委员会主任、副省长古大存为庆功作诗道：“盘盘屹立大江头，安护农村卫广州。水利先声全省倡，波神肆虐自今休。民工百万堤墙竣，虎贲三千气概留。重治坚防须贯彻，终当根本制洪流。”

三水县委、县人民政府在抓好全县农田水利工程建设的同时，还大力开展广泛性、群众性的兴建农田水利运动，进行社会主义劳动竞赛，推动全县水利建设事业向前发展。1956 年，全县兴修了中、小型水利工程 374 宗，其中机械排灌站 2 座、中型排水工程 1 项、山塘 68 个、旱窦 24 座、涵闸 37 个，疏通河涌、水圳、小围、水陂等 172 宗。此外，又加固培修了 14 条基围，共完成土方 2431732 立方米，沙方 4.75 万立方米、石方 4.2 万平方米、草皮 161725 立方米，这些工程的数量相当于 1955 年北江大堤全面培修时三水完成任务的总量。

通过一系列水利工程建设，三水县日渐构筑起有规模和比较完整的防洪、排涝、灌溉水利体系，受益农田达 134515 亩，29 个乡、30% 的土地基本消灭旱患，7 个乡消除了积水的灾害。

五、供销合作社与信用合作事业的发展

1952 年 4 月，中共三水县委、县人民政府成立县合作总社。自此，三水县供销合作事业在国、省商业领导下，成为国营商业的有力助手，走上有组织、有领导、逐步发展壮大的道路。

1953—1957 年，是国家发展国民经济第一个五年计划时期。在中共三水县委领导下，县供销合作总社对农村私营商业进行社会主义改造，组织个体小商贩走合作道路。1953 年，三水县供销合作总社继续对粮食、食油、棉布开展代购代销业务。1954 年，三水县合作总社成立采购经理部和供应经理部，开展批发业务。1955 年，县供销合作总社成立生产资料经理部、废品回收经理部、日用杂品经理部、副食品经理部和药材经理部，扩大批发业务，进一步掌握市场货源。1955 年底，县供销合作总社代国家收购的粮食、油料、生猪等业务分别移交给县粮食局和商业局，转成以采购农副产品和生产资料、生活资料的组织供应为中心的购销工作。随着购销业务的发展，县供销合作总社不断提高了其在社会中的地位，成为农村社会主义经济的重要力量。自 1952 年至 1954 年 3 月，三水县供销合作总社的零售总金额为 271 亿元（折合新人民币 271 万元），按市场物价平均低 4% 计算，共为社员群

众减少额外开支达 10 亿元（折合新人民币 10 万元）。1956 年，三水县社会商品零售总额约 1800 万元，其中全民所有制和集体所有制共 1580 万元，占 87.8%；个体所有制 220 万元，占 12.2%。

六、实行粮油统购统销

在全国宣传贯彻总路线的高潮中，中共中央和政务院于 1953 年 11 月制定了粮食统购统销政策，规定全国农村从 1953 年 12 月开始实行粮食统购统销，要求各地贯彻落实。

1953 年 10 月 16 日，中共中央作出《关于实行粮食的计划收购与计划供应的决议》。11 月 19 日，中央人民政府政务院下达《关于实行粮食的计划收购和计划供应的命令》。根据中共中央的《关于实行粮食的计划收购与计划供应的决议》和政务院的《关于实行粮食的计划收购与计划供应的命令》，国家粮食部门制定了粮食统购统销的政策，即在农村向余粮户实行粮食计划收购（简称"统购"），对城市人口和农村缺粮户，实行粮食计划供应（简称"统销"）。

1954 年 8 月，中共三水县委、县人民政府根据广东省人民政府颁布的《广东省粮食随征带购试行办法（草案）》，实行粮食随征带购，这一年三水县共收购原粮 1964 万千克，比 1953 年多收购 348 万千克，增加 21.5%；城镇统销粮食 1382.15 万千克，平均每人每月高达 44.2 千克，比粤中行署下达内控指标高出 32.2 千克。

1955 年 3 月 17 日，中共三水县委发布《关于粮食分配"定产、定购、定销"三个指示的通知》。9 月，全县定产面积达 515442 亩，全年粮食产量约为 7244 万千克，亩产 140.54 千克，定购与征收公粮 3182.5 万千克，定销 255 万千克，城镇统销大米降为每人每月 19.3 千克。

国家对粮食、油料等主要农副产品实行统购统销，在生产比较落后、物资十分短缺的情况下不但十分必要，而且在相当长的一段时间内发挥了保证供应、稳定物价、支援建设的积极作用。三水县实施统购统销政策后，较好地解决了粮油供需的矛盾，保证了城乡人民基本生活需要和国家工业化建设的顺利进行，有利于稳定物价和节约粮油。统购统销政策的贯彻执行，对社会主义三大改造，尤其是对农业的社会主义改造有了较好的促进。

七、政治建设和文化建设

（一）党的组织建设、思想建设和干部队伍建设

1953 年 1 月 25 日，中共三水县委下发《关于建党工作的意见》，要求各区党委与机关支部高度重视发展新党员，把建党工作作为全县的中心工作之一。

1953 年，全县党组织共 47 个，其中基层党委 7 个、党总支 1 个、党支部 39 个，党员 427 人；至 1956 年 6 月中共三水县第一次代表大会召开时，全县党组织发展到 134 个，其中基层党委 7 个、党总支部 2 个、党支部 125 个，党员 2582 人。

加强队伍建设。为了适应农业合作化大发展的需要，三水县委加强党员干部的队伍建设。1955 年下半年，先后举办了两次训练班，对成绩突出的党员干部给予提拔使用。1955 年，全县共提拔干部 124 人，其中县一般干部 7 人、区主要干部 7 人、区一般干部 80 人。

（二）加强群众团体工作

中共三水县委及各级党委切实加强对群众团体的领导，较好地发挥了工、青、妇等群众团体的桥梁和纽带作用。

1953 年，三水县委为了做好工会基层组织的建立和健全工作，通过整顿组织，建起基层工会 31 个、基层委员会 277 个，有

会员 2427 人，占全县工人数的 92%。1955 年 12 月 22 日，三水县第一届工会会员代表大会在西南镇召开，出席代表 135 人，会上成立了三水县第一届工人联合会，大大调动了三水职工群众为新中国建设事业奋斗的积极性。

1953 年 9 月 28 日至 10 月 2 日，中国新民主主义青年团三水县第一次代表大会在西南镇召开。出席代表 113 人，列席代表 12 人。大会选举产生了中国新民主主义青年团三水县委员会（1957 年更名为中国共产主义青年团三水县委员会）。同年增设 6 个区的团工委。随着团组织的不断壮大，三水团支委以上干部配备逐渐增加。1955 年，全县配有专职团干 15 人，团支委以上的团干部 700 多人。

1953 年 12 月 1—4 日，三水县第一次妇女代表大会在西南镇召开，出席代表 136 人，会议选举产生三水县第一届民主妇女联合会。1956 年 10 月 29 日至 11 月 2 日，三水县第二次妇女代表大会在西南镇召开，出席代表 174 人，会议选举产生三水县第二届民主妇女联合会。三水县民主妇女联合会成立后，一些未建立妇女组织的乡村也相继建立妇代会。三水县民主妇女联合会于 1957 年更名为三水县妇女联合会。

在工会、青年团、妇女会等组织先后成立，陆续开展工作的同时，工商业的群众工作也在积极地进行着。1954 年 11 月，三水县成立工商业联合会（简称"工商联"）。1954 年 11 月 8—12 日，三水县工商业第一次会员代表大会在西南镇召开。大会选举主任委员 1 人、副主任委员 3 人，组成县工商业联合会第一届委员会。1956 年下半年，三水县工商业第二次会员代表大会在西南镇召开。大会选举主任委员 1 人、副主任委员 3 人，组成县工商联第二届委员会。

三水县各项群众工作持续而有效地开展，为人民政权的进一步巩固和经济的好转打下了扎实的群众基础。

（三）文化事业的发展

三水县的文化事业在基本完成社会主义改造时期有了一定的发展。

1953年10月，三水县工人文化宫由三水县总工会投资1.5万元建成开放，地点设在县总工会内，总面积5800平方米。内有能容纳1000名观众的篮球场、能容纳3000名观众的露天剧场各一个，并设有音乐室、乒乓球室、康乐室等娱乐场所以及职工业余学校1所。

1954年，芦苞工人俱乐部改为工人业余剧团，吸收了一批热爱文艺的社会青年参加，排演了《苏武牧羊》《宝莲灯》《搜书院》等剧目。

1955年，三水县文化馆开始行使独立的经济和行政管理权，专职干部从原来的3人增至7人。同年举办了俱乐部文艺培训班，培训了一批文艺骨干。同年，新华书店三水支店为配合农业合作化高潮，发行了《关于农业合作化的决定》《农业发展纲要》和毛泽东的《关于农业合作化问题》等书籍，大力宣传农业合作化。1956年，书店协助三水县基层供销社在全县各镇区、乡村建立了29个图书销售点。

1956年4月10日，中共三水县委创办三水解放后历史上第一份三水县委机关报，创刊时定名为《三水农民报》，3日刊，每期4开2版。1957年10月7日改名为《三水报》。《三水农民报》创办以后，坚持政治性、知识性、趣味性相结合，除报道党在各个时期中心要闻之外，还开辟了各种专栏。深受全县广大人民群众的喜爱，销售量逐期增加，成为中共三水县委有力的宣传工具。

1956年9月，三水县有线广播站成立，隶属县委宣传部，具体业务归三水农民报社领导，由报社编辑部提供广播稿件。县广播站与邮电部门一起，借用电话线路把广播讯号传输到农村，第一次在农村装接广播喇叭，全县共安装舌簧喇叭 100 个。通过广播喇叭经常而广泛地向广大社员群众进行广播，较好地传达了党委、政府的工作部署和有关信息。

（四）内部肃反与审干

1953 年 11 月 24 日，中共中央颁布了《关于审查干部的决定》，要求各地通过审查政治历史的方式，弄清干部的政治面目，并清除混入党政机关内的一切反革命分子、阶级异己分子、蜕化堕落分子。

1956 年 2 月初，三水县肃反办公室下设审干指挥组，由 5 人组成。2 月下旬开始对县级干部进行审查，至 6 月上旬结束。1956 年 3 月下旬，成立审干委员会，委员会下配备 39 名专职干部。7 月，县审干委员会下设审干办公室，人员由县委抽调 19 名干部组成。同时对审干的组织、范围、方法、工作步骤以及工作中需要注意的事项进行了讨论，并开始对区级干部和助理员级的干部进行审查，1956 年 11 月结束。接着开始对一般干部的审查，至 1957 年 6 月中旬结束。

通过审干，三水县取得如下成绩：一是摸清了干部的政治面貌，进一步了解和熟悉了干部。通过审干对全体干部的政治历史情况有了全面系统的了解。在干部队伍中，确有一些干部存在各种不同程度的政治历史问题。纯洁了党和国家机关的队伍，并给今后正确合理地使用干部打下了良好基础。二是提高了广大干部的思想觉悟和革命积极性。通过审干动员，对全体干部进行了广泛的忠诚老实教育，使他们提高了思想觉悟，认识到对党说谎话的危害性，明确了向党忠诚地交代清楚自己的政治历史问题是每个党员和国家工作人员的义务。三是通过审干工作，培养训练了大批党员干部，提高了他们的政治思想水平。此外，积累了大批的档案材料，健全了干部档案。许多单位结合审干工作建立、健全了人事档案管理制度，克服了过去在人事档案管理方面的一些混乱现象。

八、实施社会主义三大改造

（一）对农业的社会主义改造

三水县对生产资料私有制的社会主义改造，首先是从农业的社会主义改造开始的。

一是建立农业生产互助组。1953 年 9 月 12 日，中共三水县委召开扩大会议，决定在全县农村开展互助合作运动。11 月 10 日，三水县委扩大会议传达了中共中央华南分局对农村互助组合作问题的指示，决定掀起大办互助组的热潮。至是年底，三水全县共建起临时互助组 634 个、常年互助组 100 个，共计 3826 户，占农户总数的 7.4%。1954 年，互助组已在全县各个乡村普遍建立起来。

三水县建立起来的互助组都是农民群众响应党中央开展农业生产互助合作的号召，根据自愿的原则，由一些彼此感情融洽的农民自觉组织起来的。至 1955 年 9 月，全县共建立互助组 4311 个、大联组 164 个，共有 41791 户，占农户总数的 81.7%。

二是初级农业生产合作社的发展。1953 年冬，全国第三次农村互助合作会议召开。会议提出各地农村要把工作重点更多地转向兴办初级农业生产合作社。

中共三水县委根据中共中央的《关于实行粮食的计划收购与计划供应的决议》和中共中央华南分局的指示精神，在搞好建立互助组的基础上，抓好发展农业合作社工作。从 1954 年春至 1955 年秋，县委分两个阶段去进行创办、发展初级农业生产合作社的工作。

第一，建立和稳步发展阶段。1954 年 2 月成立了三水县的第一批两个初级农业生产合作社。两社入社农户共 19 户（杨梅社 11 户、新旗社 8 户）。5 月，中共三水县委和县政府在全县范围内开展以互助合作为中心的农业生产运动，以杨梅、新旗两个初级农业生产合作社为样板，在全县掀起大办农业生产合作社的高潮。至 1954 年 11 月底，三水县分三批共建立 65 个初级农业生产合作社，有社员 2028 户，占农户总数的 4.3%；建社乡 42 个，占全县 68 个乡的 61.8%。

第二，全面大发展阶段。随着初级农业生产合作社建立后统一经营，集体劳动，抗御自然灾害能力增强，普遍获得增产，农民群众要求入社的积极性空前高涨，到 1956 年 1 月 24 日，三水县参加初级农业生产合作社的农户已达 40519 户，占全县农户总数的 88.9%，加上大发展前早已成立的初级农业生产合作社在内，全县农业合作化组织已达到 99%，差不多全部实现了半社会主义性质的农业合作化。全县农业合作化的重点随之转向了高级合作化阶段。

三是高级农业生产合作社的建立。在全县农业基本实现初级合作化的基础上，三水县委于 1955 年 10 月召开三级干部大会，学习贯彻毛泽东《关于农业合作化问题》的报告和中共七届六中全会精神。1956 年 1 月 30 日，中共三水县委发出《关于当前试办高级农业社的几点意见》，指出目前合作化运动已形成高潮，必须对试办的高级社加强领导。提高干部群众对"只有将初级社转为高级社，才能落实过去所不能实施的生产措施"的思想认识。从试办工作开始至 1956 年春，三水县共建高级农业生产合作社 55 个、初级农业生产合作社 197 个，合计 4.81 万户，占农户总数的 99.5%。

1956 年 9 月，中共广东省委作出《关于农业生产合作社升级、并社、整社工作的指示》，提出从 10 月初到秋收大忙前止，用一个月左右时间，完成农业生产合作社的升级、并社、整社工作。其时，三水县初级农业生产合作社尚占总社数的 73%。三水县迅速贯彻省委的指示精神，在同年秋收前，将全县初级农业生产合作社全部转为高级农业生产合作社。至此，三水县基本完成了对农业生产资料私有制的社会主义改造。

（二）对个体手工业的社会主义改造

党对手工业的社会主义改造采取的三种形式是：手工业生产小组、手工业供销生产合作社、手工业生产合作社。通过这三种形式，把大量的手工业者组织起来，实现由分散到集中，由低级到高级的社会主义改造。

1953 年，全国开始进入国民经济建设的第一个五年计划时期。随着过渡时期总路线的公布，三水对手工业进行社会主义改造也提上了议事日程。

1954 年 12 月，中共三水县委设立手工业管理科（后成立了手工业联社），成立手工业改造领导班子，具体负责组织领导全县手工业的社会主义改造工作。县手工业管理科主要采取两种形式引导全县手工业者走合作化道路。

一是建立半社会主义性质的生产小组（或称合作小组），通过由国营企业或供销合作社供给原料和推销产品的加工订货方式，将个体生产的手工业者组织起来。生产小组负责统一安排原料采购、产品推销和接洽加工订货等业务，各小组成员独立生产，分散经营，自负盈亏。手工业生产小组没有改变原有的生产关系，仍是分散生产，自主经营，自负盈亏（也有少部分手工业生产小组，实行工具入股公有，集中生产，收入实行部分按劳分配或全部按劳分配的）。由于手工业生产小组与国营企业或供销合作社企业发生联动关系，获得支持，这些手工业生产小组普遍受益，并得到稳定发展。

二是组织手工业生产合作组。将若干个手工业生产小组或个体手工业者组织起来，实行统一生产（经营）管理，统一推销产品。手工业生产合作社是在手工业生产小组的基础上发展起来的，无论在组织或生产（经营）规模上，都比手工业生产小组有新的发展和扩大。它的建立解决了一些手工业生产小组采购原料难、推销产品难的问题，起到了组织业务、指导生产、推销产品的作用。它是对手工业进行社会主义改造的过渡形式。手工业生产合作组生产资料仍为私有，一般是分散生产，某些生产环节集中生产的合作组。

（三）对资本主义工商业的社会主义改造

20 世纪 50 年代初，三水县城乡市场仍以私营工商业为主体。1951 年，三水全县共有工商业 1928 户，其中西南镇 487 户，从业人员 1964 人，资金总额为 94.04 亿元（折合新人民币 94.04 万元），年营业额 1627.96 亿元（折合新人民币 1627.96 万元）。1952 年，进行合营企业调查登记，西南镇有 17 个行业 625 户，其他圩镇 452 户。营业状况较好的有布匹、百货、山货、五金、糖杂、竹篾，其次是耕牛、生猪、生果、香烟、纸料、中草药等行业。对三水县资本主义工商业的社会主义改造主要有以下四个方面：

一是扩大加工订货。1952 年 2 月后，全国各地在城镇对工商业开展了"五反"运动，在农村开展了土地改革运动，对不法商人也进行了严肃的批判和斗争，大部分地主兼工商业者被批斗，这使得他们不敢大胆经营，一段时间内，城乡市场萧条冷落。中共三水县委、县人民政府于 1953 年贯彻中共中央《关于调整商业的指示》精神，调整了公私关系和商品批零差价，适当扩大私商的经营范围和品种，银行给私商贷款也适当放宽，从而促使大部分商人能够放胆、放手去从事商业经营。当年，三水县全年营业总额合计 2718 亿元（折合新人民币 2718 万元），其中私营占71.2% 。1953 年 10 月和 1954 年 9 月，国家先后开始对粮食、油料、棉布（纱）实行统购统销。1954 年 9 月，三水县私营工商业的主要行业和主要产品，均纳入加工订货等初级形式的国家资本主义轨道。

二是改造私有工商业。改造批发商。在实行粮食统购统销以后，三水县开始了对批发商的改造。1953 年，三水全县有私营批发商 10 户，他们或一业为主，兼营其他；或批零不分；或跨业经营，不时抢购物资，哄抬物价，囤积居奇，投机倒把，干扰了市场经济的正常秩序。为了保证人民群众基本生活资料的生产供给，控制市场，稳定物价，中共三水县委、县人民政府坚决贯彻中央关于粮食统购统销的决议和油料统购及食油统销，棉花、棉布统购统销政策，由三水县国营商业系统加强对零售商的改造，扩大了对零售商的批购、经销和代销，渐渐割断了批发商与零售商之间最直接的联系。通过这一系列的工作，从根本上控制了批发商的货源和销路。1955 年，三水县花纱布、糖业、百货、食品、药品、水产、油脂等公司相继成立以后，全县的国营商业已形成门类齐全、机构完整的商业系统，国营商业逐步占领了商业的批发阵地，基本上完成了对私营批发商的社会主义改造任务。

三是改造零售商。对零售商的改造与改造批发商做法不同，不是以取代为主，而是采取经销、代销、批购等形式，将其纳入国家资本主义轨道，使其为人民生活服务。1954 年 9 月，中共三水县委、县人民政府结合贯彻棉布的统购统销政策，在棉布（纱）、油料两行业中开展经销、代销和批购，开始了对零售商的改造工作。取得经验后，再在各行业推广。全县共安排 883 家，其中纳入经销的 649 家、转业 16 家；并进行合理调整税负，给予银行贷款，鼓励私商组织联购或以联购分销的方式进行经营，提高其积极性。经过这一系列工作，全县零售商基本纳入了国家资本主义轨道。

四是实行全行业公私合营。1955年10月底，中共三水县委、县人民政府成立私营工商业改造办公室，制定规划，抽调100多名干部进行培训，组成工作队，分赴工业、商业、手工业系统开展私营工商业改造工作。继后，中共三水县委、县人民政府传达学习中共中央"对资本主义工商业社会主义改造"的指示和中共广东省委"私商工商业改造"工作会议的精神，提高党员干部对采取"和平改造"方针和"赎买"政策以及对私营工商业改造的认识。1956年1月，各区、镇，各行业大张旗鼓地开展宣传教育，在全县范围内掀起了"私营工商业改造"的高潮。1月18日，三水县人民政府在县工人文化宫球场召开有2000多人参加的群众大会，宣布批准上述提出申请私改的行业参加公私合营。1956年2月，三水县96%以上的私营工商业实行了公私合营。

社会主义三大改造的基本完成，标志着由新民主主义过渡到社会主义的任务基本实现，社会主义经济制度已经确立。这是中共三水县委领导三水人民进行社会主义革命所取得的重大胜利。

第四节 建设社会主义的探索（1956 年 9 月—1966 年 5 月）

一、三水社会主义建设事业的良好开端

（一）宣传贯彻中共八大精神

如何在社会主义基本制度初步建立的基础上，尽快提高落后的生产力水平，这是三水县地方党组织面临的全新课题。

1956 年 9 月，中国共产党第八次全国代表大会召开。党的八大正确地分析了国内外形势和国内主要矛盾的变化，决定把党的工作重点转到经济建设上，这标志着中国共产党探索国家建设社会主义道路取得了初步成果。为贯彻落实党的八大精神，1956 年 10 月 19 日，中共三水县委下发《关于加强领导，结合开展全面生产，认真做好整顿巩固提高农村党支部工作的意见》。继后，县委成立宣传八大报告团，按照县委要求，各区均成立八大宣传领导小组。1957 年 1 月 14 日，三水县委下发《关于开展八大宣传及组织访问革命根据地的通知》。在中共八大路线的指引下，全县抓紧实施"一五"计划，加快生产建设步伐。

（二）开放自由市场

1956 年夏，广东省人民委员会召开全省财贸工作座谈会，部署开放国家领导下的自由市场，以活跃城乡经济，促进工农业生产的发展。此后，三水县正式开放自由市场。1956 年 11 月 23 日，中共三水县委作出《关于放宽农村市场管理若干规定》，鼓励扩

大城乡物资交流，搞活市场。同时，中共三水县委、县人民委员会（简称"县人委"）加强了对开放自由市场工作的领导。在开放自由市场工作中，中共三水县委认真执行"统购统销的物资，由国家统一掌控；主要物资国家通过派购、定购、预购等方式掌握资源，并与生产者签订合同，协定数量、规格、交货时间、成交价格等，双方严格按合同办事；对一般的和小宗农副产品，则全面放开，在国家领导的自由市场自由交易，价格也不作任何限制"的政策方针。1961年8月4日，县委出台《开放农村贸易集市若干规定试行草案》，规定参加农村集市贸易的成员包括国营商业、供销合作社、合作组（店）、人民公社各级生产单位、手工业生产单位社员和消费者个人。参加集市的单位和个人，只准出卖自己的产品，购买自己需要的产品，不准转手倒卖，反对弃农经商，不得远途运销。同时规定，粮食（稻谷、大米及其制品）不准上市出售；禁止滥杀耕牛；"三鸟"、蛋品、塘鱼除完成上调任务外，均可自由上市议价出售；工业产品除针棉织品、食糖、火柴、酒等属于国家统购统配商品外，其余商品不论县属工厂、公社（镇）工厂或手工业生产社（组）的产品，在全县范围内全部开放；竹、木、铁、麻等手工业产品，除原料及辅助原料是国家供应的由国营和供销社收购外，全部在全县范围内开放。

二、"大跃进"和人民公社化运动

1958年1月，中共中央召开杭州会议和南宁会议，对此前的"反冒进"思想进行了严厉批评。2月，《人民日报》发表社论《我们的行动口号——反对浪费，勤俭建国》，指出"我们国家现在正面临着一个全国'大跃进'的新形势，工业建设和工业生产要'大跃进'，农业生产要'大跃进'，文教卫生事业也要'大跃进'"。5月5—23日，党的八大二次会议召开，推动了"六跃进"

运动的全面展开。根据中共中央、广东省委、佛山地委的要求，三水县委迅速在农业、工业以及各行各业开展"大跃进"运动，掀起经济建设的高潮。

（一）农业"大跃进"

"大跃进"是从农业生产战线开始的。1958 年夏，全国各地兴起"人有多大胆，地有多高产"的虚报高产、竞放高产"卫星"的竞赛浪潮。在这个历史潮流的裹挟下，中共三水县委也从两个方面组织农业"大跃进"。根据中共中央、广东省委、佛山地委关于建立干部试验田的决定，中共三水县委于 1958 年 7 月 13 日作出《关于推行人人种丰产试验田的决定》，县委同时成立丰产总指挥部。

1958 年 10 月，为贯彻落实中共中央北戴河会议、中共广东省委扩大会议及中共佛山地委扩大会议精神，实现 1958 年稻谷亩产 1000 ~ 1250 千克，1959 年亩产 3000 千克，争取 5000 千克，中共三水县委进一步组织农业"大跃进"。全县开展大检查、大评比、大竞赛、树红旗、拔白旗运动。

1960 年 1 月 24 日，中共三水县委下达《关于组织开荒扩种十五万亩的指示》，要求"大抓特抓开荒，千方百计完成今年开荒 15 万亩任务"。3 月 6 日，中共三水县委又作出《关于各级干部和群众大搞丰产田和丰产片的决定》，要求早造丰产田占全县水稻面积的三分之一，干部丰产田亩产达 500 千克以上，群众的丰产田亩产不低于 400 千克。

开展农具革新。三水县的农具革新运动自 1958 年 5 月开始，各公社党委依靠群众，土法上马。没有原料，动员群众贡献；没有技术，发动群众创造。通过领导、老农、铁匠、木工四结合，大家一起大胆创新工艺技术，尽量以土代洋，以手工代替机械，制造各式各样新农具。

1959 年，三水县创办了拖拉机站，大、中型拖拉机从 1958 年的 2 台增至 12 台。同年，开始使用脚踏打禾机。1960 年，又建设了 5 座电动排灌站，全县有柴油机 13 台、电动机 92 台，总动力为 1990 千瓦特；全县有运输机械动力 552 千瓦特，其中有载重汽车 11 辆。1961 年，又开始试用柴油机械脱粒机。随着农业生产工具改进，农业生产效率成倍提高。

（二）全民大炼钢铁

1958 年 8 月 6 日，中共佛山地区委员会和佛山专员公署下达《关于 1958 年钢铁生产的高炉、转炉建设的联合通知》，指出要完成 1958 年生产 12.15 万吨生铁、4 万吨钢的任务。必须迅速建设高炉、转炉，小型为主，土法上马，越多越好。高炉、转炉的建设任务下达到各县（市），三水县要建小型高炉 15 个，其中 8 立方米的 3 个、5 立方米的 3 个、3 立方米的 2 个、2 立方米的 2 个、1 立方米的 5 个。

1958 年 9 月 25 日，中共三水县委作出《关于贯彻执行省、地委大搞钢铁的决定》，规定县委第一书记要以 60% 的时间抓钢铁，县委组织 8 人专门抓钢铁；公社党委书记要用 30% 的时间抓钢铁，公社要用 25% 的干部抓钢铁。县委决定从机关抽调 250 名干部转到工业战线。同时，决定成立钢铁师，下分 10 个钢铁团，西南镇、钢铁厂、煤矿、铁矿和 6 个公社，各为一个钢铁团。9 月 26 日，佛山地委根据中共中央布置的关于 9 月 29 日竞放钢铁卫星的指示，和广东省委关于 9 月 29 日实现日产铁千吨省，10 月 20 日实现日产铁万吨省的指示，向各县（市）下达钢铁生产任务，三水县 9 月 29 日的钢铁生产指标为 10 吨。不久，又据广东省委的要求，佛山地委为力争全地区 1958 年生产生铁 10 万吨，重新安排县市任务。三水县 10 月 10 日日产量 40 吨，20 日日产量 60 吨，31 日日产量 80 吨，全年的产量要达到 3000 吨。

1958 年 10 月 27 日，中共佛山地委发出《关于钢铁生产组织转变的意见》，指出 10 月 15—21 日的"卫星周"，佛山地区已超额完成任务，日产钢铁由过去的几十吨跃为 400 吨以上，钢铁生产已进入一个新的阶段，大量地高速度地发展佛山地区钢铁工业的条件已经具备，各县、市领导必须及早安排下一步和明年的钢铁生产工作，以随着钢铁"大跃进"所带来的机械工业"大跃进"，使全地区钢铁和机械工业在现有的基础上飞跃发展。中共三水县委于是紧急行动，决定有计划地建立钢铁基地，组成长期性的钢铁队伍，逐步提高钢铁质量和克服生产管理上的混乱状态。这样，三水县的钢铁生产由全民生产逐步转为有阵地有队伍的专业性生产，由多样式的土炉生产转变为大中小结合、土洋并举的高炉生产，不断提高炼钢的产量和质量。

1959 年，中共中央提出"更大更好地全面跃进"的要求，确定了更高的生产指标。1960 年，全国继续实行"以钢为纲，带动一切"的方针。5 月 22 日，中共三水县委作出《关于贯彻省、地委指示，大搞工业小土群、小洋群的决定》，对县内采煤、炼铁、铁矿场、炼油、建水泥厂、建小铁路、建肥料厂都作出了具体的规定。该决定要求大塘、白坭两个公社负责炼铁，各建 1 立方米炼铁炉 5 个，要求在当年 6 月上旬建成、6 月底以前投入生产。

（三）财贸工作"大跃进"

在中共三水县委、县人委的领导下，三水县财贸部门贯彻中央财贸部门提出"大购大销、大搞服务、大闹改革"的方针，在"大跃进"中积极做好生产资料和资金供应工作，大力支援工农业生产建设。1958—1961 年，三水县国营商业和供销社共供应化肥 8800 吨，农药 1065 吨，小农具 4.64 万件，蓑衣、雨帽 47 万多件，谷箩、泥篓等 38 万多对，以及各种防洪、抗旱等物资一大批，这些物资供应到农村，及时解决了农业生产的需要。

1960 年下半年起，三水县加强了对财贸工作的领导，贯彻各项经济政策和采取一系列措施调整了财贸体制、国营商业和供销合作社分工、恢复商品流通三条渠道，贯彻了按劳分配的原则，重新开放了农贸市场。经过一系列的调整，大大活跃了城乡经济，促进了全县工农业生产的发展。

（四）文化教育卫生医疗系统"大跃进"

一是文化教育大发展。在"大跃进"运动中，三水县教育部门坚决贯彻"教育为无产阶级政治服务，教育与劳动生产相结合"的方针，实现了教育事业大发展。1960 年 2 月 28 日，中共三水县委作出《关于教育的决定》，决定成立文教部，原文教局分开，设教育局、文化科。新建师范院校，在暑期后开学。解决在校搭食学生的口粮，粮食供应的定量一律按高、初中学生平均每人每月 13 千克，高小学生 12 千克，初小学生 11 千克的标准供给，大队供应不足部分，由公社解决，公社解决不了，由县解决。当年 2 月底前，全部解决学生的口粮。在粮荒的年代，县委想方设法为学生解决口粮问题，保证了学生学习的正常进行。

1958—1960 年，三水县建成全日制中学 8 所、师范学校 1 所、半日制中学 6 所，比 1956 年中等学校的数量增长 6.5 倍；公办、民办小学生有 31666 人，比 1956 年增长 49%，适龄儿童入学达到 81.3%。扫盲工作亦有很大发展，1958 年扫除文盲 5000 多人，参加扫盲学生 25835 人，占青壮年总数的 73.6%。另外，办红专学校、文化技术学校、各类专业学校 1000 余所，参加学习的人数达 3.8 万多人。

二是卫生工作大突击。1958 年 1 月 21 日，中共三水县委、县人委联合发出通知，提出在全县范围内组织一个以清洁和积肥、灭鼠保粮、支援农业生产为中心的爱国卫生突击月活动，从城镇到农村进行一次彻底大扫除，消灭蚊蝇孳生地，堵塞鼠洞等，并号召三水人民奋战三年,把三水变为无"四害"(蚊子、苍蝇、老鼠、蟑螂)县。三水县成立除害灭病指挥部,设立工作小组,开展具体工作。指挥部组织宣传队,开展除害灭病宣传,指导农村结合积肥大搞环境卫生。1959年8—9月,中共三水县委、县人委掀起了全民性的爱国卫生运动"大跃进",历时50天,有392713人次参加,积卫生肥408533吨、土杂肥181074吨,灭鼠380873只,消灭蚊蝇孳生地23732平方米,拾野粪5031.23吨,铲杂草85185平方米,填洼地23732平方米,疏通沟渠46648米,修理厕所132间。1960年10月,各级党委挂帅,有关部门分片包干,全县范围内开展"四清"(清沟渠、清厕所、清杂草、清垃圾)爱国卫生运动。这次爱国卫生运动,共灭鼠282586只,积卫生肥24055吨、土杂肥542784吨,填洼地4454平方米,疏通沟渠387701米,铲杂草35185平方米,处理蚊蝇孳生地13.7万平方米,维修厕所14座。

三是医疗力量大加强。1958—1960年"大跃进"期间,三水县全面开展了防病、治病、保健、保育等卫生工作,并普遍建立了农村卫生机构,1958年建立三水县中医院,1960年三水县人民医院新院建成,建筑面积1400平方米,病床由原来62张增加到136张。这期间,还建立了17所公社卫生院和41个卫生所(站),设立了干部疗养院,大大发展了农村卫生事业。卫生队伍也逐步充实和加强。1958年开办了医士学校,毕业生33人,还续办中医学徒班,在学人数25人,医士班23人,护理员训练班10人。

(五)"大跃进"前后的水利建设和防洪抗旱斗争

1956年以前,在中共三水县委、县人委的领导下,三水县通过一系列水利工程建设,初步形成比较完整的防洪、排涝、灌溉水利体系,全县受益农田面积达134515亩,全县有29个乡、

30%的土地基本消灭旱患，7个乡解除了积水的灾害。

1956—1965年是三水县水利建设大发展的时期。1958年4月，全县第一个电动排灌站甪里排水站动工，1959年春投入运行，解决了1.87万亩农田的用水问题和2.49万亩农田的排涝问题。同年，又兴建了大塘机械灌溉站，装设500马力机一台，是当时广东省机械灌溉站中最大的一台机组。根据中共广东省委将珠江三角洲纳入大电网范围的决定，中共三水县委、县人委组织水电部门集中全县主要的技术力量，对输变电网及机电排灌站进行全面的规划和设计，先后在1959年3月和1960年7月，兴建了源潭、大峣山两座35千伏的输变电站，架设了高压线路20.58千米。1960—1965年，三水县委、县人委又领导全县人民建成电动排灌站266座，装机332台，总装机容量17198千瓦，从而大大缓解了旱涝所造成的危害。

1957年建成西南水闸，芦苞涌、西南涌这两大涌的堤围也相继筑成。同时，重点修筑了一批小（一）、小（二）型水库；建成了县内第一座实行机械灌溉的古云灌溉站和一批小型的涵闸。这些水利工程的竣工既提高了防洪的能力，也解决了一部分地区的排灌问题，保障了农业生产发展。

1958年3月，中共三水县委、县人委组织了大规模防治血吸虫病的灭螺水利工程，掀起兴修水利的群众性运动高潮。这场群众性兴修水利运动连续大干三个冬春，最多的一天里走上水利工地的人数达6万多人。各地民工在工地安营扎寨，日夜奋战。通过这场运动，全县新建了九龙岗、长坑、枕头湾、念塘小（一）型水库4座、小（二）型水库8座，新筑小围9条，共长43.52千米，三水县的水利建设取得了重大成果。

在"大跃进"运动前后进行水利建设的同时，中共三水县委、县人委多次组织、领导党员干部和人民群众进行抗灾斗争。

1959 年 6 月，三水发生洪水，引发险情。6 月 15 日，石角水文站的洪峰水位达到 12.26 米，又遇西江并发大洪水。北江大堤加建的堤顶防浪石墙尚有西南附近堤段未能完成，形势十分危急。此时，从广州赶来支援三水的广州市建筑队工人们连饭都顾不上吃，赤膊上阵，挥汗如雨。他们争分夺秒拼命干，终于赶在洪峰到来之前，把西南堤段的防浪石墙抢筑完成。工程完工之后，广州建筑队的工人们都累得四肢无力瘫在工地上。但是，洪峰汹涌而至的消息传来，他们又立即翻身站起，打起精神去护堤抗洪，为三水人民展示了不畏艰难、顽强不息的钢铁般的意志。在这次抗洪斗争中，中共广东省委第一书记陶铸率队来到三水县西南堤段指挥抗洪。当时，北江大堤上险情不断。渗漏、管涌、牛皮胀等险情不时出现。陶铸等省、地、县领导临危不乱、从容应对，指挥业已掌握了治漏、导渗、固堤等操作技术的抢险队伍，准备好充足的抢险器材，做到见漏补漏，及时抢险，在人民解放军战士和广州市工人的有力支援下，终于打赢了这场抗洪战斗。

1959 年洪涝灾害之后，跟着就是旱灾。是年 10 月开始，连续 5 个月，三水县基本没有降雨。天气干燥，蒸发量大，1960 年 2 月，芦苞水文站测得的总降雨量只有 4.3 毫米、三水水文站的总降雨量更少至 1.6 毫米，而蒸发量却高达 102.7 毫米，全县的蓄水库容仅有 1800 万立方米，受旱农田达到 24 万亩，占早造面积的 86%，春旱的情况日趋严重。2 月 19 日，中共三水县委发布抗旱抢插的紧急动员令。3 月 1 日，中共三水县委成立了三水县堵塞北江工程指挥部，下设工务、器材、交通、总务、生活、保卫、卫生组。3 月 2 日，开始了堵塞北江的工程。堵江的拦水大坝工程巨大。大坝全长 891 米、坝面宽 4 米，平均坝高 7.5 米；副坝长 310 米，下游二道拦水坝 180 米。3 月 8 日，堵江工程进入沉排护底阶段，佛山专署副专员、佛山专署堵塞北江工程总指挥部指挥、工程师杨佐生，三水县委第一书记张凤岐等人到工地现场指挥。沉排护底工程是堵江的关键环节，为了防止流沙的冲深掏空，扩大合拢口，在总指挥部的指挥下，在长 60 米、宽 50 米的竹排上扎 2 米厚的茅草，再压上 3000 吨的大石，用 1 艘 89.5 千瓦特及 5 艘 29.8 千瓦特的电轮船，由 20 个抛锚工和 50 多个撑排工，校正竹排的方位后，不断放石增压，使之缓慢下沉。3 月 11 日，坝口合拢，堵江完成后，继续加固。3 月 12 日，《南方日报》以《腰斩北江，三水筑成拦河大坝》的大字标题，报道了这次堵塞北江、改变水流进行抗旱的壮举。这次堵江，整个工程共用去 3000 多吨石块、10 万多个草包、一大批猪笼、4000 多吨芒草，出动了 200 多艘大、小木船，芦苞、南边、范湖、乐平 4 个公社的 17 万亩农田的旱情逐步得到解除。

为了进一步推动抗旱工作的开展，1960 年 3 月 8 日，中共三水县委发出"关于全面开展打井、挖山沟抗旱"的指示，发动群众出谋献策，寻找地下水源，追查历史，分析"龙脉"，举报"龙泉"，寻找"龙眼"，提出"五亩一井，十亩一塘"的措施。与此同时，从县、镇机关中抽调干部、职工 1180 人加强对后进地区抗旱斗争的领导。在各级党政领导的带领下，占全县 50% 的 60 多个生产大队都广泛行动起来，把主要劳动力都投入到打井中去。几天内出动 8000 多人，打出水井 1323 个，解决了 30053 亩的农田用水困难。在历时近一个月的抗旱斗争中，全县最多的一天出动劳动力 3.5 万人，累计工日达 39.3 万个。封江截涌 38 处，筑陂圳 300 多道，维修水利工程 2242 宗，新挖渠 810 条，打井挖塘 1886 口。总动用抗旱的工具 8000 多件，抽水机 51 台，改革磨盘式牛拉水车 539 部。3 月 16 日，旱情解除后，中共三水县委、县人委表彰了 740 名干部、5000 多名社员。

1960 年，三水建成县内最大的电力排水站——五顶岗排水站，装机总容量达 2010 千瓦，排水流量为 17.04 立方米/秒，集雨面积 43.5 平方千米，受益面积 2.69 万亩；同年冬，六和公社土法上马，建成全县第一座 10 千瓦的小水力发电站，填补了三水县小水电站的空白。

1961 年 6 月，西江、北江同时发生大洪水。中共广东省委书记处书记林李明、省水电厅副厅长李泽民于 6 月 14 日与中共三水县委、县人委领导一道上北江大堤检查防汛工作，并在三水县召开西江、北江防汛战地会议，部署防洪抢险。这一次的洪水，又在被三水人民群众称赞为"特殊材料造成的"共产党员、人民政府官员，以及人民解放军战士的带领和抗击下打退了。

1962 年 5 月起，西江、北江再遇罕见大洪水，三水县接连两次遭受洪水的袭击。

第一次洪峰以北江为主。1962 年 5 月 15 日，大塘水文站的水位涨至 11.58 米，大塘围梅花影段溃决，洪水从大滘决口冲出。5 月 19 日 16 时，芦苞水文站的水位高达 9.81 米。这次洪峰造成了草塘围、大塘围、安乐围的崩决。第二次洪峰到来时，西、北两江洪水同时上涨。7 月 3 日，三水水文站的水位达到 9.38 米，比 1949 年的大洪灾水位还高出 0.21 米。西南水闸的水位高达 8.74 米，比西南镇人民路邮电局门口高出 2.34 米。

第一次洪峰被击退后，中共三水县委、县人委及时召开了防汛工作会议，针对干部、群众中普遍存在"双年无大水"的麻痹思想和侥幸心理，动员和教育大家，吸取历史上大塘、安乐、东洲等堤围崩决成灾的教训，树立洪水期未过决不能松懈和掉以轻心的抗洪观念。会议之后，全县立即开展群众性的防洪工作，每天出动 552 人，备好抗洪抢险的沙、石 4140 立方米。6 月 24 日，三水水文站预计水位超过 9 米，县委发出了全民动员、全面投入抗洪斗争的指示，重新部署防洪抗洪的力量：县委书记任成秀驻芦苞分指挥部，负责把守北江大堤，照顾全面；县委副书记钟志诚驻白坭分指挥部，负责把守樵北大围；副县长邱景春率领 20 名干部到瑞岗围；县水电局的负责人及技术员全部上堤工作。中共广东省委第一书记赵紫阳到三水抗洪前线检查指导，广东省副省长古大存两次驻在三水，广东省水电厅的工程师、技术员前来三水指导。中共三水县委、县人委抽调局级以上干部 17 人、其他干部 864 人上堤。6 月 27 日，三水水文站的水位达到 7.2 米，木棉围有 800 米堤段漫顶过面 0.57 米，个别地段塌坡，县委、县人委及时组织 2280 人投入抢险。瑞岗围青岐影、竹洲窦、沙头屈段长约 1.5 千米的堤顶离洪水的水位只有 30 厘米，每天出动 2600 人进行基面加高，开沟导渗。

这次大洪水的袭击，历时 42 天，决堤 9 条，全县的受灾农田达 9.16 万亩，共调动 2 万多名干部、职工、学生、城镇居民、农村公社社员投入到抗洪斗争中去。为抢救全县 100 多处出现险情的堤围，共完成土方 5.93 万立方米、石方 1490 立方米、沙方 1244 立方米，开出疏水沟 4228 米，挖反滤井 309 个，造牛尾墩 60 处，用去杉桩 1511 条、草包和麻包 10.29 万多个，投入防汛抢险的工日达 10.7 万个。洪水过后，县委、县人委立即组织力量堵口复堤，恢复生产。

1964 年，三水建成装机总容量为 1010 千瓦，集雨面积 19.6 平方千米，担负 5095 亩农田排水任务的大埗塘排水站。

（六）人民公社化运动

1958 年 4 月 8 日，中共中央发出《关于把小型的农业生产合作社适当地并为大社的意见》。

在全国大办人民公社、大势所趋的形势推动下，三水县急速实现了人民公社化。1958 年 9 月 5 日，中共三水县委连夜召开电话会议，及时传达贯彻中共中央政治局北戴河会议和毛泽东讲话精神，结合前段时间小社并大社的实践经验，决定立即大办人民公社。一夜之间，就将全县大塘、芦苞、南边、乐平、高丰、白坭、金本、河口、禾生等 9 个大乡的 157 个高级农业生产合作社全部进行合并，分别命名为东方红、上游、太阳升、跃进、超英、超美、火箭 7 个人民公社。

人民公社化初期，实行组织军事化、行动战斗化、生活集体化。即实行军队体制，建立班、排、连、营等组织。三水全县分为 42 个营、277 个连、729 个排，生产上集中人力、财力、物力搞大兵团作战；生活实行集体化，主要是大办公共食堂、大办幼儿园、托儿所、敬老院、幸福院、妇产院以及米面加工厂和缝纫厂等。到 1958 年 9 月下旬，三水县共办起公共饭堂 892 个，有 39208 户农户进食堂吃饭，占全县总户数的 70.2%，平均每 44 户农户一个饭堂。

三、应对饥荒，度过国民经济严重困难时期

从 1959 年冬开始，三水县出现了饥荒。由于营养不良，县内出现水肿病患者。据 1960 年 4 月 20 日统计，全县水肿病患者 662 人。之后，中共三水县委组织对农村公共食堂进行检查，至 8 月 13 日共检查了 85 间食堂。检查后，县委将农村食堂升级，三类食堂提升为一类食堂的有 77 间，提升为三类的有 114 间；二类提升为一类的 264 间。同时，大搞食堂"五自给"（粮、油、肉、菜、柴自给），全县 907 间食堂，共种菜地 5864 亩，每人平均 4 厘油料地；食堂养猪 7000 多头，"三鸟" 6 万多只。1960 年下半年，饥荒越来越严重，当年年底，全县有 15641 人患有营养缺乏性水肿病。县委开始推广 "瓜菜代"，成立代食品领导小组。1960 年 12 月 14 日，县委发出《关于迅速推广使用小球藻代食品的紧急指示》，向全县推广小球藻、叶蛋白、人造肉精等代食品。

为应对饥荒，1961 年 1 月，三水县成立生产度荒办公室。2 月 12 日，中共三水县委发布《关于切实抓紧生活安排，防治疾病工作和召开会议的指示》。之后，在全县建立集中医疗点 26 个，收治病人 527 人，分散治疗 596 人。全县有病人 7208 人，其中水肿病 598 人，妇女病 3934 人（子宫脱垂 176 人、闭经 2158 人），干瘦病 300 人，肝炎 260 人，其他疾病 2116 人。1961 年 1 月死亡率占全县总人口的 0.1%。由于县委采取措施，至 5 月，死亡率降至 0.08%。全县 1961 年 1—5 月共死亡 816 人，占总人口的 0.4%。

发展生产、管好粮食是度过饥荒的根本大计。中共三水县委一方面扩大粮食播种面积，千方百计地增加粮食产量，另一方面加强粮食管理，层层搞实割验收。同时，以畜牧业为中心，大搞多种经营。贯彻四级办场、五级养猪的方针，巩固办好大队养猪场，积极帮助小队和食堂养猪。大种蔬菜、甘薯、大豆、木薯、甘蔗、瓜果等作物。到 1962 年，粮食出现了增产，全县稻谷总产量 8.47 万吨，比 1961 年增加 1.52 万吨。

在中共三水县委的领导下，经过各级党委和干部群众的共同努力，通过发展生产，大办粮食、大办油料、大办畜牧业，细致安排群众生活，全县度荒情况逐步有了好转。至 1962 年终于度过了饥荒期。

（一）贯彻落实《农业六十条》

农业是国民经济的基础，三水县对国民经济的调整也从农业抓起。中共三水县委深入宣传《农业六十条》（《农村人民公社工作条例（草案)》），要求各人民公社全面贯彻执行，1961 年 3 月 10 日，县委下达了《关于坚决贯彻中央和省地委政策规定的决定》，作出了 10 条规定：一是粮食征购任务，一定三年。二是迅速调整大、小队规模，稳定生产关系。三是全面落实"三包四固定"（指包工、包产、包成本、超产奖、减产罚和定土地、定劳力、定劳具、定耕畜），鼓励小队开展"三超"（指干劲超措施、措施超指标、实产超计划）运动。四是自留地一定要分足，并且落实到社员手里。五是坚持贯彻按劳分配原则，彻底克服平均主义。六是认真办好食堂，实行饭菜三七开。七是坚决执行养猪公私并举，私养为主。八是社员放假，男劳力每月4天，女劳力每月6天。九是解决小队干部待遇。十是发展农业生产的重点放在生产大队，劳动力集中到生产第一线。县委召开三级干部大会，组织干部认真学习《农业六十条》，充分发动干部群众讨论，与会人员取得了一致的意见，认识到土地问题必须坚持三级所有制，一丝不苟地贯彻《农业六十条》的规定。

《农业六十条》在三水县的贯彻执行，使农村形势根本好转，"五风"（指官僚主义、强迫命令、瞎指挥、浮夸风、共产风）和平均主义现象得到遏制，党群关系得到明显改善，人民生活水平得到较大提高。主要表现在：

第一，社队规模合理调整。加强了党委、政府对农村工作的领导和组织生产，改善了经营管理，避免了队与队之间的平均主义。

第二，退赔工作有了良好的开端。三水全县清退资金9.16万元、劳动力1087人、耕牛175头、农具62件、抽水机7台、"三鸟"1640只、猪138头、土地125亩、粮食168.5万千克，不仅巩固了三级所有制，也调动了基层单位和社员的积极性，对恢复和发展生产起了较大的作用，基层干部和社员都十分满意。

第三，落实粮食征购任务。粮食征购的任务一定三年，以1961年征购任务为基数，1962—1963年，每年按上调任务征购3%，即1961年任务为50万千克，1962年增加为51.5万千克，1963年为53万千克，按比例增购，不加累进，如果因不可抗拒的自然灾害导致减产者，则按政策规定减免。

第四，落实"三包一奖四固定"政策及各种生产责任制。加强定额管理、评工记分，实行合理计酬形式，定额包工、个人计件普遍实行，社员出勤率、劳动效率提高了 20% ～ 30%，争工分、争出勤、争超产、争奖励的现象普遍出现，几年来不参加劳动的一些老人、妇女、学生也都积极参加生产劳动。

第五，巩固了党的组织，干部作风好转，党群关系有了改善，勤俭办社、勤俭持家的风气得到发扬。1958 年被国务院授予全国农业社会主义建设先进单位的河口公社黄竹坑农业生产合作社的社员说，落实《农业六十条》后他们有"三满意"：一是满意干部工作不靠骂、整、压，事事有商量；二是满意干部带头生产，作风民主；三是满意干部注意倾听群众的呼声，群众有权监督生产。

第六，农业经济取得好成果。在贯彻落实《农业六十条》中，中共三水县委强化了水利建设工作。1961 年 12 月至 1963 年 9 月，全县水利建设共完成土方工程 460 万立方米，大小工程 741 宗。电力排灌站从 17 座发展到 110 座，装机容量 8026 千瓦，增加 272%。高压线路电网由 151 千米扩展到 255 千米。全县有 36 万多亩农田得到排灌受益，其中有 25 万多亩农田得到彻底的水利保障。1962 年，全县虽然早期遭受春旱，后期又遭到特大洪水的侵袭，导致有 3 万多亩稻田全部失收，损失稻谷约 250 万千克，但全年粮食总产量仍达 8930.5 万千克，其中稻谷 8468 万千克。粮食总产量比 1961 年增加 1691 万千克，增产 23.3%，超过了历史最高水平。稻谷总产量比 1961 年增加 1522 万千克，增产 21.9%，比历史最高产量的 1958 年还增加 383.5 万千克，增产 4.7%。全县 17 个公社都有不同程度的增产。农民口粮水平比 1961 年有所提高，全县平均口粮每人每月达到 18.65 千克，比 1961 年平均每人每月 13 千克增加了 4.3%。经济作物除甘蔗因遭受洪水灾害减产外，其他各种作物均比 1961 年有所增产。其中，花生增产 54.5%，黄麻增产 29.3%，黄豆增产 73.4%，塘鱼增产 1 倍多。随着粮食生产的发展，三水县的畜牧业生产也有较大的增产。生猪 1962 年的饲养量为 49835 头，按农业户计算，平均每户 1 头。年终存栏量 25584 头，比 1961 年增加 1.1%。耕牛 1962 年饲养量 27472 头，比 1961 年饲养量 26137 头增加 5.1%，年终存栏量 21289 头，比 1961 年存栏量 22367 头略有减少（因为 1962 年开放耕牛市场卖出外地 1159 头）。"三鸟" 1962 年饲养量为 100 万只，比 1961 年增加 15% 左右。林业生产的质量也有所提高，1962 年三水县原计划造林 2 万亩，实际完成 4000 亩，只占计划的 20%，虽然计划完成得较差，但由于加强了管理工作，造林的质量及成活率等比 1961 年稍好。

（二）贯彻落实《工业七十条》

1961 年 9 月 16 日，中共中央颁发了《国营工业企业工作条例（草案）》（《工业七十条》）。根据《工业七十条》的要求，中共三水县委从三个方面贯彻落实：

第一，中共三水县委首先抓好各级干部和企业职工对《工业七十条》的学习，原原本本地传达中共中央的指示和《工业七十条》的基本内容，让他们充分理解《工业七十条》每章、每条的精神实质。

第二，全面改进和加强企业管理工作。中共三水县委和各工业主管部门以及企业，都从"五定"（指定产品方案和生产规模；定人员和机构；定主要的原料、材料、燃料、动力、工具的消耗定额和供应来源；定固定资产和流动资金；定协作关系）入手，对企业逐一进行整顿，确定企业的生产方向，查清企业中存在的问题，建立、健全责任制度，促进原材料供应和协作关系的固定。1962 年，中共三水县委致力于做好"增加产品，提高质量，降低成本，减少消耗，提高劳动生产率"，对全县的厂矿、企业布局作了适当的调整。这样，过去分散主义、无人负责以及互相扯皮的现象得到克服，管理混乱的状况得到改变，企业劳动纪律得到加强，窝工浪费、经济亏损的局面大有好转。

第三，开展群众性的技术革新和技术协作活动。在宣传贯彻《工业七十条》中，三水县工业企业积极开展群众性的技术革新和技术协作，开展合理化建议活动。对于职工群众的创造，县工业主管部门一方面给予积极的支持，另一方面在经过试验证明确实行之有效后积极推广。而各企业则根据企业的具体条件，积极学习其他地区、单位的先进经验，以先进生产者为骨干，把老工人和工程技术人员带动起来，革新技术，互相帮助，解决企业生产中的关键问题。

通过贯彻《工业七十条》，三水县的工业得到较好的调整和整顿，各企业大抓技术管理，提高产品质量，经营管理一年比一年好，不少企业超额完成生产计划，产品质量不断提高，生产成本下降，劳动效率逐年提高。1962年，三水县完成工业总产值2786万元，超额完成了国家年度生产计划。同年，三水县工业为支援农业，生产了犁头14万套、禾艇120艘、化肥1030吨、水利瓷管3万件、水泵45台、柴油机18台、农业机械配件3922件。在保证质量前提下，工厂企业对犁头、化肥、禾艇、车床等主要产品降低了生产成本和出厂价，19种主要产品平均降价37.3%。农业生产成本的降低，大大减轻了广大农民群众的负担。

四、统一战线工作的调整

在贯彻落实中共中央"调整、巩固、充实、提高"的"八字方针"中，三水的统一战线工作在中共三水县委领导下，进行了一系列的调整。

围绕中心加强思想教育。中共三水县委统战部于 1956 年 6 月成立，根据中共三水县委的部署，县委统战部主要开展总路线、时事政策、以农业为基础方针等教育。1960 年 10 月初，县委统战部成立三水县政治讲习班。在教育过程中，县委统战部按照中共佛山地委的要求，大抓组织参观访问等活动，先后组织了工商界 1076 人、归侨侨眷 413 人、知识界 18 人、宗教界 3 人到省内、专区内和县内参观访问。经过组织发动，加强对华侨与港澳同胞的联系、接待工作之后，争取外汇的工作取得了良好效果。1960 年，全县完成引进外资 31.25 万美元，比 1959 年的 27 万美元增长 15.7%。1961 年 1 月，中共中央批准国民经济调整"八字方针"后，县委决定开展投资活动兴建肥料厂，县委统战部发动香港同胞、三水同乡会副理事长黄登支持家乡发展。动员他主动提出做兴建化肥厂发起人。黄登邀集了 10 多个同乡商量办法，自己也积极、主动认股投资 1 万元人民币。全县华侨认股 3.84 万元，认库 6500 元人民币。

统战工作的开展，统战政策措施的贯彻和落实，使三水县广大工商业者、知识分子、宗教人士、华侨侨眷们打消了思想顾虑，增强了对共产党和人民政府的信任感，也增强对各项政策的认同感，从而积极地参加各项工作，为全县的经济发展贡献力量。

五、财贸工作的调整

1962 年 4 月 24 日，中共三水县委、县人委发出《关于厉行节约、压缩开支、严格货币管理的几项规定》，规定基本建设必须严格审批，各单位必须按集体购买力的指标进行开支，只准少于规定金额，不能超过；生产成本的开支，必须单独核算，不得列入行政、事业费中开支；凡未经省、市批准的基建开支，必须一律制止；小汽车、沙发、摩托车等非生产性物品，三年内一律不准购买；严格禁止招待、请客、送礼的开支；年度预算核定后，除特殊情况不作变动；严格控制商品性支出，对主要商品实行凭票限量供应；严格划清银行贷款资金和财政资金界限，不许用银行贷款作财政性支出。县直各部门、单位和各公社按照县委制定的这些规定要求，紧缩了资金的支出，压缩了购买力，大大减少了全县财政的支出。

通过贯彻落实国民经济调整的"八字方针"，三水县的财政收入有了大幅度提高。1962 年，三水的财政总收入为 7038272 元，超额完成年度计划的 19.2%，比 1961 年增收 1691169 元；财政支出比 1961 年压缩 43.6%；税收完成 445 万元，超额 19.5%，比 1961 年增长 46.4%。

六、三水县十年社会主义建设的成就

从 1956 年 9 月党的八大召开到 1966 年 5 月 "文化大革命" 运动开始前，是中国共产党领导全国人民开始全面建设社会主义的 10 年，也是中国共产党对建设社会主义道路进行艰辛探索的 10 年。与新中国成立初期发展比较顺利的 7 年相比较，这 10 年是在探索中曲折发展的时期。

10 年间，在国家建立起适合国情的社会主义基本制度，以及在中华人民共和国成立后最初 7 年所奠定的经济、政治、文化和社会发展的基础上，三水县的社会主义建设事业尽管经历了曲折，甚至遭受过严重的挫折，但是经济建设和各项事业还是能够在曲折中不断向前发展，取得了一定的成就。

经济总量有较大提升。到 1965 年，三水县工农业总产值 9944 万元，比 1956 年的 6116 万元增加了 3828 万元，增长 62.6%。其中，工业总产值 3258 万元，增长 149.3%；农业总产值 6686 万元，增长 38.9%。水稻总产量 126440 吨，比 1956 年的

67071 吨增长 88.5%。财政收入 702.8 万元，比 1956 年的 406.5 万元增长 72.9%。城乡储蓄存款余额 918.7 万元，比 1956 年的 589.6 万元增加了 329.1 万元。

工业生产有一定发展。在对农业、资本主义工商业和手工业进行社会主义改造以后，三水县的工业生产呈现出上升态势。1961 年，在贯彻落实中共中央"调整、巩固、充实、提高"的"八字方针"中，三水县的工业企业加快了恢复、发展的步伐。先后有三水县水泥厂等一批骨干企业上马，全县逐步形成了机械、纺织、印染、食品、煤炭、水泥、化肥、烟酒、火柴、酱油等工业门类，工业总产值有了较快的增长。1965 年，全县主要工业产品创造了历史最好水平。其中生产化肥 10321 吨、电动拖拉机 108 台、硫铁矿 50759 吨、中小农具 24.82 万件、酱油 762 吨，比 1956 年分别增长 1~5 倍。

水利建设有较大发展。10 年间，国家、省、地区、县四级共投入 2693.12 万元资金进行水利工程建设，从而促进了三水县电力排灌工程建设的大发展，不但规模大，而且数量多。全县第一个电动排灌站、第一座 10 千瓦的小水力发电站、全省机械灌溉站中最大的一台机组，都是在这个时期建成和使用的。10 年中，全县共计建电动排灌站达 608 座。通过山塘的修筑、河涌的整治、涵闸的兴建，三水的水利得到大大改观。全县 1965 年的有效灌溉面积达到 33.1 万亩，占全县耕地面积的 70.2%。保证灌溉面积达到 26.01 万亩。农田水利建设的发展，较好地为农业生产的改制、扩种创造了条件，有力地促进农业生产的发展。

交通运输事业逐步发展。中华人民共和国成立前，三水县内只有通车公路线 1 条、支线 2 条，共长 43.4 千米。中华人民共和国成立后，在中共三水县委、县人民政府领导下，开始修筑运输需要的各种大小地方公路。1955 年，修筑了大日头村至范湖圩的公路9.4千米。1957年7月，为适应大炼钢铁的需要，三水县委、县人委发动群众日夜苦战，用三天两夜的时间，抢筑了从瞰嘴到硫铁矿的简易公路1条，全长10千米，创造了三水历史上修路时间最短的纪录。至1959年底，三水全县共修筑了简易公路19条，总长达到97.1千米，通车公路达到150.3千米。为三水县在中华人民共和国成立初期简易公路、通车公路总里程的3.5倍。1963年6月，《广东省养护公路及修建地方公路暂行办法》公布以后，三水县各公社广泛发动群众修养公路。1965年底，全县建有地方公路162.4千米，通车里程达265.3千米。在广东省交通厅与省水利厅的联合投资支持下，1962年建成芦苞大桥，沟通三水与清远及粤北地区的公路交通。至1965年，全县共有公路桥梁30座，总长383米。1949年，三水县仅有木炭燃料客车2辆、汽油客车1辆，没有专用货车。1950年后，开始逐步购置货车。组建于1958年的三水县汽车运输队，专营货运，有小货车2辆、大货车5辆，全县共有货车10辆。到1965年，全县有客车、大小货车等机动车辆38辆，公路货运量12906吨，客运量48.8万人次，比1957年的7800吨、44205人次分别增长约1.65倍和10倍。水上运输业也有了较大的发展。1949年，西南泊区只有木帆船269艘，3787吨位，大的50~100吨，小的仅2~3吨。新中国成立后，机动船不断增多，逐步实现了客运机械化，货运拖带化，木帆船逐步被淘汰。1958年，全县共有内河运输客货船376艘、7828吨位，其中机动船12艘、马力486匹。1959年1月，由广东省航运厅河口港务所接管于1956年组成的河口驳船社为国营河口船队。1959年7月，成立三水县水上运输联社。这一年，全县完成客运量36.18万人次，货运量39.92万吨。至1965年，全县共拥有各种船舶422艘，8542吨位，其中机帆船16艘，马力1488匹。水上货物运输量309271吨，客运量48.8万人次。

电信事业较快发展。中华人民共和国成立初期，三水县仅有20门磁石式人工交换机1台，长话与市话共用，设备十分简陋。全县的电话用户仅132户，其中城镇电话用户为68户。西南镇开通的长途电话也只有广州、南海、四会、高要、清远及江门6处。1954年开始，县邮电局长途电话与农、市话合设台，并向全县邮电分支机构开办长话业务，设有直达广州、佛山、肇庆和四会县的4条长途通话线路。1959年，县邮电局与市、农话合设的长话台分设，装置50门磁石式人工交换机1台。至1965年，全县的电话交换机达到22部、总容量1170门，电话机达到966部，电话用户有573户。全县的农话线路从新中国成立前的28杆千米，发展至1953年的331杆千米，1965年的425杆千米。

城镇面貌焕然一新。历史上由于各种因素的制约，三水县的经济及城乡集镇的建设发展缓慢。作为西江、北江土产集散之地的西南镇，虽然商贾辐辏，帆樯云集，然而城区地域狭小，市政建设落后。中华人民共和国成立以来，中共三水县委、县人民政府采取一系列有力措施，致力发展农业，为城镇工业发展提供所需原料、资金和剩余劳动力打下了比较稳固的基础。作为三水县手工业和商业中心的西南镇，面积从0.5平方千米逐步扩展，街道长度从1500米不断延伸。民国时期，西南镇的屋宇一般为1层或2层，少数3层，大部分为砖木结构的瓦房。中华人民共和国成立初期，新建的普遍为2~3层，1960年以后，逐步建起4~6层的县人委大楼、邮电局、西南酒店等，芦苞、河口、大塘、白坭等集镇的面貌也有了很大的改观。1958年起，三水县第二大镇的芦苞镇先后将原有的砖石路面改为混凝土路面，新辟了翻身路和镇中路，长340米，修筑了下水道，初步改变街道坎坷不平、泥泞积水的旧面貌。白坭圩也在1960年建起丁字形街道2条，宽10米，泥沙路面，开设店铺30余家。

科教事业成就可观。中共三水县委、县人委重视科技工作的开展。1956 年，将全县仅有 2 名农业技术干部、2 名医师的薄弱科技队伍增加到 185 人（其中医师 54 人）。同年在开展农业合作化运动中，中共三水县委、县人委号召和要求全县各地设立农业技术推广站，围绕农业"八字宪法"，普及和推广先进的农业生产科学技术。1959 年 9 月成立县科学技术委员会后，推动了全县科技工作的规划、组织、协调、管理和发展。1964 年开始，中共三水县委、县人委要求县及公社、大队、生产队相继建立农业科学研究机构。县和各公社农业科学研究所（站）建立后，89% 的生产大队建立了科研组共 113 个，60% 的生产队建立了科研组共 745 个，全县参加科研活动的农民群众达到 3066 人。各个农业科学研究所（站、组）都提供了进行科学实验的土地和相应的生产资料及资金。在良好的科技氛围推动下，通过科技工作者的努力，全县出现了不少科研成果。1956 年，大塘公社农科站成立，1958 年就在莘田农业生产合作社的九成面积中推广"办爆石"耐旱良种，一造最高亩产达到 380 千克，比一般的水稻品种增收 20%。1958 年，三水酒厂应用麸曲发酵技术，使得酒的发酵时间由 23 天缩短为 17 天，每 50 千克大米生产烧酒由 65 千克提高到 70 千克，且质量更优。1959 年，芦苞公社鱼苗场在有关技术部门的帮助下，采用生理生态相结合的方法，使鳙鱼和鲢鱼在人工控制下产卵和孵化。1960 年，这一科研成果迅速在全县推广应用。经过几年的调整和整顿，中共三水县委、县人委调整了学校布局，改革了教学内容，有计划、有步骤地发展学前教育、中小学教育和成人教育，推动全县教育事业的不断发展。至 1965 年，全县有各类学校 243 所（其中中学 5 所、农职中 26 所、小学 117 所、镇幼儿园 5 所），在校学生 36242 人，教师 1382 人，均比 1956 年有了较大幅度的增长。

文化活动蓬勃发展。1951 年成立的三水县文化馆，先后成立了"工人业余曲艺队""业余话剧团"，经常下工厂、下农村、在街头演出。1955 年，举办了全县俱乐部文艺训练班，培训了一批文艺骨干。1962 年，全县农村普遍建立了农村俱乐部，各乡村、企事业单位和中、小学校先后成立的业余文艺宣传队数以百计。每年各地都举办摄影、美术、书法展览及创作活动。每当节日，县文化馆、农村俱乐部都开展群众性的演唱等文娱活动。1960 年 3 月成立的三水县文工团和 1965 年 7 月建立的三水县农村文艺宣传队，配合县委各个时期的中心工作，进行宣传演出。县文工团经常到各公社、生产队演出传统粤剧，受到广大群众欢迎。县农村文艺宣传队以人民解放军为榜样，以"一条扁担两条腿"的行动，送戏到农村，下乡演出 1800 多场，观众达 60 多万人次。1958 年，编辑出版《三水文艺》。

广播事业得到发展。1956 年 9 月成立三水县有线广播站后，借用电话线路把广播讯号传输到农村，全县第一次在农村安装广播喇叭，共安装舌簧喇叭 100 个。1958 年，全县各公社陆续建立广播放大站，广播喇叭进一步普及，安装到各乡村。1959 年，全县城乡共有广播喇叭 1700 多个，其中农村就有 1500 多个。1965 年上半年，全县 9 个公社建立广播站，101 个生产大队通了广播，还自架广播专线，接收到广播信号的生产队达 400 个。

卫生事业有了改善。医疗机构和医疗队伍有所扩充，至 1965 年，全县有医疗机构 42 家，其中县级医院 1 家、镇级医院 10 家，比 1956 年的 10 家医疗机构、5 家镇级医院各增加了 32 家和 5 家。医务工作人员则从 1956 年的 247 人、西医师 13 人、中医师 41 人、护士 6 人，增加到 1965 年医务工作人员 577 人、西医师 41 人、中医师 98 人、护士 39 人。病床也从 1956 年的 77 张，增加到 1965 年的 511 张。

体育事业也有新进展。三水县体育运动委员会于 1956 年 6 月成立后，便着手体育设施的建设。三水中学和新办的芦苞中学于同年各开辟了 1 个小型的运动场。1959 年，在西南镇云秀山开辟了县人民体育场，先后建了水泥地篮球场、小型足球场各 1 个，单层乒乓球室（兼作体操室）1 座。1964 年，在三水中学建成大型运动场、游泳池各 1 个。运动场地的建立，使群众性体育活动积极开展起来，促进了体育运动水平的提高。10 年间，三水县篮球队曾获得佛山专区 1965 年 9 月农民篮球赛亚军。乒乓球男女运动员有 35 人次分别在佛山、省、国家、国际的比赛中获得名次。

三水县 10 年建设所取得的进展，为后来的社会主义建设奠定了重要的物质技术基础。三水县后来进行现代化建设的物质技术基础，很大一部分是在这 10 年期间建设起来的。全县经济、文化建设等方面的骨干力量，以及他们的工作经验，大部分也是在这 10 年时间中培养和积累起来的。

10 年期间，三水县党的组织和队伍也有了进一步发展。党组织从 1956 年的 134 个（其中基层党委 7 个、党总支部 2 个、党支部 125 个）增加到 1965 年的 334 个（其中基层党委 13 个、党组 1 个、党总支部 15 个、党支部 305 个）。党员人数则从 1956 年的 2582 人增加到 1965 年的 5069 人。随着党员队伍的扩大、建设事业的不断发展，党的干部队伍也得到较好的培养和提高。10 年间，三水县的党员干部不断成长，成为各方面的骨干力量。

开展"农业学大寨""工业学大庆"运动
和彻底消灭血吸虫病（1966—1976 年）

一、"农业学大寨"

大寨是山西省昔阳县的一个小村庄，是农业合作化以后在全国山区建设中涌现出来的一个先进典型，曾经是以自力更生、艰苦奋斗、改天换地而被树立为全国农村的一面红旗。全国"农业学大寨"运动始于 20 世纪 60 年代前期，其实质内容是通过自力更生、艰苦奋斗发展农业生产。

三水县"农业学大寨"的步伐与全国各地基本上是一致的。1970 年之前，主要是着眼于确立大寨的劳动管理的模式；1970 年以后，进行大规模的农田水利基本建设，改良土壤，学习和推广先进的生产耕作技术与先进的生产管理经验。

三水县"农业学大寨"的内容，主要有以下五个方面：一是学习大寨大队一贯坚持政治挂帅、思想领先的原则，始终把活学活用毛泽东思想放在首位，不断用毛泽东思想教育人、改造人。二是学习大寨大队自力更生、艰苦奋斗的精神。三是学习大寨大队爱国家、爱集体的共产主义风格。四是学习大寨大队实行干部坚持参加集体劳动，永葆革命青春的制度。五是学习大寨大队民主评分的劳动管理制度。

1968 年，三水县在"农业学大寨"运动中推行生产大队核算，实行"政治评分"，割"资本主义尾巴"，限制社员经营自留地和家庭副业，取消农村集市贸易。当年 12 月，县革命委员会（简称"革委会"）政工、生产调查组《关于当前农村斗批改情况的调查报告》中，总结农村出现 10 项新鲜事物：一是变革核算单位，实行大队核算。二是合并生产大队，河口公社由 116 个大队并为 61 个，大塘公社由 184 个大队并为 126 个。三是改革分配制度，实行粮油、禾草供给或半供给，按需自报民主评议分配口粮。四是改革医疗卫生制度，113 个生产队实行合作医疗。五是改革社会福利事业，办托儿所、幼儿园，实行农村社员退休，实行 7 ～ 16 岁入学不收钱，理发、碾米、照明不收钱。六是改革经营管理制度，实行大寨式民主评分或社员自记工分。七是改革大小队干部报酬，取消工分补贴和加班加点工分，推行"突出政治，积极劳动，误工补工，自报评议"制度。八是改革社员私有制，社员开荒全部归集体，自留地从平均每人 6 厘减为 2.5 厘，每户从最多不超过 5 分减为 1.5 ～ 2 分，社员屋前屋后果树折价归集体所有。九是取消公有私养，实行集体养猪。十是卖"忠"字粮，超产粮油议价改牌价。1970 年 11 月召开的中共三水县第三次代表大会号召进一步开展"农业学大寨"的群众运动。1971 年 1 月，县革委会议提出"奋战两年，实现社社、队队是大寨，全县是昔阳"的号召。1972 年 5 月底至 6 月初，组织有县委常委、公社书记共 16 人的参观团，赴大寨参观学习。回县后于 6 月 21—23 日，召开有 1345 人参加的三级干部会议，号召全县人民自力更生、艰苦奋斗，大搞农田基本建设；全县各行各业都要大力支援"农业学大寨"。县委再次强调实行三级核算制度，县委办公室在（1972）13 号文件中指出："生产队规模以 30 ～ 40 户为宜，过大的、领导班子不强的可以调整。健全三级核算，以生产队为基础。"

"农业学大寨"运动对三水县"文化大革命"期间的农业生

产尤其是水利建设、粮食增产起到了促进作用。中共三水县委、县革委会带领全县农民群众开山造田造地、改造低塱涡地，把大量的人力、物力、财力投入农田水利基本建设中去。1974 年 10 月，中共三水县委成立了县农田基本建设指挥部，并组织了 9000 多人的农建专业队，首期整治大塱涡、高丰涡等 8 项工程。12 月，全县平均每天出动 6.8 万人参加冬季农田基建工程，占农村劳动力的 73%。540 名省属机关干部参加了治理大塱涡的劳动。是年，三水县开涌 74 条，总长 130 千米；筑围 31 条，总长 44 千米；整治渠道 873 条，总长 200 千米；筑山塘水库 57 个，全县的防洪、治涝、抗旱能力大大加强。三水县历史上较大的农田水利工程建设项目正是通过"农业学大寨"，依靠集体的力量去完成的。而一些农业基础设施项目的建成和投入使用，不仅对当时的农业生产发展发挥了重要作用，而且也为改革开放以后的农业现代化建设奠定了一定的基础。广大干部和群众在"农业学大寨"期间所表现出来的自力更生、艰苦奋斗、苦干实干的精神和爱国、爱家、爱集体的风格也值得肯定和赞扬。正是由于广大干部和群众在"农业学大寨"运动中以"敢教日月换新天"的英雄气概，以顽强的意志，战天斗地，开山治水，进行多次水利会战，才得以连续战胜了 1968 年三水历史上特大洪水和 1969 年特大干旱的自然灾害；同时，在"农业学大寨"中大搞科学种田，使三水县的粮食生产连年丰收。1969 年稻谷产量比 1968 年增长 5%。1970 年早造又比 1969 年同期增长 6.2%。1968 年和 1969 年三水县连续两年超额完成国家粮食任务。1969 年，全县平均每个农业人口交售 425 千克稻谷给国家，也是从这一年开始，三水县做到了食油、黄麻自给有余。1975 年，根据各省、市、自治区上报数字，全国有学大寨先进县 316 个，广东省有 11 个，三水县是其中之一。

　　三水县的"农业学大寨"运动当然也受到"左"倾路线的影响，但是在三水县委的领导下，并没有完全生搬硬套大寨和昔阳那一套"左"的做法，而是注重学习大寨自力更生、艰苦奋斗的精神，帮助人民群众树立战胜困难的信心，通过学习大寨精神，加强农田水利基本建设，推动农业生产的恢复和发展。1972年6月，三水县委召开三级干部会议，讨论有关农村经济政策及农田水利建设问题，明确指出农业学大寨的重点是把农田水利建设作为一项突出而重要的内容抓紧、抓好、抓出成效。

　　1975年9月15日，在全国"农业学大寨"会议上，中共中央向全党、全国人民发出"全党动员，大办农业，为普及大寨县而奋斗"的号召。1976年1月29日，中共三水县委、县革委会举行全体委员会议，讨论通过了《三水县两年建成大寨县规划》。按照该规划要求：1976年把范湖、乐平、大塘、白坭4个公社建成大寨社，1977年把三水建成大寨县；1976年实现粮食亩产540千克，1977年实现粮食亩产600千克；按农业人口计算，每人生产粮食1000千克，每人向国家贡献粮食400千克；1976年生猪饲养量每人1头，1977年每人1.2头；1976年甘蔗亩产3.5吨，花生亩产75千克；塘鱼、"三鸟"超历史；黄豆、黄麻、蚕桑等作物有较大幅度的增长。公社、大队的经济到1977年要翻两番。措施是：加强县委革命化建设，坚持党的基本路线；把干部参加集体生产劳动作为一件带根本性的大事来抓；因地制宜地积极发展和整顿社队企业，壮大集体经济等。

　　按照中共三水县委的要求，全县各行各业大力支援"农业学大寨"，以达到"苦战两年建成大寨县"的目标。工业部门办好"五小"（小农机、小水泥、小化肥、小钢铁、小煤矿）工业，为农业提供更多的农机、化肥和农药等；交通部门搞好运输工作和道路桥梁的建造及维修工作；财政部门在地方财政中安排大部分的资金用来支援农业，特别是帮助经济上有困难的社、队发展农业机械化，改善生产条件，使他们的集体生产和社员收入尽快达到或超过全县平均水平；物资和商业部门积极组织货源，保障各种生产资料和生活资料的供应；卫生部门做好计划生育工作，使部分妇女参加生产、工作的时间增多，同时大力发展合作医疗，培训赤脚医生。各单位和部门根据县委要求，抽调人员参加县委工作队，并且安排一定的时间，组织干部、群众参加农业生产劳动。县委、公社、大队干部同群众"三同"（同食、同住、同劳动），不分尊卑、不分阶层，一起奋斗。为了检查机关干部下乡参加生产劳动的情况，三水县委书记陈贤芳在干部下乡回来后逐个检验手掌生了多少厚茧，以此作为其参加农业生产劳动的分量多少、成绩多大的见证。各级工、青、妇等组织，在党的一元化领导下，充分发挥了各自为农支农的积极作用。

三水县的"农业学大寨"运动，在四个方面取得积极成效：

一是在"农业学大寨"的过程中，最大限度地集中了全县的人力、物力进行农田水利基本建设，改造低洼易涝低产田，极大地改变了三水县的农业生产条件，减少了旱涝灾害对农业生产的威胁，为以后农业生产的迅猛发展打下了坚实的基础。

二是粮食产量有较大幅度提高。1977 年，三水县水稻平均亩产为251.8 千克，比1965 年的194.4 千克增加57.4 千克，增幅达29.5%。

三是农业耕作技术有了进一步提高。20 世纪60 年代推广了以小科密植为重点的矮秆栽培技术，70 年代改进施肥技术，这些都对三水水稻产量的提高起了很大的作用。

四是培养了一大批农业技术人才。三水县在"农业学大寨"运动期间，健全了县农科所和公社农科站（畜牧站），建立了大队科研组、生产队科技小组，培养了大批农业技术人才，全县拥有了一支庞大的科研队伍，从而促进了农业生产的科学发展。

二、"工业学大庆"

大庆是"文化大革命"运动期间树立的全国工业战线的一面红旗。在20世纪60年代初的三年经济困难时期，以"铁人"王进喜为代表的石油工人发扬了"一不怕苦，二不怕死"的革命精神，自力更生，艰苦奋斗，战胜了外国的封锁，在不到3年时间里，建起了国内第一流的大庆油田，甩掉西方加在中国头上的"贫油国"帽子。大庆工人贯彻毛泽东制定的"鞍钢宪法"，在生产上建立起一套以"三老四严"（说老实话、办老实事、做老实人，严明纪律、严格要求、严格管理、严肃工作作风）为主要内容的管理制度，成为全国工业战线学习的榜样。1964年2月5日，中共中央发出通知，号召全国其他部门学习大庆油田的经验。2月13日，毛泽东发出"工业学大庆"的号召。"工业学大庆"运动很快在全国轰轰烈烈地开展起来。

在"工业学大庆"运动中，中共三水县委从实际出发，大力生产支农产品。1970年建成了设计年生产能力为5000吨合成氨、初期按3000吨生产能力投产的县氮肥厂，较好地解决了三水作为广东粮产区之一用肥短缺的困难，三水县农民从此用上了县内工厂生产的氮肥。接着，三水县委又大力开发地下资源，先后开办了煤矿、硫铁矿、石膏矿等矿场。1970年10月，土法上马，挖出原煤1100多吨，并于同年开办了新风煤矿。中共三水县委还加强了农机具的制造与生产，陆续办起了县农机一厂、二厂、三厂。

在"工业学大庆"运动中，三水县委带领广大干部、职工大搞技术革新，实行增产节约。1970年，县农机一厂独立生产柴油机，还生产了矿山用的小火车头和军工产品；县农机二厂则开始独立生产离心式水泵、糠磨、人工降雨机、小型收割机和50千瓦变压器等产品。

经过几年"工业学大庆"运动的开展,三水县呈现工业产量上升、名优产品增多的局面。全县水泥产量 1969 年仅为 3000 多吨,1970 年达到 6000 吨,1971 年上升至 2 万吨以上。不但生产出优质氮肥、磷肥,而且有了西南抽油、米酒、毛巾等远销国外的名优工业产品。"工业学大庆"运动的开展,有力地促进了三水县工业产值的增长。1970 年 10 月,三水县的工业产值比 1969 年同期增长 6.7%。

"工业学大庆"运动对提高三水县广大职工的思想觉悟,树立良好的精神面貌,提高企业的管理水平,推动三水工业生产的发展,起到一定作用,也较好地支援了农业生产发展。

三、消灭血吸虫病

尽管受到"文化大革命"的干扰,但三水县消灭血吸虫病的工作并没有停止。在疫区群众努力下,1966 年秋,疫区残存的钉螺分布面积减少了,仅发现芦苞有 966 平方米、范湖有 132 平方米、南边有 36 平方米。1966 年 12 月 4 日,六和公社组织"大战花鼓塱誓师大会",再次掀起血防水利消灭钉螺的高潮。

1968 年,三水县革命委员会成立后,血防工作逐步转入正轨。同年秋天,广东省革命委员会在大旺农场召开全省血防工作现场会,总结消灭血吸虫病的水(利)、垦(荒)、种(植)、灭(螺)、治(病)、管(粪)六字综合措施的经验,分析疫情并作出部署,要求尽快消除特大洪水灾痕,尽快消灭血吸虫病,改变疫区的面貌。省现场会后,三水县革命委员会组织 1 万多人的血防工作和水利建设大军,分赴六和、芦苞和迳口农场,加高培厚安乐围全堤段,开挖六和 8.3 千米的二级环山拦洪沟,进行迳口农场草塘围的堵口复堤和加固险段,施工持续了 4 个多月,完成土石 88 万立方米。

1969 年，毛泽东、周恩来过问血防工作。1970 年，中共中央发布 2 号、49 号文件，要求抓紧时机，力争在较短的时间内消灭血吸虫病。广东省革命委员会、佛山专区革命委员会以及三水县革命委员会都十分重视血防工作的开展，三水县成立了灭螺水利指挥部，县革委会主任蔡辉任指挥，佛山专区卫生局副局长万绍廉、三水县革委会副主任张志、常委何息、迳口农场党委书记朱士杰等任副指挥。灭螺水利指挥部编辑出版《灭螺水利战报》，鼓励三水人民搞好血防斗争。1969—1971 年，县委组织了 6 次万人大会战，有力地支援了重疫区六和公社和迳口农场消灭血吸虫病的斗争。1970 年秋，三水县秋前血防万人会战刚结束，中共广东省委领导寇庆延到三水疫区检查指导工作，对地处三水县内的国营迳口农场的血防任务繁重而劳动力又不足，进展缓慢的状况感到忧虑，指示三水县委必须抓紧战机，重点解决消灭钉螺的大问题。尽管当时秋收大忙在即，三水县委仍然按照省委领导的要求，顾全大局，作出动员全县劳动力再次会战草塘的决定。在短短的 3 天时间内，组织 1.4 万多人开赴迳口农场。县委书记蔡辉、县武装部政委张志深入大会战工地进行指挥；各公社、各部门领导也到迳口农场血防第一线，和群众一起风餐露宿，参与血防斗争。灭螺的群众遍布九龙岗麓及漫水河两岸，披荆斩棘、火烧铲埋，大举灭螺，百里工地上烟火弥漫，此灭彼烧。县委书记蔡辉目睹人民群众"纸船明烛烧瘟神"的动人战斗场面，写下了"兴师万众，挥戈草塘，火烧漫水河两岸，蔚为壮观，胜似当年火烧赤壁"，抒发心中感慨。3 年间，县委共组织推土机 75 台，投工 250 万人次，完成土石 380 万立方米，建成一批血防水利和灭螺的工程项目。

在消灭钉螺的同时，三水县委坚持做好对血吸虫病的检查和治疗工作，每年都对疫区居民进行粪检。1968—1974 年，全县共粪检 101167 人次，查出病人 5302 人次。对检出的病人，采取送入血防站、卫生院和下乡增设病房收治的办法进行治疗。上级卫生部门每年都组织医疗力量来三水县支援治疗病人，疫区的社队则做到有组织、有计划地安排开展治疗病者的工作。6 年时间内，全县共治疗血吸虫病患者 7078 人次。积极的措施、用心的治疗使血吸虫病患者显著减少，粪检阳性率从 1970 年的 9.1% 下降到 1974 年的 0.5%。全县粪管和防护工作采取优待或补助政策，得到进一步的发展。至 1974 年底，全县建三级无害化厕所的生产队达到 50.6%。

中共三水县委带领全县人民经过艰苦的斗争，血防工作取得可喜成果。1973 年秋季，在广州举行的秋季中国出口商品交易会上，国家对外介绍了包括三水县在内的广东草塘地区综合整治成功经验。此后，中共广东省委把三水县六和公社定为血防地区的对外开放点之一，先后有日本时事通讯社和朝日新闻社的记者、美国亚利桑那大学医学与公共卫生学院负责人，以及香港、澳门地区的记者共 20 多人前来参观采访。1973 年 11 月和 1974 年 10 月，中央血防工作办公室、中央血防检查团到六和疫区检查工作，进一步推动了三水县血防工作的进展。

1974 年 6 月 26 日，广东省宣布全省基本消灭血吸虫病，三水县消灭血吸虫病的大规模行动基本结束。

在基本消灭血吸虫病以后，中共广东省委要求继续抓好血防水利工程、查病治病、消灭钉螺及螺区荒地等三个歼灭战，提高和巩固血防工作的成果，彻底根除血吸虫病。1975 年，中共广东省委把血防地区的灭螺水利工程纳入农田基本建设工程的重点项目中，在财力、物力等方面给予优先安排。三水县革命委员会重点解决治涝问题，加固大堤，扩建蓄洪、拦洪、排涝工程，提高防洪标准，同时发展种植业。1975 年 5 月，中共广东省委决定在六和公社重疫区开展根除血吸虫病的试点工作。中共三水县委从卫生、宣传、科委、血防等部门抽派干部会同省血吸虫病防治所的医务人员共 21 人组成工作组，驻在六和大队展开工作。工作组不断探索、调查研究和实践，从"防、蓄、截、引、排"五个方面去完善血防水利工程，扩大血防水利工程的效益；结合农田基本建设，对原螺区排灌系统进行改造，平整土地，消灭荒地，对螺区孳生环境再次全面整治，创造良好的种植和养殖条件，提高复种指数，实现单造改种双造；对钉螺情况消长的分析，探索了以"群众性与专业队伍相结合，开展村庄、水系、耕区的全面查螺；运用同一季节反复查，增加查螺框的密度，提高落框选点质量；孳生环境改造彻底的一般地段普遍查，高螺区、环境复杂地段反复查，可疑地段、螺区毗邻地段重点查；改造螺区孳生环境，坚持种植和开展巩固性灭螺"等的基本消灭血吸虫病后查清灭净钉螺的方法，进一步探索研究了查清治好病人与新感染调查的技术方案。通过以上种种根除血吸虫病的探索、分析、研究、实践，六和的试点工作为全省提供了成功的经验。

　　1976 年春季，六和草塘地区、芦苞公社安乐围内全面种植水稻，实现了螺区草塘单造改双造，既发展了农业生产，又巩固了灭钉螺的成果。

第六节 在徘徊中前进（1976—1978 年）

一、平反冤假错案，落实各项政策

1978 年，中共广东省委、佛山地委要求各级党委充分认识抓紧落实党的干部政策、平反冤假错案的重要性，把这项工作列入议事日程，迅速建立工作班子，并确定 1 名负责人分管。根据省委、地委的部署，1978 年 2 月，中共三水县委成立了落实政策领导小组，由县委副书记张伯良负责，后增加了县委常委、县革委会副主任谢柏如专抓落实干部政策工作。

（一）平反冤假错案

落实政策的重点是对冤案、假案、错案的处理。中共三水县委要求抓好六个方面的工作：一是"文化大革命"期间非正常死亡干部职工的结论和善后工作；二是可以安排工作而未安排的干部；三是冤案、假案、错案的昭雪、平反、纠正工作；四是审干遗留问题；五是右派摘帽、安置、改正工作；六是落实知识分子政策，重点解决学非所用的调整安排。

在"文化大革命"中，三水全县审结的反革命案件 104 宗共 118 人。粉碎"四人帮"后，经复查，改判无罪的 76 人，免予刑事处分的 7 人，减轻刑罚的 5 人，改变犯罪性质的 6 人，维持原判的 24 人。冤案、假案、错案占 64.4%。因刘少奇冤案受牵连的案件 8 宗共 10 人，中共三水县委进行了再次复查，对冤判、错判的人分别给予平反昭雪，恢复名誉，并做好善后工作。对"文化大革命"前审结的有申诉的反革命案件和普通刑事案件，县委也组织力量进行了复查，其中反革命案件 15 宗共 16 人，复查后改判无罪的 9 人，免予刑事处分的 2 人，维持原判的 5 人。

"文化大革命"中，三水县中小学教师共有 121 人被立案处理。1972—1977 年经过三次复查，仍未彻底解决问题。1978 年，中共三水县委抽调专门人员组成专案组，对这些立案处理的教师再次进行深入细致的复查、甄别，这 121 人终于得到了正确处理，应复职的复职、应归队的归队、应补发工资的补发工资。三水县中小学校在平反冤假错案中，共补发工资 61860.3 元。对于在"文化大革命"中离开技术岗位的知识分子，县委提供条件，促其归队。对一些学非所用的技术人员，县委亦尽早吸收归队，做到人尽其才。

（二）落实党的干部政策

1978 年，三水县落实政策领导小组对全县在"文化大革命"中遭受揭发、被审查的 597 名干部，逐个进行复查，按照党的实事求是的原则，推倒一切不实之词，销毁所有材料，对被错斗、错戴各种政治帽子的 157 人进行了平反，恢复了名誉；对 1969 年 9 月清理回乡的 230 人和 1970 年"两退一插"（退职退休、插队落户）的 130 人，经过复查，重新复职复工复户，做好安置工作；25 名原作敌我矛盾处理的干部，改为人民内部矛盾；65 名原作开除处分的干部，改为其他处分或免予处分。按照政策规定，对于在"文化大革命"前和"文化大革命"中被否认、取消的私方人员干部身份的 4 人，恢复其干部身份。

对三水县革命委员会成立后先后两次被错误扣押监视的 25 名干部，给予平反。在落实党的干部政策中，中共三水县委把平反决定书分别送去或寄到他们本人手中和他们所属的单位，而且跟进追踪检查对他们的工作、生活安排情况，善始善终地做好善后工作。

（三）复查改正右派分子

1978 年 4 月，中共中央批准中央统战部、公安部《关于全部摘掉右派分子帽子的请示报告》。中共三水县委为此成立了摘掉右派分子帽子工作领导小组，负责右派分子的摘帽工作和摘帽后的安置工作。

根据中共中央批转的中组部、中宣部、统战部、公安部、民政部联合呈报的《贯彻中央关于全部摘掉右派分子帽子决定的实施方案》，三水县摘掉右派分子帽子工作领导小组经过大量的调查研究，对原划右派的事实进行逐条的复议，并对照中共中央确定的划右派分子的标准，进行重新定性，作出实事求是的结论。在 1957 年反右派斗争中，三水县所划的 136 名"右派分子"，经过县右派分子帽子工作领导小组的逐个审查，作出"均属于错划"的结论，1979 年初全部给予改正。按照党的政策，对已死亡的作困难补助或抚恤处理，对其余人员亦做好了安置工作。

（四）落实其他人员的政策

根据中共中央文件的精神，三水县委对全县 2598 名地主分子、富农分子、反革命分子和坏分子（简称"四类分子"），经群众依法进行审查评议，给已改造好的摘掉帽子（占"四类分子"总数的95.3%），给予农村人民公社社员的待遇。对借战备而强迫疏散回农村的干部群众，按政策把他们吸收回原单位。对广州、佛山等地流散到三水县的 1712 人，县委、县政府加紧和疏散单位联系，尽快送他们返回原地。其他诸如宗教政策、对工商业者的政策也都分别进行了落实。如对参加公私合营的 336 名私方人员进行了区别，重新划定为劳动人民的"三小"（小商、小贩、小手工艺者）人员241 人，占原工商业者总数的71.2%。

通过以上一系列冤假错案的平反，以及各项政策的落实，党的实事求是的优良传统逐步得到了恢复，不少消极因素被转化为积极因素，从而创造了安定团结、生动活泼的政治局面，调动了广大干部群众的积极性，推动了三水县国民经济和社会事业的逐步恢复和向前发展。

二、调整健全党政机构，恢复群众团体活动

（一）调整、健全党政机构

为了调整和整顿好党政机构，逐步恢复县级工作机构职能，中共三水县委报请广东省委和佛山地委批准，对县委常委班子进行了调整和充实。广东省委于 1976 年 10 月任命书记 1 人，12 月任命常委 1 人；1977 年 1 月任命副书记 1 人，10 月任命常委 2 人。县委的工作机构也得到恢复。1978 年 6 月、11 月、12 月，陆续恢复农村工作部、工交政治部、统战部，设立文教政治部。同年，恢复设立县人民检察院。

在恢复县委工作机构的同时，县政府工作机构也逐步恢复或设立。1975 年，设立社队企业管理局，恢复供销合作社。1976 年，将县第二工业局改称县第二轻工业局。1977 年，根据中共广东省委的决定，将农村手工业合作组划归公社管理，纳入公社体制，全县共划转企业 35 个，工业管理所 6 个，工作人员共 634 人；同年将县建筑工程局改称县基本建设局。1977 年 9 月 8 日，成立三水县爱国卫生运动委员会，与县除害灭病领导小组合署办公；9 月、11 月，先后成立三水县农业机械化领导小组、三水县护林防火指挥部；12 月，县委健全了县农田基本建设指挥部，并设有委员 10 人，下设办公室，办公室设正副主任各 1 名。1978 年 5 月，成立三水县控制社会集团购买力领导小组；11 月，根据广东省委《关于做好改革工资制度调查研究工作的通知》指示，成

立三水县工资改革委员会，下设办公室。

党政机构经过调整、整顿后，中共三水县委对全县干部进行了一次全面考核，根据每个干部的特长予以合理的使用。把有实践经验的中年干部提拔到各级领导岗位上来，改变领导班子骨干少而弱的状况；同时办好县委党校，有计划地抽调干部到党校学习，提高他们的理论水平和工作水平。

（二）恢复群众团体活动

在"文化大革命"期间，三水县各群众团体都遭到不同程度的破坏，不能正常开展工作。粉碎"四人帮"后，中共三水县委积极恢复共青团、妇联、工会、工商联团体的组织机构，健全这些组织的领导班子，充实工作人员，使它们的工作逐步得到正常开展。

"文化大革命"期间，工会组织机构瘫痪，直至1973年5月，才开始恢复县总工会建制。粉碎"四人帮"后，全县建立了6个局级工会，有专职干部6人，兼职工委81人，会员发展到18792人，占职工总数的73%。基层工会发展到149个，新发展会员4092人。

"文化大革命"中，共青团三水县委机关受到冲击，机构撤销，人员下放。1972年，重建团县委，团县委书记由县武装部副部长兼任。粉碎"四人帮"后，中共三水县委针对全县各级团组织存在组织不纯、思想不正等问题，开展了整顿工作。1976年，配备了17名基层团委专职干部，增设了西南钢铁厂团委。1977年11月，召开共青团三水县第八次代表大会，改选团县委领导班子。1978年，新建青岐公社团委。当年底，全县团总支部从1956年的23个发展至113个，全县团员由1956年的4502人发展到12468人。

1978年10月27日，经中共中央批准，共青团十届一中全会通过了《关于恢复中国少年先锋队名称的决议》，三水的红卫兵、红小兵组织随即被取消。同年底，全县 186 所中小学校全部恢复和建立了少年先锋队组织，共有少年先锋队队员 14565 人。

在工会和共青团组织调整、发展的同时，三水县的妇联组织也得到了加强和发展。在工作实践中培养和选拔妇女干部，使得优秀的妇女人才分别进入各级党政领导班子。1976 年，在三水县的妇女干部中，任县委常委 1 人，公社党委书记 1 人、副书记 4 人、党委常委 6 人，大队党支部副书记 8 人、党支委 116 人，生产队正队长 30 人、副队长 801 人。

三水县委还通过各级妇联积极组织城乡广大妇女参加社会主义建设，开展社会主义劳动竞赛。妇女们充分发挥聪明才智，用勤劳的双手创造财富，促进社会发展，真正起到了"半边天"的作用。她们中不少人加入了共青团、共产党，还涌现了一批令人敬仰的先进人物。1976 年，全县妇女团员总数 5634 人，1977 年 6275 人，1978 年 6495 人；妇女党员总数从 1976 年 1477 人、1977 年 1571 人增加到 1978 年 1595 人。1976 年、1977 年、1978 年，全县先进妇女代表人物分别为 365 人、401 人、316 人。

1977 年，三水县成立了托幼工作领导小组，加强了对托幼工作的领导。1978 年，三水县办起幼儿园 226 所，入园幼儿 9363 人，入园率达到 46.2%；办起托儿所 134 所，入托幼儿 1498 人，入托率达到 42%。

三、国民经济的恢复和发展

（一）工业和交通业的恢复和发展

粉碎"四人帮"后，中共三水县委在深入开展"揭、批、查"工作的同时，抓住有利时机，带领全县人民大力进行恢复生产、发展经济的工作，促使三水县在"文化大革命"时期停滞不前的国民经济逐步得以恢复和发展。

1976 年，南边 110 千伏输变电工程竣工并投产通电。同年，县邮电部门干部、职工奋战 116 天，完成了西南至大塘 39.6 千米电话线路的改造工程。1977 年，埗街水泥厂筹建并动工。

1978 年底，全县镇办以上工业企业 198 家，比 1976 年增加 18 家，其中全民所有制 48 家，集体所有制 150 家；职工 11093 人，比 1976 年增加 740 人。主要工业产品产量有了明显增长，其中，食油 1146 吨，增长 51.6%；食糖 2806 吨，增长 147.6%；饮料和酒 787 吨，增长 4.7%；碾米机 159 台，增长 35.9%；硫铁矿 32782 吨，增长 13.3%；水泥 22277 吨，增长 14.2%；电动脱粒机 100 台，比"文化大革命"期间工人们抵制林彪、"四人帮"干扰和破坏断断续续生产的 21 台增加了 79 台。

"文化大革命"结束后，广大农村群众渴望脱贫致富，创办社队企业的热情日益高涨。为此，县委积极加以领导和支持，推动全县社队企业快速发展。1978 年，全县镇办和村办企业共有 595 家，比 1976 年增加了 51 家，其中社办企业 170 家，队办企业 425 家，企业从业人员合计达 8641 人。社队企业日渐成为三水农村经济崛起的生力军。

随着工农业生产的逐步恢复和发展，交通运输的建设被提上了中共三水县委的重要议事日程。在恢复和发展交通运输业中，县委重点加强了县内公路和运输工具的建设。1977 年，省养公路广海北线全段路基拓宽至 12 米，塘九公路完成上东鲁、花果山、南边圩口路段改线降坡工程。1977—1978 年两年间，三水县地方公路发展到 288.8 千米，共修筑机耕道 1178 条，总长 1502.2 千米。机耕道路线平直，与省养公路、乡镇公路相通，可以行使手扶拖拉机及小型面包车、货车等。1978 年，三水县交通系统运输工具的拥有总量为 585 辆（艘），其中客车 15 辆，货车 19 辆，内河运输工具 551 艘。与 1976 年相比，全县陆路运输货运量 320525 吨，增长 10.5%；水路运输货运量 687971 吨，增长 14.3%。

（二）农业经济逐步好转

粉碎"四人帮"后，中共三水县委贯彻执行以农业为基础的方针，落实农村各项政策，采取各种措施，促使农业经济得以逐步好转。

一是把主要人力、物力、财力用在发展农业上面。要求工交、财贸等各部门把支援社队企业发展看作是一项重要任务认真完成，制订出支农和减轻生产队负担的措施，从技术、设备、原材料等方面给予社队大力支持。各公社也加强了对穷队的领导，采取有力措施帮助穷队发展生产，真正改变面貌。

二是大力发展多种经营。中共三水县委贯彻执行农林牧副渔并举和"以粮为纲，全面发展，因地制宜，适当集中"的方针，在抓好粮食生产的同时，大力发展多种经营和副业生产。根据全县的实际情况，县委调整了甘蔗的种植面积，调整花生、塘鱼的上调任务。各生产队在完成国家下达的种植计划、保证"五粮"（水稻、番薯、木薯、玉米、花生）按计划种植的前提下，大力开展多种经营。1978 年与 1976 年相比，全县生猪饲养量 310583 头，增长 14.8%；"三鸟"饲养量为 155.1 万只，增长 23.2%；淡水养殖总产量 2477 吨，增长 28.1%。大塘公社到庄生产队大办石灰厂，获得全面增产增收，社员人均分配 755 元，每个劳动力 2232 元，每个农户 4279 元，其中 9 户人家收入超 6000 元。

三是大搞农田基本建设。中共三水县委在稳定和壮大农田基本建设的基础上，把农田基本建设的主攻方向，放在耕地保护、肥料管理和高标准的水利建设等方面。

通过中共三水县委带领全县干部、群众在两年时间里辛勤努力，三水县的工农业生产有了较大的发展。1978 年，三水县社会总产值 20418 万元（1980 年不变价，下同），国内生产总值 9696 万元，比 1976 年分别增长 13.6% 和 12.9%。工农业总产值 16919 万元，增长 12.9%。其中，工业总产值 7851 万元，农业总产值 9068 万元，分别增长 25.5% 和 3.8%。粮食总产量 179791 吨，亩产 212.1 千克。人均国民收入 281 元，增长 8.9%，其中职工人均收入 516 元，农村人均收入 148.4 元。财政收入达 1176.3 万元，增长 28.6%。

四、各项社会事业的恢复、完善和发展

（一）科技事业的恢复和发展

1977 年 9 月 18 日，中共中央发出《关于召开全国科学大会的通知》，中共三水县委积极贯彻落实《关于召开全国科学大会的通知》提出的"四个现代化关键是科学技术现代化""向科学技术现代化进军"的精神和要求，努力把科学技术搞上去。在贯彻、落实《关于召开全国科学大会的通知》的同时，"文化大革命"中被停止了活动的三水县科学技术协会及其属下学会先后恢复活动，陆续复办，重新登记会员，并陆续成立了建筑、中华医学、农机、畜牧兽医等学会。根据《关于召开全国科学大会的通知》"应当恢复技术职称，建立考核制度，实行技术岗位责任制"的要求，1978 年底开始，中共三水县委对 1967 年以前中专学校毕业以上学历，一直从事技术工作的科技干部，进行了套改和评定职称。

农村四级科技网络得到进一步巩固和发展。至 1978 年底，中共三水县委恢复、健全了农业科学研究所，建立了农业机械研究所、生物化学研究所。各公社都建立了农科所（站）；113 个生产大队建立了科研组，占生产大队总数的 89%；745 个生产队建立了科研小组，占生产队总数的 60%；各生产队都配备了农民技术

员。各农业科学研究站（所、组）都有专供进行科学实验的土地和相应的生产资料及资金，使得四级农科网得到较好的恢复和发展。

科普知识得到较好的普及。1976 年 11 月，三水县地震办公室成立后，进行防震知识的宣传、普及，推广群测群防，指导和组织群众开展地震科研活动。

随着科研机构、科技网络的逐步恢复、健全和发展，进行科学研究的条件不断改善，科技工作者积极性不断提高，使三水县有了一些科研成果。1976 年，河口公社黄竹坑大队科技小组建立二级单株留种田制度，提纯青二矮、二白矮、桂朝 2 号、七四一4 个优良的品种，稻谷年亩产达 700 千克，成为三水县高产单位之一。三水县人民医院在开展探索颅脑外科手术，如脑脓肿钻颅探查、开颅探查血肿清除等方面，都获得了成功。1978 年，三水县农业机械研究所研制的水稻中耕机参加全国水稻机动中耕技术交流会，获得一致好评。同年，西南钢铁厂的水煤气竖炉冶炼海绵铁项目获国家科学大会奖。

（二）教育事业的恢复和发展

1976 年粉碎"四人帮"以后，中共三水县委领导全县中小学师生员工，拨乱反正，清除"文化大革命"恶果和流毒，做了大量的工作，开创了教育事业的新局面。

首先，通过批判"四人帮"的所谓"教育革命"经验，中共三水县委明确提出了要全面理解、贯彻党的教育方针和知识分子政策，解除套在学校干部和教师身上的精神枷锁；要恢复正常的教学秩序，调动教师的积极性，加强教师队伍的管理，提高教师的政治地位和生活待遇；要系统传授文化基础知识，加强思想教育，加强体育锻炼，教育和培养中小学学生沿着德、智、体全面发展的一代新人的目标前进。

其次，恢复和建立正常的领导体制和教学秩序。根据全国教育会议精神和教育部重新颁发的全日制中小学暂行条例的要求，1977 年，全国恢复了统一考试、择优录取的高等学校招生制度后，三水县各中学亦实行统一考试、择优录取的招生办法。1977 年 6 月，全县有 7200 多人参加了入学考试，盛况空前。经过考试，有 40 人被大学（包括大专）录取，110 人被中专录取。同年，中共三水县委确定三水中学为县的重点中学，西南镇第一小学等 5 所小学为县的重点小学。以教学为中心的正常教学秩序的建立，三水县中小学的教育质量逐步得到提高。1978 年，三水被大、中专录取的人数有所增加，被大学（大专）录取的 41 人，被中专录取的 150 人，比 1977 年增加了 36.36%。1978 年 8 月 16 日，中共三水县委发出了《关于加强中小学领导和教师队伍管理工作的意见》，提出中学实行党支部领导下的校长分工负责制，小学实行校长负责制，直属中学成立党支部，隶属县机关党委领导；各公社中学，具备建立党支部条件的，则成立党支部；不具备建立党支部条件的，则与小学联合成立党支部，各学校党支部隶属于当地公社（镇、场）党委领导；按干部管理权限管理学校干部，公办教师统一由县教育局管理；保证教师有六分之五的时间从事教学工作；加强民办教师管理，改善民办教师待遇。同时，吸收教育战线上的优秀知识分子加入中国共产党组织，1976 年，全县教育系统有中共党员 191 人，1978 年发展到 218 人。

最后，执行"调整、改革、整顿、提高"的方针，调整学制，调整教育事业。1975 年，全县有小学 160 所，1976 年增加到 165 所，1977 年增加到 171 所。1976 年起，三水县恢复中师函授。1977 年，华南师范学院在三水县进修学校开办师专函授班。1977 年 8 月，三水县"五七"农业大学创办，三水县农机一厂、总工会、氮肥厂、西南镇元件厂等分别办起"七·二一"工人大学、马列主义工人大学等。1978 年开始，中共三水县委将全县初中二年制分期分批改为三年制，继后，直属普通高中亦由二年制改为三年制。针对中学发展过快，布点过多，财力、人力、物力有限的状况，又对全县普教事业进行全面调整，着手摘掉小学戴初中的帽子，实施相对集中的联办初中，同时压缩普通高中，进行高中结构的改革。1977 年，全县中学专任教师 230 人，1978 年压缩到 201 人；1977 年，全县小学专任教师 1193 人，1978 年增加到 1226 人。

通过拨乱反正，教学秩序的恢复和建立，学校调整和整顿等一系列工作的展开，三水县的教育事业在"文化大革命"结束后得以逐步恢复发展。1978 年，根据全县有 9 个沿江公社（镇）上万名水上居民，1500 多名学龄儿童，入学率不足 50% 的情况，县委责成教育部门采取一校注册沿江就读、设立流动教学点、随到随教等办法，使得水上适龄儿童入学率达到 90%。1977 年，三水县委成立了托幼工作领导小组，组织县教育局与县妇联联合开展幼师培训工作，帮助金本、白坭、南边、六和、迳口等公社（场）办起了托幼组织。当年，全县办起幼儿园 146 所，在园幼儿达 4058 人。1978 年，贯彻国务院《关于扫除文盲的指示》。之后，中共三水县委成立了工农教育委员会，社队成立工农教育领导机构，采取办脱产班、半脱产班、业余识字班、包教包学组、送学上门等多种形式，并采用速成识字法教学的方法进行扫盲，扫盲结束的地方相继办起了业余高小班、初中班。这些工作的开展，使全县较好地完成了扫盲任务。此后两年内，全县 14 个公社（镇、场）有 13 个达到基本无盲单位的要求，占单位总数的 92.9%；203 个大队有 195 个大队经考核验收实现了基本无文盲大队，占大队总数的 96%。全县达到了基本无文盲的要求。

（三）卫生事业的完善和发展

"文化大革命"结束后，三水县的卫生事业经过拨乱反正，走上了稳步发展的道路。1976—1978年两年中，三水县各级医疗卫生和防疫机构逐步健全与完善；对卫生技术人才和防疫员进行了培训，医疗水平不断提高；以除害灭病为中心的爱国卫生运动深入开展，各种传染病得到积极防治；预防接种、计划免疫以及其他综合性防治措施的落实，使得流行疫病得到控制和消灭。

根据三水县农村人口占绝对多数的实际，中共三水县委提出要继续坚持把医疗卫生工作的重点放到农村去，要求各级党委加强对医疗卫生工作的领导，办好县、社两级医院，巩固和发展农村合作医疗事业，建设好赤脚医生队伍，提高赤脚医生的医疗水平。中共三水县委做好四个方面的工作：一是切实加强领导。县、公社、大队都分工一名领导兼管医疗卫生工作，把它列入党委（支部）的议事日程。二是大办合作医疗。全县11个公社（区、镇）都建立了合作医疗制度。1976年，全县有大队合作医疗站132个，1978年增加到168个。三是致力于办好县、社两级医院。1977年，三水县防疫站与县慢性病防治站分设，并充实两站的人员。1978年，中共三水县委将三水县人民医院的名称恢复，并实行了院长负责制。同年，由县革命委员会划拨经费，为三水县人民医院新建1座4层、建筑面积为3628.3平方米的门诊大楼。门诊大楼建成后，大大方便了群众就医看病，门诊人数有较大增加，门诊总量和平均日门诊量从1977年的205624人次、563人次增加到1978年的212104人次、581人次。四是认真抓好了赤脚医生队伍的建设和培训工作。全县农村赤脚医生、卫生员和接生员从1976年的1336人增加到1978年的1642人，其中赤脚医生从323人增加到373人。县卫生局及各公社卫生院做好对他们的培训工作，教育他们树立全心全意为人民服务的思想，刻苦钻研业务，不断提高医疗技术。

　　为了抓好传染病的防治，中共三水县委坚持"预防为主"的方针，开展了以除害灭病为中心的爱国卫生运动。1977 年 9 月，中共三水县委重新成立了县爱国卫生运动委员会，由县委副书记黄延秋任主任委员，下设办公室负责日常工作。县委要求党委挂帅，全民动员，除"四害"，搞卫生，建立和健全各级爱国卫生组织，订立卫生制度和卫生公约，开展卫生竞赛。同时，进一步加强防疫力量，克服"重治轻防"的思想，健全县、公社、大队、生产队四级卫生防疫网络，大力消灭地方病。在 1974 年基本消灭血吸虫病之后，按照中共广东省委的要求，中共三水县委于1976—1978 年间，继续抓好血防水利工程、查病治病和消灭钉螺及螺区荒地等三个方面的工作，提高和巩固血防的成果，以实现根除血吸虫病的目标。广东省先后于 1976 年 8 月、1977 年 3 月在六和公社召开全省血防疫区卫生院长会议、血防站长会议。上海电影制片厂于 1978 年 4 月到六和公社拍摄血防纪录片。是年，三水县血防工作成果受到广东省科技大会奖励。1978 年，三水县开始为全县 15 岁以下儿童实现计划免疫，规定儿童单苗接种率达到95％以上。

　　中共三水县委、县革命委员会还十分重视加强对计划生育工作的领导，成立了县计划生育办公室，充实了计划生育办公室的力量，并要求各公社（镇）迅速建立和健全计划生育领导小组，配备专职计划生育人员。同时，建立了县计划生育技术指导组，指导解决开展计划生育工作中出现的各种疑难问题，提高节育手术的质量。

　　（四）文化事业的恢复和发展

　　"文化大革命"结束后，三水县紧密配合党的各项中心工作，采取各种措施，繁荣文化艺术，推动全县文化艺术事业向前发展。

首先，加强电影戏剧的管理。1977 年 7 月，国务院批转了国家计委、文化部、财政部《关于加强电影戏剧管理工作的报告》，要求各地把有条件开放的各类场地都利用起来，增加对外营业的演出和放映场次。根据这一精神，中共三水县委要求县文化主管部门认真加强对县粤剧团演出活动和对影剧院电影放映的管理工作。在文化主管部门领导下，1978 年及此前的一段时间内，县粤剧团创作、演出了《青山红柳》《婚事》《莲塘风雨》《工地红花》《春华长在》等新剧目，并取得了成功。其中，《春华长在》参加广东省粤剧调演，获得好评，被列为广东省五个重点经营的剧目之一，该剧还获得佛山地区最佳剧目奖、最佳表演奖、最佳导演奖、最佳音乐奖、最佳舞台美术奖。1968 年解散、1969 年重新成立的三水县电影管理站，在 1976—1978 年间，领导全县 13 间电影院、4 个放映队开展好电影放映活动。增加放映场次，增设放映场地，以满足广大城乡群众经历了"文化大革命"单调、枯燥的文化生活后，精神文化生活的迫切需求。随着"文化大革命"前拍摄的大批电影解禁及恢复上映，三水城乡出现了万人争看电影的景象，影剧院、放映场点常常爆满。在广大人民群众精神文化生活得到大大丰富的同时，影剧院、放映队的收入也大大增加。

其次，恢复和建立各类文化基础设施，组织开展群众性的文化活动。在县文化局和各公社（镇）革委会领导下，全县 11 个文化站积极组织和开展群众文化活动。河口公社的 14 个大队及圩镇中，建立起文化室 27 间、图书室 14 间、电视室 12 间。成立了农村业余文艺宣传队，队员 501 人；中、小学业余文艺宣传队 12 队，队员 327 人；歌咏队 25 队，队员 716 人；醒狮队 15 队，队员 225 人；武术队 3 队，队员 56 人。还建起了 5 个文艺创作组和 98 所政治夜校。在公社党委重视下，文艺骨干们以政治夜校、文化室为阵地，配合党的中心工作，坚持开展图书阅览、电视观看、宣传队演出和武术队表演，举办电影放映、歌咏会、文艺汇演、交流演出、游园会、赛狮会、龙舟竞渡等多种形式的群众性文化活动，让社会主义思想牢牢占领农村文化阵地。通过县、社党委的努力，三水县的各类文化基础设施得到逐步恢复和建立。1976年，在全国中小学课本恢复出版发行，各种升学指导丛书和复习资料陆续出版中，县新华书店恢复并认真做好了课本和丛书、资料的供应工作。同年，县、社广播站推广"零线"广播入户，使全县喇叭增至 1.86 万个，是三水县在中华人民共和国成立以来安装广播喇叭最多的一年。县、社广播站还抓好广播线路设施建设，至 1978 年 12 月，全县广播专线达 1029 千米，通广播生产队达到1156 个。除青岐、六和、金本、白坭 4 个因江河阻隔难以架设专线的公社外，其余公社均实现了县至公社广播的专线亿。1978 年初，县文化馆扩大了图书阅览室，并且实行对外开放。是年 12 月，县图书馆成立，并与文化馆分家。

中共三水县委还积极鼓励业余文艺创作。1976—1978 年间，县委召开了有关文艺创作的会议，恢复出版了不定期的文艺刊物《三水文艺》，从而较好地推动了全县业余文艺创作活动的开展。在欢庆粉碎"四人帮"活动中，河口公社红城大队、青龙岗宣传队、白沙知青场自编自演了歌舞《欢庆伟大的胜利》、活动剧《擒魔记》、双簧《红青自叹》等文艺节目，很好地鼓舞和教育了群众。

（五）体育事业的完善和发展

1976—1978 年，在中共三水县委的领导和推动下，三水县群众性体育活动逐步完善和发展，体育竞技水平不断提高，体育事业开始步入兴旺时期。

1976 年，三水县举办中小学生田径运动会、知识青年运动会、中小学体育教师学习班。1977 年，举办了县中学生运动会、县第六届运动会。1977 年 9 月、10 月，三水县先后承办了佛山地区和广东省武术比赛。1978 年，三水县总工会举办了第五届职工运动会。

1976 年 10 月至 1978 年，中共三水县委根据中共中央、广东省委、佛山地委的要求和部署，对各级党组织进行了政治思想领域的初步拨乱反正和组织整顿，纠正了"文化大革命"中的一些错误思想和错误做法，使得全县各项工作逐步走上正轨，国民经济得到一定的恢复和发展。但是，由于受到"两个凡是"观点的影响，"文化大革命"中的一些"左"的理论和方针仍在继续坚持，"文化大革命"中的一些错误提法和做法还在继续沿用，影响了人们的思想解放和各项事业的进一步发展。随着中共十一届三中全会的召开，以及"真理标准大讨论"在三水县的深入开展，广大干部群众的思想得到进一步解放，三水县的国民经济和各项社会事业进入了一个新的发展阶段。从"以阶级斗争为纲"到以经济建设为中心、从僵化半僵化到全面改革、从封闭半封闭到对外开放的历史性转变即将在三水县出现。

第六章

改革开放与现代化建设时期

启航篇（1978—1990年）

1978年12月13日，中共十一届三中全会召开，开启了改革开放历史新时期。党在中华人民共和国成立以来历史上具有深远意义的伟大转折是以这次全会为开端的。党在思想、政治、组织等领域的全面拨乱反正，是从这次全会开始的。伟大的社会主义改革开放，是由这次全会揭开序幕和开始起步的。建设中国特色社会主义的新道路，是以这次全会为起点开辟的。指导改革开放和社会主义现代化建设的强大理论武器——邓小平理论，是在这次全会前后开始逐步形成和发展起来的。党的十一届三中全会标志着中国从此进入了改革开放和社会主义现代化建设的历史新时期，中国共产党从此开始了建设中国特色社会主义的新探索。

中国人民面貌的历史性变化，最根本的就是在党的十一届三中全会重新确立的解放思想、实事求是的思想路线指引下，冲破了长期禁锢人们思想的许多旧观念，摆脱了许多思想上的枷锁和禁锢，振奋起伟大的革新创造精神、开拓进取精神、实干兴邦精神，激发出空前的积极性、主动性、创造性，创造出举世瞩目的发展成就。

一、传统农业向现代农业转变

三水县向以粮食生产为主，以鱼米之乡的传统农业著称，改革开放前一直是一个落后、贫困的县份。改革开放之初，中共三水县委、县人民政府贯彻中共中央的农村经济体制改革、调整农村生产关系、推行生产责任制的政策，认真抓好解放农村生产力、调整生产布局、发展农村商品经济、发展专业户和各种经济联合体，以及全面推行家庭联产承包责任制、大办乡镇企业、开展多种经营等一系列工作，踏上了传统农业向现代农业转变的征程，形成了一个多层次的、全面发展的农村经济新格局。

（一）实行家庭联产承包责任制，解放农村生产力

自 1982 年开始，三水实行家庭联产承包责任制，拉开了三水农村改革的序幕。至 1985 年底，全县 1464 个生产队全部实现包产到户。家庭联产承包责任制的实施，充分调动了农民积极性，解放了农村生产力。1982 年，全县农民人均纯收入 487 元，1990 年增长到 1388 元，增长 2.8 倍。农民收入的大幅度提高，有力地证明了农村改革的成功。而多种形式的生产责任制也使劳动效率大为提高，不同程度地促进了农业生产的发展，创造出以往无可比拟的财富。与 1978 年相比，1990 年三水县的农业总产值 1.746 亿元，增长 92.5%，粮食单产 376 千克，增长 61.7%，总产与单产均超过历史的最高水平。

（二）调整农业生产结构和布局，迅速发展农村商品经济

改革开放前 12 年，中共三水县委、县人民政府重点围绕农村经济体制改革，从两方面做好农村工作。一是调整农业生产布局，把不适宜种水稻的低洼地、鸡乸田、高旱地或山坑低产地挖成鱼塘或改种甘蔗和其他经济作物。二是调整农业生产结构，大搞开放性农业，大力发展农村商品经济。经过 12 年的努力，到 20 世纪 80 年代末，三水农村基本形成了粮食种植、经济作物（以蔬菜为主）种植和塘鱼养殖各占 1/3 的格局。并初步形成农业、林业、副业、渔业、工商业、运输业、建筑业、服务业以及镇办企业、村办企业、联合社、个体户多层次全面发展的农村经济局面。

1989 年，全县造林 18 万亩，基本消灭荒山，林业资源生长量大于消耗量，改善了生产和生态环境。1990 年，全县农村三级经济总收入 129674 万元，各业产值和收入都有不同程度的增长。从事二、三产业人员已达到 6 万多人，占农村劳动力的 50% 以上，大大地提高了产品的商品率。三水县的农业逐步从传统自然经济向现代商品经济转变。

（三）乡镇企业异军突起，农村经济结构发生变化

党的十一届三中全会后，随着工作的重点转移到经济建设上来，乡镇企业迅速崛起并不断发展壮大，成为农村经济的重要支柱、国家财政收入新的来源和国营企业的重要补充，出现了镇办、村办、联合、个体、三资联营等灵活多样的经济类型企业。其发展模式：一是从本地实际出发，发挥各自优势，大力发展水泥、陶瓷、烧砖等工业项目。河口镇在原有基础上扩大水泥生产，大塘、南边、青岐建起年产 10 万吨的水泥厂。这些镇的水泥项目的完成，使三水县水泥的年产能力从 70 万吨增至 100 万吨。二是发挥三水地处经济开放区的优势，突破"三就地""四服务"的旧框框，兴建一批规模较大、技术水平较高、产品适销对路、效益较好的新项目，形成了大塘制鞋、白坭纺织、六和建材等各具特色的工业群体。这些新兴的工业项目联结原有企业，产生新的经济效益和强大辐射力、吸引力，推动整个农村经济高涨，引起农村产业结构、生产要素的新变化和新组合。一批农业企业家应运而生，成为工业专业户并先富起来。蓬勃发展的镇村企业日渐壮大成为农村经济的重要支柱和国民经济的重要组成部分。1989 年，三水县镇村企业 4000 多家，就业人员 4 万多人，占全县农村总劳力 30% 以上。镇村企业总收入 8.65 亿元，占全县农村经济收入 66.4%；镇村企业总产值 6.5 亿元，占全县工农业总产值 37.4%，其中工业总产值 5.13 亿元，占全县工业总产值 32.6%。

（四）专业户、重点户应运而生，成为农村新生产力的代表

随着农村多种经营的开展和联产承包责任制的建立，三水县农村出现了大批包括承包专业户和自营专业户在内的专业户、重点户。这些专业户、重点户和新经济联合体是农业专业化生产的雏形，是改革开放后农村新生产力的代表，具有劳动生产率高、土地利用率高、产品商品率高的特点。中共三水县委、县人民政府对他们给予"政治上鼓励，经济上支持、技术上帮助、法律上保护"的扶持政策，帮助他们解决经营市场信息不灵、科学技术不足、流通渠道不畅等困难，引导其扩大生产规模、实行集约经营、提高经济效益。其中，较有代表性的承包专业户为乐平镇南岗村农民陈奇勋，自 1985 年起他承包了本村边远瘦瘠的 148 亩"鸡乸田"，动员全家 6 个劳动力扎根田头、艰苦奋战，聘请农科部门专业人员当顾问，实行科学种田，使水稻亩产年年提高。他想方设法添置农业机械，提高劳动生产率，到 1988 年，他所承包的"鸡乸田"由原来亩产 338 千克提高到 628.2 千克。承包后，每年除交纳公粮 2.9 万千克外，余粮全部坚持出售给国家，同时，他不为粮食涨价和粮贩上门高价收购所动摇，连续 8 年售给国家粮食共 67 万千克，受到政府的奖励。1988 年被评为全国售粮模范，同年 9 月成为全国劳动模范。

二、农业县向工业县转化

改革开放前，三水县以农业生产为主，工业基础十分薄弱。1978 年农业总产值占工农业总产值的 60% 以上，改革开放之初，工业经济发展步伐很慢，直至 1983 年工业产值也只占 45%。工兴促农盛，农盛保工兴，为改变落后状态，中共三水县委、县人民政府认真贯彻党的改革开放、搞活经济的方针政策，调整发展思路和布局，由过去单纯注重农业而忽视工业的倾向，转变为总

揽经济全局，在决不放松农业生产的同时，大力发展工业生产和支柱产业。12 年来，中共三水县委、县人民政府狠抓改革、挖潜、调整、创优等工作，让三水由农业县向现代工业县转变，力促工业落后状态早日改变。

（一）完善企业承包经营责任制

12 年来，中共三水县委、县人民政府逐步完善企业的承包经营责任制。至 20 世纪 80 年代末，224 户县镇属企业根据自身特点，分别建立和完善了经营责任制，其中实行核定基数承包经营占 40.7%，实行租赁经营占 14.6%。在实行承包经营责任制基础上，把承包经营责任制同推行厂长责任制和厂长任期目标责任制结合起来，把经营效益与劳动者的切身利益挂钩，理顺企业内部的分配关系。1984 年，三水开始改革劳动用工制度，涉及国营企业招聘、待业保险和辞退等，企业开始实行职工劳动合同聘用制，打破"铁饭碗"，从而提高工人生产的积极性，使工厂产量大幅提升，企业焕发活力。政府及职能部门进一步下放权力，转变职能，搞好服务，为企业的发展创造更宽松的外部环境，从而有效地提高了企业的应变能力和发展能力，促进了企业行为的优化。

（二）狠抓企业技改挖潜

中共三水县委、县人民政府采取纵向挂钩、横向联合、外引内联的办法，以纺织、建材和饮料三大主要行业及其主要产品为重点，狠抓企业的技改挖潜，实行两头伸展、深度开发，扩大效益，加快农业县向工业县的转变。通过加强领导、制定鼓励措施，推进营销，引导企业按市场需要调整产品结构，增加适销对路的产品，扩大工业产品的市场覆盖面和占有率。至 1990 年，完成县属的 2 万锭环锭纺、织造厂、染整厂以及镇、村所属的棉纺、水泥等一批工业生产项目的技改任务。经过努力和一系列的技改挖潜，促进了企业效益大大提高，初步形成了以食品饮料、建材和纺织为主的三大支柱产业。1990 年，健力宝厂、强力啤酒厂、三鹿水泥厂和埠街水泥厂实现税利超千万元。其中健力宝厂达 2258 万元。1984 年 7 月问世的健力宝饮料，凭借其在该年洛杉矶奥运会被誉为"中国魔水"而走红全国，使健力宝厂于 1987 年成为三水首家产值超亿元的企业。此后 15 年里，健力宝饮料一直成为"民族饮料"第一品牌，几乎囊括了 1991—1996 年全国饮料业产量、销量、利税、利润的所有第一名。而其创始人李经纬也被视为行业领导，被称作过渡性体制的试验者。

（三）促进企业产品创优提升

12 年来，中共三水县委、县人民政府落实以产品质量为中心、以节能降耗为内容等基础管理工作措施，不断增加新的工业投入，发展新产品，改造老企业，从而使全县工业内涵不断扩大，外延不断延伸，企业素质迅速提高。健力宝运动饮料厂、西南无线电元件厂、三鹿水泥厂等 14 家企业先后被评为国家二级企业和省级先进企业，标志三水县企业升级取得重要进展。1986—1990 年，三水县共创省优以上产品 29 个。1987 年，河口水泥厂"桥牌"水泥、县二轻塑料厂"影春"牌童椅荣获省优产品称号，实现三水县农村镇以下工业和二轻集体工业省优产品零的突破。工业产品新花式、新品种的增加和质量的提高，为三水工业产品出口的大幅度增长提供了货源。1988 年，三水涌现产值超亿元的企业有健力宝厂、强力啤酒厂、西南无线电元件厂。1990 年，三水县优质产品产值占全县工业总产值的30.3％，工业出口产品产值占工业总产值的23％。1990 年，全县实现工业总产值 17.87 亿元，是 1978 年的 22.8 倍，占当年全县工农业总产值的91％。工业在三水县国民经济中已居主导地位，工业县基础初步奠定。

三、经济转型

（一）内向型经济向外向型经济转变

改革开放前，三水县和全国各地一样，长期处于保守、封闭的状态。改革开放后，门户敞开。中共三水县委、县人民政府在改革开放事业前行中充分发挥三水县资源丰富、毗邻港澳、华侨众多的优势，以及珠江三角洲经济开放区各种优惠政策的有利条件，努力改善交通、电力、通信、金融、海关口岸等投资环境，立足三水，放眼世界，接纳八方来客，积极利用外资，引进先进技术设备，在扩大对外贸易、增加出口、调整结构、创名优产品上下功夫，使三水县由内向型经济向外向型经济转变。

（二）完善投资环境

12 年来，中共三水县委、县人民政府充分调动华侨、港澳同胞及其家属积极性。对来三水县投资置业的外商，全面降低土地使用费；实行各项税收优惠；帮助融通资金，扩大产品销售，使投资者有利可图；切实保障外商投资企业的自主权，尊重董事会的决策权；改善外商投资企业的物资供应；简化手续，提高办事效率；在平等互利原则下保护外商的正当权益；建成西南口岸码头，开通直通香港货运班轮，配套扩大和建设陆路交通、口岸、能源和通信设施。这些举措使得三水的投资环境日益改善，增强了外商信心，吸入了更多外资和先进设备。

（三）引进合资合作项目

积极利用外资，扩大对外贸易促进全县经济由内向型向外向型转变，是改革开放后三水县经济发展的战略。1986—1990 年，三水县累计签订利用外资合同 219 份，实际利用外资 5659.68 万美元。1989 年，全县有三资企业 37 家，"三来一补"（来料加工、来件装配、来样加工，补偿贸易）企业 69 家，其形式由仅合资、合作，发展为合资合作和外商独资并存。1990 年，三水的三资企业已达 86 家，其中已投产的有 53 家，实现产值 8.85 亿元。三资企业在全县工业总产值中所占的比例由 1986 年的 10.3% 上升为 33%。三资企业工艺设备先进，科技含量较高，大大加速了三水县工业现代化的进程和增加了企业的发展后劲。

（四）发展"三来一补"企业

改革开放以来，中共三水县委、县人民政府开阔视野，密切注视海外市场动态，把握机遇，引导企业扩展以来料加工、来件装配、来样加工和补偿贸易为主要模式的"三来一补"业务。1979 年 2 月，香港中南公司与西南象牙雕刻厂签订三水县第一份来料加工合同，西南手套厂、二轻毛织厂等也相继开展"三来一补"业务。至 1990 年，"三来一补"企业发展到 69 家，共纳税 304 万元。

（五）努力增多出口产品

12 年来，三水县经贸部门通过密切工贸关系，支持和加强出口产品生产基地建设，开展对外贸易洽谈，举办展销会等办法，培植货源，扩大客户，不断深化外贸体制改革，增强企业活力，增多地方产品的出口。1990 年，三水县出口收购总值 12748.5 万元，比 1983 年翻四番多，而其中出口总额为 3993.7 万美元，自主出口创汇 2195 万美元。

四、体制改革

财贸体制与物价体系改革财贸工作是工农业生产和城乡物资交流的桥梁和纽带。价格体系的改革是整个经济体制改革成败的关键。改革开放前，长期处于计划经济下的三水县贩贸体制、物价体系按部就班，不利于经济的发展。改革开放后，中共三水县委、县人民政府以党的十二届三中全会《关于经济体制改革的决定》为指导，在流通领域坚定不移地贯彻改革、开放搞活的方针，使财贸工作尽快适应经济建设发展要求，大刀阔斧进行价格改革，理顺价格结构，加强价格管理，初步形成国家定价、浮动价和市场调节价三种价格形式并存的新的价格机制和管理体制。

（一）财贸部门改革全面铺开

12 年来，三水县农村供销社不断改革，变官办为民办，逐步成为农村商品经济的流通中心。国营商业企业通过实行各种形式的经营责任制，逐步成为自主经营、自负盈亏的经济实体，并发挥主渠道作用。1989 年，三水县国营商业和供销系统的纯购进与纯销售比 1986 年分别增长 1.46 倍和 1.44 倍，年均递增 38.3% 和 34.8%。工商部门大规模进行农贸市场建设，并切实加强管理，支持依法经营的国营、集体和个体经济发展。1989 年，全县国营、集体和个体商业企业比 1986 年增加了 41.8%。金融部门贯彻执行国家"控制总量、调整结构、保证重点、压缩一般、适时调节"的金融方针，积极融通用活资金，多形式吸收存款，搞好资金回笼和横向拆借，存贷款余额年年增长，1990 年存贷款余额分别为 12.92 亿元和 17.33 亿元。财税部门完成财政机构分设，建立与完善镇级财政体制，加强财税队伍建设、财政税收管理、企业承包责任制与财经监督和管理，为经济的稳步发展和财政收入的逐步增长发挥经济杠杆作用。1990 年，三水县预算内财政收入 11085.3 万元，比 1978 年增长 9.19 倍。物价、审计和计量等部门集中抓好市场物价管理、企事业单位财务和技术监督，完成行政和企事业单位财务审计，建立物价员网络和审批制度，维护正常的经济秩序和人民群众的利益。

（二）农村集市全面开放

改革开放以后，和全国各地一样，三水大幅度提高粮、油、糖、猪、鱼等 18 种主要农产品收购价格，后又提高猪牛羊肉、禽蛋、蔬菜、水产、牛奶等 8 种主要副食品的销售价格，全面开放农村集市贸易。1985 年后，从全面放开生猪、塘鱼、蔬菜的购销价格开始，价格改革进入"放活价格管理体制，理顺价格体系，以放为主，放调结合"阶段。1988 年又放开食油价格，取消定购。至是年底，列入国家计划管理的农副产品由 1978 年 110 多种减少到稻谷、糖蔗、蚕茧 3 个品种，其余全部实行市场调节。

（三）工商业产品价格全面放开

12 年间，三水县按照国家"提高、调整、取消、放开"的方针，提高了煤炭、钢铁、化肥等生产资料价格，纺织品销售价格及食盐、棉布等工业消费品价格；调整了铁路、航运、公共交通、邮政电信、住房租金等价格和服务收费；取消民用木柴、焦的牌价供应；放开缝纫机、自行车、电冰箱、黑白电视机等日用消费品价格。至 1988 年底，工业品计划价格由 1978 年的 716 种减少到 68 种。

发展篇（1990—2002 年）

一、加速推进经济转型

以邓小平南方谈话、党的十四大和十五大精神为指导，三水人解放思想，坚持以经济建设为中心，发展特色产业，促进多种经济成分的生成，加快经济转型的进程，促进区域经济的繁荣发展。

（一）努力推动传统农业经济向现代工业经济转型

进入 20 世纪 90 年代，三水县（市）委、县（市）政府先后确立了"优化第一产业，加速第二产业，大胆加快第三产业"和"农业稳市、工业立市、科教兴市、依法治市"的发展战略，持续不断地采取积极措施，加快传统农业经济转向现代工业经济的进程。1990—2002 年是三水工业化从初期的幼稚阶段不断成长壮大，也是三水的产业结构实现升级飞跃、真正由传统农业经济向现代工业经济转型的阶段。12 年的发展事实说明，三水的经济结构逐步趋向合理，至 2002 年，一、二、三产业的比例为 13.6∶49.7∶36.7。二、三产业从业人员所占的比重也明显增长，在保持第一产业持续、稳定发展的基础上，三水的二、三产业也得到了长足的发展，产业结构实现了飞跃升级。广大农村长年滞留于第一产业的劳动力也完成了向二、三产业的分流，生产积极性更充分发挥。这一切都较好地助推了三水经济的协调、健康、快速发展。

（二）致力促进生产要素向优势企业各名牌产品集结

1998 年，中共三水市第九次代表大会确立了"名牌带动、生态规划、科教兴市"的发展战略，积极引导、促进生产要素向优势企业和名牌产品集聚，以扩大经济规模，发展特色产业，实现生产要素和资源的优化配置，壮大本地经济实力，积蓄有潜力、有特色的发展动力。经过多年的努力，三水逐步发展和形成了建材、饮料、食品、纺织四大传统支柱产业，以及金属制品、塑料制品、化工、电子电器四大新兴行业，涌现了一大批上规模、效益好的品牌和企业，诸如健力宝饮料、欧神诺陶瓷、李宁体育用品、富特容器、盛路天线、京安机电等。尤其是健力宝饮料，不仅是"珠江水"广东饮料中的先锋，更是当时民族饮料的旗帜；李宁体育用品则随其迅猛发展，成为与耐克、阿迪达斯相抗衡的民族品牌。除了县（市）产生了这些遐迩闻名的品牌和企业外，一些乡镇也逐步形成有自己特色和有生产规模的企业，如大塘镇的轻纺工业、家具制造，金本开发区洲边村的五金配件等。

（三）不断壮大非公有制经济

改革开放以来，三水县（市）委、县（市）政府采取措施，推动非公有制经济成分不断向前发展。而随着经济的转型和发展，非公有制经济发挥着越来越重要的作用。特别是乡镇企业、民营企业异军突起，为支援农业、解决就业、繁荣经济、增加财政收入和出口创汇、提高分配等作出了重要的贡献。三水的乡镇企业12 年来蓬勃发展，主要经济指标持续、稳定、快速增长，1999年，镇、乡、村三级工业产值首次超过市属工业的产值。而随着产品结构、行业结构和投资主体的进一步调整，招商引资和企业产权制度改革的加强，日渐辉煌的三水乡镇企业加快改革步子，逐步形成了集体、三资、个体私营、股份合作制等多种经济成分并存的经济结构，其中，个体、私营企业发展尤为快速。非公有制经济不断壮大发展，很快成为三水经济快速增长的主动力。至 2001 年底，三水农村工业产值达 126.13 亿元，其中私营、个体为 97.55 亿元，占全市工业总产值的 57.6%。2002 年，三水农村工业产值 160.28 亿元，其中私营、个体等民营企业共实现产值 135.45 亿元，占全市工业总产值的 64.1%。34 家年产值超亿元企业中，私营企业占 8 家。由乡镇企业、民营企业为主要支撑的三水各镇、街道的经济不断壮大发展。2002 年，11 个镇、（街道）中工业总产值超 10 亿元的有 5 个，超亿元以上的增至 8 个，涌现出乡镇级工业园区 6 个。

二、加速推进体制改革

改革是发展的动力。只有坚定不移地推进改革，在完善社会主义市场经济体制方面迈出实质性的步伐，才能突破经济增长方式转变的制度性障碍，为经济增长质量的提高奠定坚实的体制基础。12 年来，中共三水区（市、县）委、区（市、县）政府采取措施，加大力度，抓好农村经济、工业企业、金融和流通、物价等方面的体制改革，助推经济更快更好向前发展。

（一）加大农村经济体制改革力度

为解放和发展农村生产力，更好地解决体制转换过程中出现的新矛盾、新问题，加快农村经济的发展，在全面落实土地有期投包的基础上，中共三水市委、市人民政府进一步深化农村的经济体制改革。1994 年，积极、稳步推进以福利型股份制为主的农村股份合作制；1997 年，全面推行、建立以土地为中心的农村股份合作制。在通过体制改革，理顺土地所有权、管理权、经营权和再分配关系，解放生产力，使农村经济体制逐渐适应市场经济之后，三水市委、市政府提出了全面开辟农村经济建设主战场的方针，以"农业增效、农民增收、农村稳定"为目标，因地制宜、优化产品结构和生产布局，积极引进、示范和推广新技术、新品种，发展"一优三高"农业，形成稻谷、水产、蔬菜（复种）面积各 1/3 的格局。抓住三水被列入国家农业综合开发项目、全国优质蔬菜生产基地项目实施县（市）、省科教兴农和可持续发展综合示范县（市），以及三水白鸭被列入国家级星火计划等机遇，大力推行科技兴农，进行农业标准化生产。利用国家农业综合开发的资金，建立 1.2 万亩的无公害农产品生产基地，整治鱼塘 8 万多亩；投入 2.7 亿元加强水利建设，完成堤围达标及除险加固 40 多千米。2002 年，畜牧、水产、蔬菜种植已发展成为三水农业的三大支柱产业，先后建成了鱼塘、禽畜、蔬菜、花卉四大区域化农产品生产基地，涌现了广东温氏集团、侨鑫高科技农业公司等一批农业龙头企业。

（二）加大工业企业制度改革力度

经过多年的努力探索、实践，围绕建立社会主义市场经济体制和现代企业制度的目标，三水的工业企业制度的改革从过去放权让利为主的政策性调整，转到着重于制度创新上来；把企业改革同金融、国有资产管理、社会保障等综合性配套改革结合起来；把搞活国有企业同整个城市的经济发展结合起来，在更深的层次上展开。一是因企制宜，普遍改制为有限责任公司。至 2002 年底，全区（市）有限责任公司 721 家，股份合作制企业 4 家。不同类型企业通过改制，调动了积极性，增强了规范和管理的自觉性。二是以"一企一策"推进企业组织结构的调整，优化资本结构，提高经济运行的质量。全区（市）共转制企业 449 家，占应转制企业 94%。在转制过程中，中共三水区（市）委、区（市）人民政府注重与招商引资相结合，成功地引进了青岛啤酒等国内一批知名企业落户；依法对健力宝集团进行了转制，从而盘活了公有资产达 96.26 亿元，实现了公有资产的保值增值，并妥善安排了转制企业的 2.55 万名职工，支付费用 5.82 亿元，保证了社会的稳定。三是扶优扶强，培育规模经济。中共三水市委、市人民政府自 1998 年提出"名牌带动"的发展战略后，积极推进科技进步和技术创新，结合行业改组和企业结构调整，引导和促进生产要素逐步向优势企业和名牌产品集聚，扩大经济规模，发展特色产业，力促各类企业在发展中不断做大做强，从而巩固了建材、饮料食品、纺织三大传统支柱行业的实力，并开发了一批名牌产品，发展了金属制品，塑料制品、化工、电子电器四大新兴行业，组建了健力宝饮料公司、青岛啤酒（三水）有限公司、科勒洁具有限公司、凤铝铝业公司、盛路天线有限公司、京安机电公司等一批大企业集团与骨干企业。2002 年，全区（市）年产值超 5000 万元的企业有 78 家，超亿元的企业有 34 家。

（三） 加大金融和流通和物价等体制改革力度

为整顿、规范金融秩序，加强金融对经济的调控能力，保证经济和其他事业的较好、较快发展，中共三水市委、市人民政府建立了辖区的金融机构负责人联席会议制度，不断拓展金融业务品种；抓好农村信用社与农行的脱钩，引导农村信用社做好支农工作，增加农户和农业龙头企业贷款投入。为建立反映市场供求关系、体现商品和生产资料价值的价格体制，繁荣城市商品市场，中共三水市委、市人民政府又抓好流通体制和价格体制的改革。2002 年，全区（市）社会消费零售总额 39.59 亿元，其中批发零售贸易业零售额 24.57 亿元，餐饮业零售额 9.4 亿元，城市集市贸易成交额 11.22 亿元。

三、加速发展外向型经济

1990—2002 年间，三水区（市）充分发挥沿海地区先行开放优势和功能优势，在实施外向带动战略，形成多层次、全方位对外开放的新格局中，抓好基础设施建设，发展外贸企业，提高利用外资的水平和质量，建立各级工业园区，从而加快外向型经济的发展步伐。

（一）逐步完善基础设施

要加快发展外向型经济，首先需要逐步完善基础设施的建设。中共三水区（市、县）委、区（市、县）政府加强了这方面工作。1993 年 7 月 8 日，设立中华人民共和国三水海关。1994 年后，三水海关大楼、进口货物保税仓、口岸车检场、三水港先后建成并投入使用。

（二）陆续成立实力型外贸企业

为促进外向型经济的发展，三水陆续成立了对外贸易集团公司、食品进出口公司、纺织品进出口公司、丝绸进出口公司等外贸进出口企业。这些相关部门、公司、企业成立后，各司其职，各负其责，有条不紊地开展工作，使三水的外向型经济迅速发展起来。

（三）不断提高利用外资的水平和质量

利用外资是对外开放的重点，三水市区（市）委、区（市）政府落实措施，致力工作。2002 年，全市年产品销售收入 500 万元以上的三资企业有 87 家，实现工业总产值 85.78 亿元；新签利用外资合同 29 宗，外商出资 1.32 亿元人民币，实际利用外资 9802 万美元。2002 年，三资企业出口额 1.08 亿美元，占全市出口总额的 70%；进口额 1.21 亿美元，占全市进口总额的 68%。随着对外开放的扩大，世界著名企业逐步将眼光投向三水。2001 年 6 月，由佛山塑料集团股份有限公司、日本住友文商事塑料株式会社和住友商事（中国）有限公司三方共同投资创立的三水长丰塑胶有限公司于 2002 年 12 月在乐平工业园正式投产，为首家落户三水的世界 500 强企业。

（四）加速各级工业园区成型

乘改革开放东风，三水招商引资成果丰硕，促进了各级工业园区日渐建立成型。例如，西南民营科技工业园先后引入日本、加拿大和香港、澳门、台湾等国家和地区的外资企业达 23 家，国内企业 70 余家落户，其中包括首家落户三水的世界 500 强企业。三水较早统一规范、连片开发、主导产业特色鲜明的乐平镇工业区和有较好区位优势、较易接受相邻经济发达地区企业转移的白坭镇开发区，都取得了显著成效。

上述种种有效的举措，推动了三水外向型经济不断向前发展。2002 年，三水进出口总额达 3.32 亿美元，其中出口总额 1.54 亿美元，进口总额 1.78 亿美元，成为三水经济发展的主要拉动力。

四、加速改善城市发展

"环境是最大的资源，生态是永久的财富。"中共三水区（市、县）委、区（市、县）政府以改革开放作为推动城市科学发展的动力，投入大量资金，用心抓好城市的改造和建设，致力打造良好的生活工作环境。昔日中心城区缺乏科学规划、道路狭窄不平、基础设施落后、房屋矮小陈旧的景象日渐改观，城市容貌日新月异。

（一）开发新区与改造旧区并举

在加紧改造城市环境过程中，三水坚持新区开发和旧区改造并举。12 年来，先后改造了新华路、健力宝南路、月桂村、东岸村等。2001 年，制定了中心城区总体规划，将南起北江、北至广海大道、东至三达南路、西至口岸大道，面积约 2 平方千米范围作城市中心区。确立了西南涌及两岸整治、西南公园建设、健力宝南路扩宽等十大重点工程项目，并优先开发广海路以北、健力宝北路以东地区的中心城区新区。至 2002 年，中心城区建成了雅豪居、千叶花园、半江花园、汇丰花园等花园式的大型住宅小区。

（二）加快城市绿化美化进程

三水致力构建生态型城市，先后完成了中心城区西南铁路两侧的整治绿化，建成文化公园和高速公路出入口等大型开放式公共绿地，完成铁帽顶、张边立交等出入口的绿化美化。至 2002 年末，三水城区的绿化覆盖率达 38.2%，全市共有园林绿地面积733 公顷，人均公共绿地面积达 9.4 平方米。

（三）搞好城市交通设施建设

1989 年以来，三水交通基础设施日臻完善，先后建成三水港、三水大桥、油金大桥、南丰大道、广三高速公路三水段等一批骨干公路和桥梁，实现了东西南北主干道路的基本贯通，形成了覆盖三水境内的骨干交通网络，铁路、水路、陆路相辅相成的立体交通网络也初步形成。同时，开展村村通水泥路大会战，至2002 年 8 月，完成水泥路 375 千米，新建村道 472 条。各级共投入资金 12652.5 万元，村村实现了通水泥路。

六、加速邮电通信事业发展

1990 年，三水县城开通万门程控电话。1993 年，实现全县城乡电话的"交换程控化，传输数字化"。1999 年，三水成为全省第三个县级"电话市"，并成为广东省县级"信息市"建设的试点市。2000 年末，信息化基础设施进一步延伸，本地中继光缆线路 499 千米，宽带业务互联网端口 885 个，多媒体用户 4.51万户。

七、提高供电供水供气能力

12 年间，中共三水区（市、县）委、区（市、县）政府把发展的思路融入国计民生之中，陆续建成河口发电厂 B 厂、恒益火力发电厂，电网改造、农网整治及电力市场开拓有较大发展。城乡基本自来水化。2002 年，全市供水总量 3608 万立方米、供气总量 9601 万立方米、供电总量 14.63 亿千瓦时。

八、加快建设社会事业

12 年间，中共三水区（市、县）委、区（市、县）政府在加速经济发展的同时，坚持"两手抓，两手都要硬"的方针，加速推动科技、教育、卫生、体育、文化和新闻广播电视等社会各项事业以及精神文明建设不断向前发展，从各个方面促进三水的更快发展、更大进步。

（一）科技成为经济发展助推器

坚持科教兴市，紧紧围绕以经济建设为中心，三水把健全社会化科技服务体系作为重要的手段，致力推进科技经济一体化，推进经济增长方式由粗放型向集约型转变。60% 的企业上了国际互联网，众多厂家应用 CAD（计算机辅助设计）和 CAE（计算机辅助工程）。健力宝富特容器有限公司在运用计算机技术进行辅助决策、管理、设计上不断完善，荣获"国家 CISM（注册信息安全员）应用示范企业"称号；京安交通、建华电器被科技部定为 CAD 应用示范企业，使三水成为全省唯一有 2 家企业纳入该项目的县（市）。至 2002 年，三水共有省级高新科技企业 11 家、省级民营科技企业 21 家。而在实施"科技兴农"中，三水加大了农业适用技术的引进和推广。"三水白鸭大规模养殖开发"先后被列入省星火计划和重点新产品计划、省 2002 年度新产品研究开发费抵扣应纳税项目所得税新产品项目。

（二）教育事业欣欣向荣

为适应经济社会事业发展的需要，三水陆续建成工业中专、健力宝中学、三水中学高中部、实验中学及西南四小、十小、十一小等学校。以公办民助的形式创办实验小学，把三水中学初中部、西南中心小学转制为公办民助学校。成立首家外来工子女学校——育才小学。实施改薄创优，调整、撤并一批规模小的学校，小学、初中分别由 133 所、19 所减少为 90 所、16 所。广泛开展干部教育、职工岗位培训、农民实用技术培训，发展职工教育。1995 年，三水被国家教委认可为全国第一批达标扫盲县市（县）。

（三）文化新闻广播电视事业繁荣兴旺

通过纪元塔博物馆、影剧院、文化广场以及各镇影剧院的建设，三水大力改善文化设施。同时，走好文化活动与企业商贸活动、精神文明建设相结合的路子，形成覆盖城乡的市、镇（乡）二级文化网络。9 个镇（街道）均设立了广播电视站，实现了村村通有线电视的目标。1997 年 12 月，三水被评为首届全国广播电视先进市（县）。

（四）体育卫生事业蓬勃向上

发展体育事业方面，建成明富昌体育馆、河口体育馆。全区（县）体育人口 18.98 万人，占总人口的 43.2%；中小学生体育达标率 98.3%；成功承办了"健力宝杯"国际龙舟争霸赛、中国乒乓球擂台赛、世界龙狮锦标赛、中国职业台球王中王争霸赛、CBA 篮球精英赛等多项高水平的国际、国内体育竞赛。"小市办大赛"对宣传、推介三水收到良好效果。发展医疗卫生事业方面，2002 年，三水的卫生机构达 81 家，床位数有 835 张，人均年诊 6.2 次。36 个社区卫生服务站通过验收，中医院鲁村社区卫生服务站成为省级示范点。

九、精神文明建设喜结硕果

为把精神文明建设同建设现代文明城市的目标有机结合起来，中共三水市委、市人民政府制定、实施了《三水市社会主义精神文明建设规划》，以思想道德建设为着力点，提高人民群众的思想道德素质；以行风建设为切入点，塑造各行业各单位"窗口"新风新形象；以创建省文明城市和国家卫生城市为契机，全方位开展群众性文明创建活动。通过这一系列的举措，三水始终如一地把提高公民基本道德、创建文明城市摆在突出位置，抓好军民"双拥"（地方拥军优属、军队拥政爱民）共建文明村镇的建设工作。至 2002 年底，全区（市）、镇两级文明村达 371 个，占自然村总数的 54.1%。

跨越篇（2002—2012 年）

一、国民经济建设跨越式发展

2003 年以来，中共三水区委、区人民政府坚持以工业为龙头，以打造高标准园区为载体，以引进外资和大项目为主攻目标、以推进自主创新和产业聚集升级为主要措施，以打造良好的投资营商环境为保障，认真做好发展优质工业、实施传统产业优化升级、扶持企业做大做强、调整产业结构等文章，推动国民经济又好又快地向前发展。

（一）优质工业跨步发展

10 年来，中共三水区委、区人民政府坚持实施"工业强区"发展战略，着重谋求发展模式上的新突破，致力发展优质工业，实行"有所为有所不为"的策略，把有效的资源投向优势区域、优质工业配置，提高产业聚集度，做好"集约建设、集群发展、产业招商"，加快大项目引进，加快产业集群培育，加快现代服务业发展，并把发展工业园区和招商引资作为重中之重，不断加大工业园区的基础设施建设和优质项目的招商引资力度，提高工业园区经济发展的质量和水平，建设效益园区，从而着力推进产业发展转型，把三水打造成特色突出、优势明显、产业优质的"工业强区"。截至 2012 年 11 月，三水的优质工业实现了跨步式的发展，工业区引进了百威、爱汽、聚菱燕及国际纸业、罗门哈斯、可口可乐等世界 500 强企业投资项目，以及伊利、青岛啤酒、长江精工等中国 500 强企业投资项目。至 2012 年底，三水区实现地区生产总值（GDP）749.93 亿元，工业总产值 2005.56 亿元，全社会固定资产投资额 413.95 亿元，社会消费品零售总额 148.88 亿元，年末城乡居民储蓄余额 477.78 亿元，城镇居民人均可支配收入 26236 元，农村人均纯收入 13254 元。三水正逐步建设成为中国 500 强的宝地和世界 500 强的乐园。

（二）传统产业优化升级

淘汰落后产业，实施传统产业优化升级，产能提升，节能降耗，加快推进新型工业化，是提升发展质量的主导方向。为此，中共三水区委、区人民政府先后出台了一系列提升优化传统产业的政策文件，下大力气推进节能减排和产业升级，重点对水泥、陶瓷产业进行改造和提升。通过"扶持壮大一批，改造提升一批，转移淘汰一批"的方法，将全区范围内 45 家规模以上的陶瓷企业按"做优做强、改造提升、搬迁关闭"三类，分别进行优化提升或搬迁关闭，以降低资源、能源的消耗，促进陶瓷产业的可持续发展。通过这些举措，三水的节能减排工作和节能技术的广泛应用，使得三水节能降耗成效斐然。

（三）企业做强做大

10 年来，中共三水区委、区人民政府着力动员本土企业做大做强，培育更多更好的百亿企业，大企业支撑大产业，以大产业推动三水的大发展。通过多年的努力，2007 年建成了博德、盛路 2 家省级企业技术中心。获得上级扶持资金 200 万元，实现了零的突破。至 2012 年，全区规模以上工业企业 862 家，完成工业总产值 2002.53 亿元；全区产值超 10 亿元的企业有 38 家，完成产值 616.41 亿元，产值超亿元的企业达 229 家，完成产值 1193.1 亿元。

（四）产业结构加速调整

10 年来，中共三水区委、区人民政府实施佛山市委、市政府提出的"以产业结构优化升级和企业做强做大为主线，以提高产业综合实力和国际竞争力为核心，在三大产业协调发展、支柱行业带动发展、龙头企业引领发展上下功夫，将佛山打造成为国内外著名的产业强市"的"三三三"产业发展战略（指第一产业精细发展、第二产业优化发展、第三产业加快发展）促进产业的布局和结构日趋合理，加快专业镇和产业集群优化升级的步伐。2008 年 10 月 8 日，举办首届中国三水饮料文化节，西南街道被中国食品工业协会授予全国唯一的"中国饮料名镇"称号。西南电子电器专业镇、白坭新型建材专业镇、芦苞旅游文化专业镇、迳口华侨经济区食品加工专业镇、乐平医疗器械专业镇以及大塘镇广东省蔬菜专业和工业专业镇的建设先后迈开步子或加快步伐。布局合理、分工协作、竞争有序的经济发展格局，促进了优势主导产业集群和特色经济的形成和发展。

第三产业的发展不断提速。引进社会资金建成了三水广场，引进易初莲花、麦当劳等商贸餐饮企业，将中银大厦改造成五星级标准的花园酒店，扩建金太阳酒店。吸引莱钢（广东）经贸公司、佛山市兴运物流公司等一批物流企业投资三水，从而使流通现代化稳步推进。

10 年来，中共三水区委、区人民政府全力加快转变经济发展方式，和产业结构调整、传统产业的优化提升、发展优质工业的步伐，三水区的国民经济发展呈现又好又快跨越前进的喜人局面，主要经济持续增幅。在 2005 年全国最具投资潜力中小城市 50 强、全国中小城市实力 100 强评比中，三水分别排名第 8 位和第 20 位，5 个镇（街道）全部入围全国首次小城镇综合发展指数测评的强镇。2012 年，三水在全国百强县评比中位列第 20 位。

二、城市基础设施建设全面推进

经济发展与交通、能源、通信、水电等城市基础设施的建设相辅相成。基础设施建设的跨越推进，可以为经济发展提供如鱼得水的环境；反之，则会影响经济发展的速度和效益。10 年来，中共三水区委、区人民政府以科学发展理念，加强对城市规划的引领和控制，全面推进交通路网等基础设施的建设。

（一）提高城市建设水平

按照中共广东省委提出的"着力推进城市发展转型"的要求，中共三水区委、区人民政府不断完善西南组团各片区控制性详细规划，大大提高城市的规划建设水平。城市重点发展控制区域的规划目标顺利进展，完成了健力宝路扩建等一批重点市政工程，中心城区中轴线建设拉开序幕，云东海建设工程启动并有序推进，完成了西南涌左岸公园的建设，启动了西南组团中心区建设和西南涌右岸的整治。实施了中心城区"三旧"（旧城镇、旧厂房、旧村庄）改造。2008 年 8 月 16 日，首个"三旧"改造住宅项目奠基，中心城区"三旧"改造启动，同时，发展了一批大型房地产业，涌现了一批高档大型的楼盘。恒大地产、碧桂园地产、雅居乐地产、保利地产等纷纷进驻。2012 年，三水区在城市升级三年行动计划中投入近 280 亿元，启动 82 项城市升级项目建设。2012 年，绿化美化、打造宜居城市工作取得显著成效，完成西青大道绿化工程、城市主要出入口景观改造提升工程等 5 项首期项目，城区 6 条绿道建设工程竣工。在主干道路全线生态林带建设方面，完成生态林育林任务。云东海湖景观恢复建设工程中，完成沿湖路全线工程，最大限度地保持了云东海湖沿岸的自然生态景观，为市民提供游览、休闲、绿道骑车的好去处。城市 8 个主要出入口景观改造工程，景观设计各具特色，提高了绿化的档次，改善了城市出入口面貌。其中，一环东路绿化美化工程被评为佛山市样板工程。配合广三高速公路扩建工程，完成了城区路段两旁绿化美化工程，路段景观焕然一新。区内部分河涌得到有效整治，尤其是大棉涌城区段景河工程，成为城市升级项目的一个亮点，还有大塘望岗涌、西南大棉涌、芦苞白鸽涌等几条内河涌综合整治工程按期完成，城区和镇村面貌得到较大幅度的改观，推动宜居城乡建设工程跨上了一个新的档次，提高了全区生态文明建设的水平。

（二）加快交通网络建设

中共三水区委、区人民政府近年投入大量资金，加快三水二桥引道、省道广四线六和段、清龙线大塘段、盐南线乐平段四项市级重点交通工程的建设步伐，完成了石湖洲立交、南丰大道、石湖洲至芦苞大桥段的改造工程，大力推进西乐大道，国道321线三水段改造、塘西大道二期和三水大道南的道路建设。至2012年，三水区内形成铁路、公路、水路等三种运输方式构成的交通运输网络。有广茂铁路及在建的广珠、贵广（南广）高速铁路及广佛肇城际轨道过境。广茂铁路为单线客货运铁路，三水境内主线长12千米。贵广高速铁路在三水境内与南广高速铁路并线，长13.7千米，设三水南站1个站。广佛肇城际轨道设计三水境内约13.5千米，设三水北站、云东海站2个站。

三水区内有广三、广贺、广肇、西二环、广明、佛山一环、在建的珠外环（肇花）等7条高速公路过境。广三高速公路三水境内长7.42千米，双向八车道，有西南和塘九线2个出口，由广州通向三水。广贺高速公路三水境内长8.9千米，双向八车道，有唐家村1个出口，由广州通往贺州。广肇高速境内长8.6千米，双向四车道（部分路段双向六车道），有洲边1个出口，由广州通往肇庆。西二环高速公路三水境内长10千米，双向六车道，有乐平 1 个出口，由广州通往南海区九江。广明高速公路三水境内长 4 千米，双向六车道，有岗头 1 个出口，由广州通往高明。佛山一环高速公路三水境内长 0.5 千米，双向八车道，有乐平 1 个出口，通向禅城、南海区里水和西樵。在建的肇花高速公路三水境内长 15 千米，双向六车道，有北江西、北江东和大塘 3 个出口，通往肇庆、广州花都。

有国道 321 线、国道 324 线过境，其中国道 321 线三水境内长 14 千米，双向六车道，由广州通向成都。国道 324 线三水境内长 8.49 千米，双向四车道，由福州通向昆明。有省道 269 线、省道 118 线、省道 361 线、省道 381 线过境。其中省道 269 线三水境内长 47.27 千米，主要路段为双向八车道，由清远通向顺德龙山。省道 118 线三水境内长 35.54 千米，主要路段为双向四车道，由广州通向四会。省道 361 线三水境内长 15.93 千米，双向四车道，由南海盐步通向乐平镇南边。省道 381 线三水境内长 2.22 千米，双向四车道，由北兴通向永平。有县、乡（镇）级公路 148 条，总长 528.4 千米，其中县道 13 条，总长 173.65 千米。

水运由西江、北江可通广州、韶关、肇庆、江门、香港，有三水港、西南口岸 2 个货运出口码头。

三、社会主义新农村建设阔步向前

2006 年，党中央提出建设社会主义新农村的战略任务。根据广东省"具有现代化气息、经济发展、农民富裕、文化繁荣、村容整洁、管理民主、社会和谐"的社会主义新农村建设要求，结合自身实际，中共三水区委、区人民政府提出了"以统筹城乡发展，建设宜居农村为方向，以加强村容整治为突破，全面开展社会主义新农村建设"的方针，有条不紊地推进新农村建设。

（一）加快农业园区建设

围绕特色农业产业化目标，中共三水区委、区人民政府加快传统农业向现代化农业的转变步伐。在 2005 年对农业园区建设作出总体规划后，区政府多次投入资金改造农业园区排灌渠系统、机耕路网，又通过加大财政扶持，实行项目倾斜、招商引资等措施加快园区建设。至 2008 年 6 月，已完成了大塘农业园区四期、迳口农业园区二期工程，并加快了规划建设西南青岐等农业园区的步子，且抓好了低产鱼塘和排灌渠的改造。2012 年，三水区实现农业总产值 68.78 亿元，其中种植业产值 18.39 亿元，畜牧业产值 39.7 亿元，渔业产值 10.69 亿元；蔬菜种植面积 18.31 万亩，总产量 42.14 万吨。农村经济总收入 738.26 亿元。按照"七园一带"的布局加快推进现代农业园区建设，全区建成农业园区（片）17 个，完成四大农业科技基地建设。

（二）加快推进农村股份合作制改革

自 2005 年开始，中共三水区委、区人民政府启动新一轮农村股份合作制改革，实行以自然村为单位，个别有条件的村委会可以整合资源组建股份社。至 2008 年 6 月，全区 602 个村建立了股份社，完成股份组建任务 84.3%。同时推进农村第三方财务管理制度，成功引入了中介组织，全面规范农村财务管理，使农村资源管理更趋合理。

（三）加快农业标准化、集约化发展

在抓好农业基础设施建设、创建农业示范区基础上，中共三水区委、区人民政府抓好农技培训班、引进新品种、建设农业品牌等工作。2006 年 3 月，三水黑皮冬瓜获得全省首个蔬菜类证明商标；2006 年 4 月，三水白鸭正式注册商标；2007 年 11 月，乐平雪梨瓜得到国家工商行政总局的商标受理。政策性农业保险工作已在全区开展，全区组建了蔬菜、水产等一批行业协会，促进了农产品质量安全水平的新提高。通过开展标准化、集约化的工作，三水已建立起种植业、畜牧业、水产业三大主导产业。

（四）加快新农村示范点建设

中共三水区委、区人民政府出台了扶持发展社会主义新农村建设的政策措施，启动了村庄规划建设工作，大力推进首批新农村达标村、示范村的建设。全区开展了新农村达标村、示范村创建工作，通过一系列整治和建设，农村面貌焕然一新，村民生产生活环境大大改善。至 2008 年 6 月，全区成为社会主义新农村示范村的自然村 50 个，成为社会主义新农村达标村的自然村 33 个。芦苞镇得到广东省生态环境与土壤研究所、佛山科技学院的技术支持，不但成为省首批新农村建设科技示范点，还成为全省 13 个科技示范镇中的 3 个国家级试点之一。2010 年，全区 714 个自然村，有 420 个村创建成为社会主义新农村示范村或达标村。

（五）加快村村"三通"步伐

根据新农村建设的标准要求，中共三水区委、区人民政府加快了村村"三通"（通水泥路、通公共汽车、通光纤）的步伐。在完成村村通水泥路的基础上，2004 年，全区 48 个行政村实现村村通公共汽车。2006 年，实现村村通光纤。城镇的电、气、水也逐步引向农村，有效地促进了城市基础设施向农村延伸，最大程度地实现了城乡服务均等化，使广大农村居民真正从新农村建设中得到最大的实惠。

（六）加快农村经济发展

经过多年的努力，伴随改革开放的深入发展，三水的农业体制经过深刻改革，已从传统农业阔步迈向现代农业。农业综合实力大大增强，农村面貌大大改善，农民收入大大提高。

四、不断推进文化强区建设

广泛开展社会主义荣辱观和"爱国、守法、诚信、知礼"现代公民教育活动；大力弘扬"敢为人先、务实进取、开放兼容、敬业奉献"精神；不断丰富群众性精神文明创建活动，公民道德素质大为提高。

积极开展城市中小学布局调整，90%以上的学校建成等级学校；城市全面落实义务教育阶段学生书杂费减免，实现真正意义上的免费义务教育；全区3所高中均通过国家级示范高中验收，实现优质高中教育的历史性突破；西南、白坭、乐平、芦苞被评为广东省教育强镇。

群众文化、文物保护、文化市场管理等工作深入开展，启动了"广场文化工程"和"电影百村工程"，《三水文艺》复刊；区、镇、村（居）三级"文化信息资源共享工程"网络进一步深化完善；以"并蒂莲"为代表的文化产业不断发展，文化资源逐步整合优化；三水区图书馆获得"全国信息资源共享工程建设先进单位"称号，乐平镇大旗头村成为中国首批历史文化名村，三水区荣膺"广东省实施'南粤锦绣工程'文化先进区"称号。

公共卫生和基本医疗服务体系不断完善，初步形成公私并举、公立民营并存的医疗服务格局；构建了以区、镇级医院为主的医疗救治体系，搭建好公共卫生保障和急救体系的平台，搞好医疗保障工作，实施居民住院医疗保险制度，至2008年7月1日，全区居民门诊基本医疗保险参保率达98%，成为全省新型合作医疗的示范点。

五、扎实开展民生工作

10年来，中共三水区委、区人民政府认真做好民生工作，促进社会和谐。在 2003 年按财力稳步推进城市基础设施建设和实施全民安居工程、推进农民增收减负工程等 10 项民心工程后，2008年，提出办好推出经济适用房、廉价房，建设渔民公寓，解决农村地区用水难和出行难等十件实事。完善社会保障体系。居民基本医疗保险制度逐步成熟，被征地居民养老保障制度初步建立；养老、工伤、失业、医疗和生育等保险种类陆续出台，覆盖范围包括机关事业单位、国有集体企业、外资企业、私营企业、城镇个体工商户和全征地的农民。发展社会救助、福利和慈善事业。提高最低生活保障，实现城市低保标准统一；根据低保家庭困难情况，率先于全市实行分类救济政策；基本实现五保供养的应保尽保。

六、大力打造文明法治环境

10 年来，中共三水区委、区人民政府广泛听取社会各界意见，自觉接受监督，健全村民自治制度，认真实施行政许可法、公务员法和全面推进依法行政实施纲要，加强廉政建设，坚决治理商业贿赂和纠正损害群众利益的不正之风。深入开展社会主义法治理念教育，不断完善社会矛盾预防和化解机制，切实保障劳动者合法权益。建立全方位、多层次的治安防范网络，深入开展严打整治斗争，加强安全监督整治，创建平安和谐社会。种种举措有效地促进了社会治安和安全生产形势的稳定好转。

七、财政与金融

10 年来，三水区地方公共财政预算收入持续攀升。2012 年，三水区地方公共财政预算收入 246266 万元，比上年增收 31238 万元，增长 14.5%。一般预算收入加上税收返还基数收入、上级补助收入和上年结余，地方可支配财力达 333402 万元（区级

226832 万元，镇级 106570 万元），为年初预算的 113.6%，比上年增加 43179 万元，增 14.9%。财政支出 318292 万元（区级 208780 万元，镇级 109512 万元），为年初预算的 109.5%，比上年增支 41648 万元，增长 15.1%。其中地方公共财政预算支出 297653 万元（区级 188141 万元，镇级 109512 万元），为年初预算的 114.8%，比上年增长 15.4%。上解支出 14927 万元；计提专项资金 5712 万元。收支相抵，净结余 1909 万元。

辖区有银行类金融机构 14 家，金融网点 125 个。各金融机构认真执行国家金融宏观调控政策，强化内部管理，调整信贷结构，金融生态环境优化，金融业经营状况好转，资金实力增强。2012 年末，金融机构本外币各项存款余额 488.62 亿元，比年初增加 52.08 亿元，增长 8.03%；各项贷款余额 293.64 亿元，比年初增加 50.05 亿元，增长 17%；出口核销金额 15.49 亿美元，增长 4.5%，进口付汇 11.57 亿美元，增长 13.2%。金融运行平稳，有力地支持了经济发展。

八、商贸流通

10 年来，三水区城乡居民消费水平和消费质量不断提高，全区商贸流通业保持稳步增长的势头。2012 年，全区完成社会消费品零售总额 148.88 亿元，比上年增长 10.1%，其中批发和零售业 122.38 亿元，增长 10.1%；住宿和餐饮业 26.5 亿元，增长 9.9%。在商品销售中，全区实现商品销售总额 148.25 亿元，增长 10.9%。大力发展现代物流业，实施大项目招商、智慧物流腾飞计划，推动国际饮料食品交易中心建设。

九、对外经济贸易

10 年来，三水区一直重视对外经济贸易。2012 年，三水区合同利用外资 50709 万美元, 比上年增长 6.9%; 实际利用外资 33973 万美元, 增长 1%。全区进出口总值 220203 万美元, 增长 5.9%。其中出口总额 120040 万美元, 增长 9.8%; 进口总额 100163 万美元, 增长 1.5%。机电产品和高新技术产品出口大幅增长。

十、旅游

10 年来, 三水区推动旅游产业升级, 提高服务水平, 区旅游业总体呈现稳步上扬的态势。至 2012 年, 三水花园酒店、金太阳酒店被评为五星级旅游饭店, 凯迪威酒店被评为四星级旅游饭店。推进绿湖温泉度假酒店、三水温泉度假村的五星级旅游饭店申评工作。按四星级标准建设的华南戴斯酒店建成开业。评选一批星级农家乐饭店, 促进旅游餐饮业的多元化发展。云东海文化创意产业基地建设在推进。

十一、供电供水

10 年来, 三水供电量与用水量一直保持增长。2012 年, 三水区总供电量 57.83 亿千瓦时, 比上年增长 4.6%, 用电最大负荷 95.9 万千瓦。实现连续安全运行 1495 天, 三水供电局获评为全国供电可靠性 A 级金牌企业。全年总供水量为 12905.18 万吨, 比上年增长 24.9%; 售水量 11873.06 万吨, 增长 28.6%。产销差率 6%, 供水水质综合合格率 99.9%。有北江、石塘、西南、六和、迳口 5 家水厂, 供水能力每日 48 万吨, 供水服务面积约 800 平方千米, 服务人口约 60 万人。

十二、政治建设

10 年来, 三水区从"四结合、四贯穿"入手, 铺开创建工作。一是结合佛山"都市发展区"和三水"产业新城、南国水都、广佛肇绿芯"发展新定位，把加快转型升级贯穿活动始终，增创科学发展新优势。二是结合大部制和简政强镇事权改革，把改革创新贯穿始终，探索科学发展新机制。三是结合城市升级、产业链招商、社会管理创新等中心工作，把执行落实贯穿始终，提升领导干部新形象。四是结合建设幸福广东、幸福佛山、幸福三水，把转变作风贯穿活动始终，实施改善民生福祉新举措。

坚持把提高群众和基层满意度作为最高标准，以高效清廉促进发展、服务人民。强化依法行政，法治政府建设取得新进展。高度重视人大代表、政协委员的意见和建议，人大议案、建议和政协提案全部办结。树立正确的用人导向，评选政府服务创新奖和金点子奖，激发干部干事创业热情。完善大部制改革，理顺部门职能，优化流程设计，全面提升政府服务效能。建设区、镇、村三级行政服务体系，探索"一镇一策"事权下放模式。设立行政审批业务受理（督办）中心，推进企业商事登记制度改革，实施建设项目竣工联合验收制度，建成全省首个县级公共资源交易中心。成立区重点工程决策委员会，建立城乡规划重大事项决策联席会议制度，政府决策的科学性、民主性进一步提高。深化政务、村务公开，三水区成为全市首个全国村务公开民主管理示范单位。全面加强行政监察和审计监督，启动廉政风险防控试点改革，完善政府投资项目代建和招投标管理等制度，反腐倡廉建设取得新成效。

十三、文化建设

（一）教育

10年来，三水区投入10多亿元的教育经费，以科教兴邦为理念打造良好的教育环境。2012年，三水区教育经费总投入为

16622.6 万元，其中国家财政性投入 128372.2 万元，预算内教育经费拨款 112197.3 万元。全区小学专任教师 1902 人，学历达标率 100%，其中大专以上学历 1556 人，占 81.8%。全区初中专任教师 1376 人，学历达标率 98.6%，其中本科以上学历 1192 人，占 86.6%。全区高中专任教师 672 人，学历达标率 98.5%，其中研究生学历 208 人，占 30.9%。骨干教师队伍建设取得较大进展，全区有佛山市、三水区两级学科带头人和骨干教师 213 人。全区各级各类公办学校 54 所，其中电大 1 所、中等职业技术学校 2 所、业余体校 1 所、特殊教育学校 1 所、中小学生社会实践基地 1 所、普通高中 3 所、初级中学 12 所、小学 33 所。全区公办学校在校学生（含中职）57840 人，其中小学生 30752 人、初中生 12951 人、高中生（含中职）14059 人。民办学校 17 所，学生 29248 人。全区小学适龄儿童入学率为 100%，小学毕业升学率 100%，九年义务教育覆盖率 100%。

（二）文化和体育

10 年来，三水区不断完善区、镇、村三级公共文化服务网络，实现基本公共服务均等化。多个文化站被评为省特级文化站，芦苞镇文化站获首批"广东省百佳文化站"称号。推进农家书屋稳步发展。举办各类文体活动，送电影下乡。文艺创作精品迭出，多件文艺精品入选国家、省、市展现或获奖。区每年举办各类大型体育活动数十场次。2012 年，有区级体育场馆 1 座、少年业余体校 1 间。体校学生 350 人，区向上输送体育人才 63 人，其中向国家级输送 7 人。三水籍运动员在国际赛、国内赛获第一名 61 项。

（三）科学技术

10 年来，三水区坚持以科技带动生产力，以科技提升产品质量。至 2012 年，全区工程技术研究开发中心有省级 9 家、市级 26

家、区级45家。多个项目获国家科技型中小企业创新基金项目立项。完成市级科技成果鉴定多项。有广东省高新技术企业42家、省民营科技企业101家。

（四）卫生

10年来，三水区不断加强卫生服务网络和医疗质量建设，推进卫生医药体制改革，做好重大疾病防治和重点传染病监测工作。至2012年，三水区有177家卫生医疗机构，其中医院18家、卫生院16家、卫生防疫站1家、社区卫生服务机构46家、村级卫生室16家。卫生机构有床位2032张。卫生技术人员3208人，年内医院、卫生院诊疗人数425万人次。全区783个自然杜有385个村创建为广东省卫生村，创建率为49.1%。

（五）社会保障

10年来，三水区社保方面工作成效显著。2012年，全区城镇职工养老保险实际缴费人数159962人，比上年增幅4.4%；失业保险实际缴费人数153370人，增幅13.3%；工伤保险实际缴费人数158368人，增幅6.58%；医疗保险参保人数187474人，增幅29.9%。全区新农保参保率为97%，基本实现全覆盖。区社会保险基金管理局荣获"广东省新农保工作优秀示范点"称号。

十四、生态文明建设

（一）城市建设

10年来，三水区持续实施城市升级，完善市政路网和配套设施，推进内河涌综合整治，加强园林绿化养护和市政管理。三水区获佛山市创建宜居城乡工作绩效考评优秀等次。芦苞镇获评为广东省宜居示范城镇，多个村委会获评为广东省宜居示范村庄。每年都完成村村通自来水任务，通水的村达587个。6个镇（街道）建成污水处理厂，铺设污水管网15千米。"花园三水"建设蓬勃发展，全区园林绿地面积不断扩阔。启动城市排水与截污工程专项规划，解决城区"大雨水浸街"问题。推进一批公路干线综合整治项目，路况得到明显改善。

（二）环境保护

10年来，三水区加快推进节能减排工作。2012年，西南城区气候量状况呈现"优""良"状态有356天，占全年总天数的99.2%。大气综合污染指数为2.09，比上年上升0.35。各项污染物的污染分布指数分别为二氧化硫0.45、二氧化氮0.45、可吸入颗粒物0.59、降尘0.6。二氧化硫年平均浓度为每立方米0.027毫克，二氧化氮年平均浓度为每立方米0.036毫克，可吸入颗粒物年平均浓度为每立方米0.059毫克，均达到国家环境空气质量二级标准。降尘年平均值为每月平方千米4.8吨。大气降水pH年均值为4.57，酸雨频率为72.5%。全区达到主要污染物总量减排年度削减5%的目标。

（三）创建全国文明城市工作

10年来，三水区持续推进城市升级和创建全国文明城市（简称"创文"）工作，努力实现城市管理"运行市场化、管理网络化、作业精细化、考核标准化"及"美化、绿化、亮化、数字化"的工作目标。加强区级、镇（街道）、社区城管队伍建设，广大干部群众积极参与"创文"工作。2012年公共文明指数测评，三水区名列全市第二位。在主流媒体刊播"创文"新闻、专题1000多篇，发动社会各界为"创文"出谋划策，录播《"智汇三水"创建全国文明城市大家谈》电视节目30期、《对话民生》电台节目33期。出台"创文计划"，营造社会氛围。开展公民道德教育进农村、进社区、进学校、进企业、进机关活动。举办"三水精英""三水好人""微文明在社区"宣传评议活动，涌现一批文明志愿服务队。开展"幸福三水"系列品牌创建活动，倡导文明风尚。推进净化社会文化环境工作，重点打造文明上网工程，未成年人成长环境得到优化。成立全省首个县（区）级的企业文化促进会，开通 QQ 群、移动短信平台，加强内外信息交流，打造企业文化基地。

第四节 大国振兴，十八大再创辉煌（2012—2017 年）

　　自从党的十八大以来，以习近平同志为核心的党中央接过历史的接力棒，高举中国特色社会主义伟大旗帜，以对党、对人民、对民族高度负责的精神，总揽全局、运筹帷幄，励精图治、奋发有为，汇聚起实现中华民族伟大复兴的强大力量，带领全党全军全国各族人民开创了党和国家事业发展的崭新局面。以习近平同志为核心的党中央提出了一系列治国理政的新理念、新思想、新战略，取得了举世瞩目的成就。在这 5 年里，中国发生了一系列历史性的变化，经济社会进入了发展的快车道并硕果累累，逐步迈向伟大的复兴。在党中央的正确领导下，三水区全面落实党的十八大会议精神，扎实推进经济建设、政治建设、文化建设、社会建设、生态文明建设和党的建设，胜利完成既定目标任务。

一、经济建设

　　5 年来，中共三水区委、区人民政府全面贯彻党的十八大精神，坚持稳中求进工作总基调，攻坚克难，乘势而上，推动经济社会发展取得显著成效。地区生产总值持续增长。2017 年，三水区实现地区生产总值 1150.91 亿元，比上年（下同）增长 8.5%。其中，规模以上工业总产值 3245.6 亿元，增长 9.2%。全社会固定资产投资额 796.6 亿元，增长 19.4%。地方一般公共预算收入 54.38 亿元，增长 15.3%。经济发展提质增效。位列全国综合实力百强区第 36 位、综合百强区第 15 位。

（一）交通网络

5 年来，三水区不断投入建设，完善交通网络。至 2017 年，三水区内形成铁路（高速铁路、城际轨道）、公路（高速公路）、水路等三种运输方式构成的交通运输网络。有广茂、广珠铁路和贵广（南广）高速铁路及广佛肇城际轨道过境，广三、广贺、广肇、广明、西二环、佛山一环和珠外环（肇花）等 7 条高速公路过境；有国道 321 线、国道 324 线过境，有省道 269 线、省道 118 线、省道 361 线、省道 381 线过境；有县、乡（镇）级公路 148 条，总长 528.4 千米。水运由西江、北江可通广州、清远、韶关、肇庆、梧州、江门、香港、澳门，有三水港、西南口岸 2 个货运出口码头。

（二）财政与金融

5 年来，三水区地方一般公共预算收入持续保持增长。2017 年，三水区地方一般公共预算收入 54.38 亿元，比上年增长 15.3%。一般预算收入加上上级补助收入、债务转贷收入、动用预算稳定调节基金、从政府性基金调入，一般公共预算收入合计 65.37 亿元。加上上年项目结转 3.12 亿元，收入总计 68.49 亿元。为年初预算的 96.6%，比上年增收 2.84 亿元，增长 6.2%。一般公共预算支出 52.03 亿元，为年初预算的 108.7%，减支 6.35 亿元，下降 10.9%。一般公共预算支出加上上解支出 10.36 亿元、债务还本支出 0.1 亿元、安排预算稳定调节基金 2.3 亿元，一般公共预算支出合计 64.8 亿元。

辖区有银行类金融机构 17 家、金融网点 134 个。各金融机构认真执行国家金融宏观调控政策，强化内部管理，调整信贷结构，金融生态环境优化，金融业经营状况好转，资金实力增强。2017 年末，全区金融机构本外币各项存款余额 653.87 亿元，比年初增加 64.26 亿元，增长 10.9%；各项贷款余额 442.16 亿元，比年初增加 49.83 亿元，增长 12.7%；出口收汇 13.80 亿美元，比上年下降 17.2%；进口付汇 7.07 亿美元，下降 35.1%。金融运行平稳，有力地支持全区经济发展。

（三）产业发展

5 年来，三水区全力推进强优项目引进，加快产业优化升级，扶持、引导企业加大自主创新投入。经济保持平稳较快的发展势头，经济发展质量有明显的提高，发展后劲不断增强。2017 年，全区规模以上工业（以下口径相同）总产值 3216.6 亿元，比上年增长 9.2%。其中，国有企业增长 14.7%，股份制企业增长 7.8%。分轻重工业看，轻工业增长 7.5%，重工业增长 8%。分企业规模看，大型企业增长 7.1%，中型企业增长 6.9%，小型企业增长 10.5%。高新技术制造业工业总产值 243.99 亿元，增长 19.3%，其中，医药制造业下降 4.5%，电子及通信设备制造业增长 18.2%，计算机及办公设备制造业下降 1.4%，医疗设备及仪器仪表制造业增长 20.1%。先进制造业工业总产值 1422.79 亿元，增长 10.6%，其中装备制造业增长 13.4%，钢铁冶炼及加工业下降 2.3%，石油及化学行业增长 3.4%。装备制造业中，汽配制造业下降 31%；石油及化学行业中，石油加工业下降 9.4%，化学原料及化学制品制造业增长 11.6%，橡胶制品业增长 7.3%。传统产业工业总产值 1413.57 亿元，增长 10.4%，其中纺织服装业增长 6.4%，食品饮料业增长 8.7%，家具制造业增长 9.8%，建筑材料增长 11.2%，金属制品业增长 15.2%，家用电力器具制造业增长 9.9%。全年规模以上工业实现销售产值 3100.53 亿元，比上年增长 7.4%，销售率为 97.4%。实现利润总额 208.96 亿元，增长 3.2%。

（四）产业招商

5 年来，三水区坚持"招新引强、挖掘存量"双管齐下，加强招商引资政策体系建设，引进投资项目 491 个，协议投资总额 1520.21 亿元。汽车、机械设备、饮料食品、新型材料、光伏太阳能、现代服务业等不断壮大。其中，万科集团、中国南山开发集团 2 个国内外 500 强企业进驻。

（五）产业基地建设

5 年来，三水区坚持"集约建设、集群发展、产业招商、效益园区"的理念，把发展园区经济和招商引资工作作为重中之重，加大园区基础设施建设和招商引资力度，使园区经济的发展质量和产品不断提高，各产业基地建设成效显著。2013 年，中国（三水）国际水都饮料基地——西南园开发土地 84.9 万平方米，基础设施投入 4.2 亿元。2014 年，中国（三水）国际水都饮料基地——西南园"饮料产能 300 万吨"等 4 个项目入选广东省重点项目。佛山高新区三水园——三水工业园区推动 20 多家企业应用 100 台机器人，建立全球首个工业机器人行业巨头 KUKA 集团与高校合作应用机器人技术培训的项目。此外，白坭园、芦苞园、大塘园、南山园亦不断完善园区建设，工业产值年年递增。

（六）商贸流通

5 年来，三水区城市综合力增强和商业配套完善，全区商贸流通业保持稳步增长的势头。2017 年，全年社会消费品零售总额 229.39 亿元，比上年增长 9.5%。按消费形态分，商品零售 192.97 亿元，增长 10.0%；餐饮收入 36.42 亿元，增长 6.8%。大力发展现代物流业，推进物流企业科技创新，优化物流配送环节，全区货物流转量达 2208 万吨，增长 12.9%，港口货物吞吐量 1621.66 万吨，增长 9%，集装箱 1012.35 万吨，增长 21.3%。

（七）对外经济贸易

5 年来，三水区坚持发展对外经济贸易。2017 年，三水区合同外资金额 37350 万美元，比上年增长 0.2%；实际使用外商直接投资金额 8746 万美元，下降 10.5%。全年外商直接投资 17 宗，下降 10.5%。全年进出口总额 24.8 亿美元，下降 4.2%。其中，出口 18.4 亿美元，增长 2.9%；进口 6.4 亿美元，下降 20%。

（八）旅游业

5 年来，三水区推动旅游产业升级，提高服务水平，区旅游业总体呈现稳步上扬的态势。三水区有花园酒店、金太阳酒店、绿湖温泉度假酒店 3 家五星级旅游饭店，凯迪威酒店 1 家四星级旅游饭店。三水温泉度假村被评为国家 AAAA 级景区，佛山伊利乳业集团被评为国家 AAA 级景区，有中旅华厦酒店、阳光假日酒店、君悦酒店、恒福酒店 4 家三星级旅游饭店。有一批星级农家乐饭店，促进旅游餐饮业的多元化发展。2013 年，三水区举办首届旅游文化节，此后每年举办均取得不俗的成绩。2014 年发行三水首本旅游读本《乐三水》。2015 年举办首届三水佛教文化节，承办 2015 年广东国际旅游文化节。2016 年承办佛山市旅游局"探寻古村落·领略佛山味"古村游启动仪式，三水区南丹山旅游度假区进行二次升级改造，三水荷花世界启动升级改造项目，金太阳酒店、花园酒店通过国家星级饭店评委的五星级旅游饭店评定性复核。2017 年，全年旅游总收入 22.5 亿元，比上年增长 5.4%，接待旅游人数 513.47 万人次，增长 9.7%。

（九）农业

5 年来，三水区每年的农业总产值持续攀升，2017 年实现农业总产值 73.1 亿元，比上年增长 3.9%，其中，种植业产值 21.16 亿元，增长 1.6%；林业产值 0.23 亿元，下降 3.0%；牧业产值 2.04 亿元，增长 18%；渔业产值 15.88 亿元，增长 10.5%。

全年农作物种植面积 24740 公顷，增长 0.7%；蔬菜播种面积 12046.67 公顷，增长 1%；经济作物播种面积 2146.67 公顷，增长 7.7%。全年粮食产量 3.54 万吨，增长 0.4%；蔬菜产量 1.65 万吨，增长 1.5%；水果产量 2.4 万吨，增长 12%。全年肉类总产量 12.33 万吨，增长 2%；其中猪肉 5.07 万吨，增长 1.7%；禽肉产量 7.24 万吨，增长 2.2%。全年水产品产量 12.26 万吨，增长 3.3%。全年"三鸟"饲养量 4626 万只，增长 2.9%；生猪饲养量 106 万头，增长 2.9%。三水区"宝特贝儿"都市现代农业示范区被认定为 2016 年度佛山市四星级现代农业园区，新增 7 家市级菜篮子基地，建立二维码质量安全追溯系统，开展菜篮子基地监测信息化系统建设。

二、政治建设

5 年来，中共三水区委围绕建设"广佛创智之城、岭南水韵胜地"目标，提出以弯道超车的决心和魄力推动三水加快发展，以改革提效能、优服务，以改革惠民生、暖民心，以改革保稳定、促和谐，充分发挥改革牵引作用，进一步优化营商环境，改善民生福祉。坚定推进全面从严治党，充分发挥党委总揽全局、协调各方的领导核心作用；加强和规范党内政治生活；全面加强党内监督；让担当实干成为工作常态。

（一）党风廉政建设

5 年来，中共三水区委深入贯彻落实党的十八大精神，落实中央八项规定，坚决反对"庸懒散奢"，切实增强"学党章强党性、讲规矩守纪律"，加强党风廉政建设。中共三水区纪委以"守纪律、讲规矩、作表率"为主题开展纪律教育学习月活动，举办"双集班"，开展"廉洁火炬杯"党规党纪知识竞赛和"微考学"活动。建立纪律专项核查机制，畅通信访举报渠道，坚持快查快核，确保换届风清气正。加强干部监督，运用科技手段实现廉政风险同步预防，完善党风廉政建设体系，区、镇（街道）、村（居）各级聚焦主业主责，加大源头治腐，党风廉政建设取得明显成效，筑牢反腐倡廉的思想防线。

（二）人大监督

5年来，三水区人民代表大会切实履行人大的监督职责，每年都开展调研、执法检查，组织人大代表集中视察、培训，切实履行区人大的监督职责。区人大常委会深化工作机制，推进法治政府建设和法治城市、法治区的创建工作，着力解决群众反映强烈的社会综合治理等问题，落实"法治三水""平安三水""和谐三水""全国文明城市"创建工作，各项创建工作取得阶段性的显著成果。

（三）参政议政

5年来，政协三水区委员会坚持把助推三水经济社会又好又快发展作为履职的第一要务，把服务民生作为履职的着力点，切实履行政治协商、民主监督和参政议政职能，提案督办、专题视察、调研议政、反映社情民意、扶贫助学光彩事业等各项工作取得较好成绩。通过专题视察和调研活动，形成调研报告和提案报送区委、区政府作决策参考，为三水区经济社会发展和民生事业起到推动作用。

三、文化建设

5年来，三水区在教育、文化、科学技术、群众体育等方面加大投入，完善各项设施，取得了较显著的成绩。全区各类教育协调快速发展，基础教育高水平普及，推行教育资源配置均等化，城乡间、学校间的教育差距逐步缩小，师资队伍整体素质不断提高，教育队伍人才培养取得新成效。开展全区"平安校园"创建工作，为广大师生营造安全稳定的校园环境。保护和传承历史文化资源，开展各种文化惠民、特色文化展示活动。推进文化精品创作，组织文艺作品参与上级的各项评比、展演和展览，获省、市级以上奖项多个。出版了一批富有思想性、艺术性、观赏性的文艺精品。加强文物保护工作，2016年完成《三水区第一次全国可移动文物普查验收报告》和《三水区第一次全国可移动文物普查工作报告》编制工作，举办佛山市三水区第一次全国可移动文物普查成果展。努力提高全区档案工作水平，加强地方志资料年报、地情利用工作。推进企业转型升级工作，完善科技创新政策和加强企业创新体系建设，科技人才培养和科学普及工作取得新进展。

（一）教育

5年来，三水区教育经费总投入约80亿元。至2017年，三水区有高等院校2所，教职工926人，在校学生23814人；普通中学26所，教职工2761人，在校学生29154人；职业中学3所，教职工376人，在校学生5782人；小学34所，教职二2903人，在校学生47793人；幼儿园65所，教职工2875人，在园幼儿21354人。学龄儿童入学率100%，小学升学率100%，初中升学率99.2%，普通高中升学率99.1%。

（二）科学技术

5年来，三水区登记科技成果数量超百项。专利申请量过万项。至2017年，有企业工程技术研究中心87家，高新技术企业280家。省级工程技术研究中心20家，市级工程技术研究中心39家，区级工程技术研究中心28家，全区各级工程中心250家，广东省高新技术产品263个。广东三水合肥工业大学研究院被认定为广东省新型研发机构。

（三）文化和体育

5年来，三水区完善区、镇、村三级公共文化服务网络，实现基本公共服务均等化。全区70个行政村（居）文化室实现"五个有"要求，建成82家数字农家书屋、8家园区书屋，完成28家农家书屋数字化升级。文艺创作精品迭出，选送音乐舞蹈展演节目获国家、省、市奖。举办区级群众体育竞赛活动多项，协助机关、企业、单位及各镇（街）开展群众体育活动。至2017年，全区有区级体育场馆1座、少年业余体校1间，在校学生350人。在校学生体育达标率99.5%。

（四）群众文化活动

5年来，三水区着力打造群众文化活动品牌，开展文化"五送"惠民工程（送演出、送图书、送电影、送展览、送培训等多项服务）。举办"淼城人"三水首届人物写生创作画精品展、"潮涌三江"三水历史文化图片展等展览；举办多次粤剧专场晚会、三水区欢天喜地闹元宵文艺晚会、"潮涌三江　扬帆远航"三水区"宣传思想文化进企业"系列活动专场晚会等大型文化活动；举办"书香三水"阅读节、"童行三水，益路有我"及文化进校园系列讲座等活动。举办2016年"三好"（好身手、好声音、好风采）文化系列活动，搭建才艺展现平台。举办2016"筑梦佛山"文化艺术公益夏令营，为560名外来务工人员子女提供专业文化辅导课程。

四、社会建设

5年来，三水区民政、宗教、外事、侨务、医疗卫生、社会保障等各项社会事务和工作取得较大进展。民政部门完成全国各地普查工作。全区完成年度人口计划生育目标任务。推进全区卫生服务网络、医院"三名"（名院、名科、名医）工程、医疗卫生服务质量建设，切实加强疾病预防控制工作，努力提高广大群众的健康水平。全区社会保障、医疗保障工作基本实现全覆盖。坚持"以人为本、为民解困、为民服务"的宗旨，发挥民政在构建和谐社会中的"稳压器"作用，推进社会救助工作，提高各项救助标准；做好双拥优抚安置工作，扶持公办、民办养老服务体系建设；社会事务管理、社会福利工作、社会组织和义工队伍建设等方面取得显著成绩。

（一）卫生

至2017年，三水区有212家医疗机构，其中医院14家、社区卫生服务机构57家、村级社区卫生服务站52家、门诊部31家、诊所58家，此外还有卫生所4家、医务室27家、专科疾病防治所1家、疾病预防控制中心1家。卫生机构有床位2533张。卫生技术人员4152人，其中执业医师和执业助理医师1433人，注册护士1743人。年内医院、卫生院诊疗人数761万人次。加强卫生服务网络和医疗质量建设，推进卫生医药体制改革，做好重大疾病防治和重点传染病监测工作。2016年，三水区被评为省级妇幼健康优质服务示范区，白坭镇、芦苞镇创建成为"全国亿万农民健康促进行动规划"国家级示范区。

（二）社会保障

5年来，三水区扩大社保覆盖面，推进社会保障工作。2017年，全区职工养老、医疗、失业、工伤、生育保险参保人数分别为20.25万人、19.33万人、18.4万人、18.4万人、18.52万人。全区城乡居民养老保险参保缴费人数为2.27万人，参保率97.1%；全征土地农村居民基本养老保险，全区参保村数为173个，参保缴费人数为1.3万人，参保率达90.3%；受理工伤认定申请1640件，认定工伤1606件，受理劳动能力鉴定申请681件；社会保障卡制卡48万张。全区各种社会福利收养性单位239个，床位 3069 张。城镇最低生活保障对象 439 人、农村最低生活保障对象 2779 人，全年发放低保金额 1917.21 万元，发放医疗救助金 425.42 万元。

五、生态文明建设

5 年来，三水区继续围绕"广佛创智之城，岭南水韵胜地"的建设目标和"三水新城"的建设规划，完善市政路网和配套设施，推进内河涌综合整治，加强道路、园林绿化养护和市政管理。在创建全国文明城市工作中，深化体制改革，落实长效管理、民生实事、景观改造、环境保护、城管"八乱"整治（"八乱"指乱贴、乱画、乱停、乱放、乱搭、乱建、乱摆、乱堆）。白坭镇、芦苞镇、大塘镇、南山镇创建为国家生态镇。三水区推进"村村通自来水"工程建设，重点规划芦苞、大塘、南山镇等北江以西片区农村自来水工程，全区自然村按常住人口计算，自来水通水率 95%。城市面貌、居住环境、市民素质得到明显提升，"海绵城市"建设成效显著。

（一）城市建设

5 年来，三水区持续实施城市升级行动，完善市政路网和配套设施，推进内河涌综合整治，加强园林绿化养护和市政管理。三水区深化体制改革，推动城管"创文"长效管理、民生实事、景观改造和城市管理"八乱"整治，加强城管"创文"宣传。2016 年获佛山市城市管理考评年度第一名。7 个镇（街道）建成污水处理厂 8 间，管网建设项目 34 个，完成管网建设 31 千米。开展"海绵城市"建设，完成 4 个"海绵城市"建设项目。开展旧党校片区水浸改造工程和一环东路片区水浸改造工程。改善和优化城市公共自行车服务系统，加强环保执法，加强对公共自行车的保养和管理。

（二）环境保护

5年来，三水区环境质量基本保持稳定，至2017年，全区饮用水源地、地下水断面及西江、北江三水段水质达标率100%，15条责考河涌中水质达标有10条，达标率66.7%。饮用水源水质达III类水质标准。全年空气质量指数（AQI）优良天数295天，达标率81%。列入考核的6项空气质量指标中，二氧化硫、一氧化碳、臭氧和PM10均达到国家环境空气质量二级标准、二氧化氮和PM2.5未能达标。在"创文"工作中，加强环保执法，狠抓重点行业的综合整治。大力整治城乡卫生环境，推进道路景观绿化、美化，提高环境质量。

（三）创建全国文明城市工作

2016年，三水区推进"创文"工作，坚持"组织机构到位、工作机构到位、宣传发动工作到位"，形成"党委总揽、政府主导、行业协调、部门配合、区镇联动、全民参与"的创建格局，加大宣传和管理力度，提高市民素质和城市文明程度，取得良好成效。努力实现城市管理"运行市场化、管理网络化、作业精细化、考核标准化"及"美化、绿化、亮化、数字化"的工作目标。加强区、镇（街道）、社区城管队伍建设，广大干部群众积极参与"创文"工作。开展精神文明主题活动130多场，涉及机关、社区、农村、学校、企业文明创建。以"善行三水"为品牌，开展"敬业机关、友爱社区、阳光校园、快乐乡村、诚信企业"系列主题活动。建立"感动三水"道德人物推荐、公民道德修养课堂、生活困难道德模范帮扶等长效工作机制，通过带动示范持续进行文明创建。

附　录

附录一 历史文献

南三大队发表的《黄平部队告南三同胞书》

为庆祝珠江纵队独立第三大队成立而印发的新年贺卡

广东人民抗日游击队珠江纵队独立第三大队关防

珠江纵队独立第三大队南三乡政建设委员会钤记

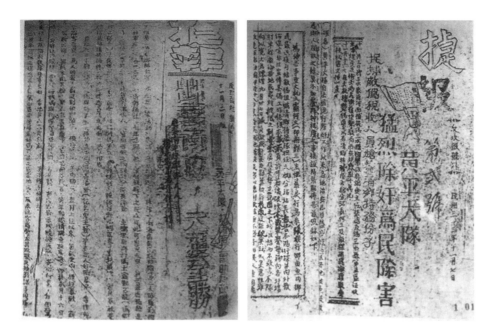

南三大队印发的捷报

独立第三大队政训室印发的学习资料

附录二 大事记

1922 年

1 月 21 日　三水人邓培参加第三国际在莫斯科召开的远东各国共产党及民族革命团体第一次代表大会，并在会上介绍中国工人运动情况。期间，与张国焘受列宁接见。

1923 年

6 月 12—20 日　在广州召开的中国共产党第三次全国代表大会上，邓培当选中共中央执行委员会候补委员。

1926 年

5 月　中共三水县党支部成立，隶属中共广东区委，梁应坤任党支部书记，支部设于上横涌村书舍。

6 月　三水县第一个农民协会——上横涌农民协会成立。

10 月　广东省农民运动领导人彭湃、周其鉴到三水检查农民运动。

11 月　三水县农民协会成立，梁应坤任会长。

1927 年

4 月　蒋介石发动反革命政变，国民党反动派派人到三水搜捕共产党人和进步工会领导。

4月15日　中共三水县支部发动千余人包围县署抗议，迫使县长取消对何挽中、卢启杰的通缉令。

秋末　中共三水县委员会成立，梁应坤任县委书记，委员有邓熙农、陆伟昌等。县委机关设在西南街。

12月11日　广州起义的枪声打响后，邓熙农、陆伟昌率领以西南理发业工会工人为主的工人赤卫队和阁美村农民自卫队为主的革命武装支援广州起义，曾一度占领广三铁路走马营路段。

1928 年

4月　自广州起义失败后，中共三水县委组织遭破坏，停止活动。

是月　中共广东省委派员帮助成立中共三水县临时委员会，书记梁应坤，机关驻西南街。

8月9日　恢复中共三水县委，书记梁应坤，委员有邓熙农、陆伟昌等，机关设在西南街。

8月下旬　中共三水县委委员邓熙农在云塘村家中被国民党逮捕，押往广州南石头监狱，邓熙农在狱中坚贞不屈，1930年12月24日在县城河口英勇就义。县委委员陆伟昌在南海县南沙乡活动时，被前来围捕的南海县兵乱枪击中牺牲。

1934 年

8月　中共广东省委领导机关被破坏，三水全县共产党员奉命分头易地疏散隐蔽。县委书记梁应坤转移香港，坚持革命斗争（1942年，梁受党派遣前往海南岛执行任务时，在船上遇叛徒与之搏斗同归于尽，牺牲于琼州海峡）。

1937 年

7 月 7 日 卢沟桥事变，抗日战争全面爆发，在全国人民的巨大压力下，蒋介石承认中共的合法地位，再度实行国共合作。

8 月 中共三水县委恢复活动。

是年 河口民众团体组织御侮救亡委员会抵制日货。

1938 年

3 月 7 日 三水县内各界成立民众自卫抗敌后援会，组织战地工作团，分赴各乡开展抗日救亡宣传活动。是夜，在三水县城举行反侵略火炬大巡行。

10 月 26 日 日军相继攻陷西南及县城河口，国民党县政府撤至芦苞。芦西公路客车运输中断。为阻止、抗击日军进犯，抗日军民拆除广三铁路佛山至西南段路轨。

1939 年

5 月 三水县特别支部成立之后，即把党员分别插进国民党三水县党政机关（包括县政工总队）、抗日自卫队、国民兵团和驻六和一带的"挺四"以及农村学校。他们利用工作关系，与国民党军政官员和地方实力派人物接触，从中做统战工作，争取他们转变为抗日力量。打进国民党三水县政府政工队的共产党员，随政工队一起先后活动于三水的永平、蔡边、南岸曹、独树岗、牛栏岗、先觉院、黄塘圩、源潭圩等地，通过办夜校、妇女识字班，组织剧团、歌咏队、抗日慰劳队、自卫队、壮丁队，以及开展民众武装训练等形式，宣传共产党抗日救国的主张，提高群众觉悟，积极参加抗日救亡活动。在三水县特别支部的领导下，全县共产党员坚决贯彻党的抗日民族统一战线，执行党的各项方针政策，广泛团结了全县人民和国民党抗日官兵，控制和掌握了地方和抗日军队的基层领导权，奋起抵抗日军的侵犯。

5 月底　四会县青年三水前线服务总队 120 多人（均为四会县青年）在队长肖德根、副队长潘达（均为共产党员）率领下到达南三边区的乐平、桃圩、小迳、下洞、大勒、沙头、三江等抗日前沿乡村活动。该队中共地下党组织与三水县特别支部建立临时组织关系，并配三水县特别支部开展抗日宣传活动。

7 月　四会县青年三水前线服务总队奉命撤回四会县。

11 月　广游二支队第一大队于番禺钟村战斗后，转移到三水县乐平圩设卡收税，并在三水沙头村（今属南海市）、桃圩村一带抗击日军。

1940 年

6 月　中共西江特委书记刘田夫在芦苞指导由三水县工委负责人李静音主持的"巡河班"（在北江河的船艇上以游河形式进行）。培训一批以党员为主的女干部。

7 月　中共三水县工委委派共产党员麦少华等 2 人在芦苞开办"三八"书店，出售《新妇女》《大众哲学》《新华日报》等进步书报。

10 月　中共三水县工委又以县新生活运动促进妇女工作委员会名义，发动社会上层妇女向商户募捐万余元，在芦苞对岸开办义民火柴厂，帮助部分难民解决生活出路。

是月　中共南（海）三（水）番（禺）沦陷区工作委员会成立，隶属北江特委，王磊任书记。

12 月 27 日　下午 1 时，日机 3 架空袭芦苞，炸毁店铺民房 30 余间，死伤 70 余人。

1941 年

年初　中共三水县工委改为中共三水县委员会，原县工委领导成员全部留任，增加谭丕桓、黄万吉、麦长龙为县委委员。县委机关先后驻芦苞镇麦街 6 号、大塘莘田村和乐平桃圻村等地。

2 月 9 日　驻三水、佛山日军 3000 余人进犯芦苞。10 日，芦苞陷落。12 日，日军撤退时恣意纵火焚烧，商店大部分被毁，几成废墟。

6 月　麦长龙、地下党员潘达在桃圻小学和小迳小学建立抗日活动交通点。

7 月　原中共西江特委委员龙世雄及其爱人、共产党员罗钊到小迳以医生为职业掩护开展沦陷区工作。冯荣、云昌遇常到小迳村研究和部署沦陷区抗日工作。

10 月间　日军"大扫荡"，划桃圻、小迳等乡村为无人地带，烧杀抢掠。麦、云、龙、罗撤到南海县小榄圩，联络地点设在地下党员高柱天开办的福昌云吞面店和龙世雄、罗钊夫妇开设的惠民医社。潘达在小迳村坚持到是年底。

11 月 6 日　日军以 1 个联队兵力包围三江圩和附近村庄，大肆烧、杀、抢，并将搜出的 18 名男女押至三江村大巷井边用机关枪射杀后，再用禾草覆盖尸体焚烧（其中梁林盛只伤头部，幸得逃脱生还）。接着日军又杀害三江圩民 2 人，将其中一无头尸体绑于圩内洪圣庙门口的石柱示众。

12 月 25 日　日军侵占香港。旅港三水同乡会资助 3723 名乡亲返乡避难。

是年　中共清（远）三（水）花（县）边区工作委员会成立，特派员何俊才。

1942 年

　　10 月　为执行"隐蔽精干，长期埋伏，积蓄力量，以待时机"的方针，中共三水县党组织暂停活动，大部分党员分批撤离三水县。

1943 年

　　2 月 12 日　日军三陷芦苞后，在九十九岗一带筑炮垒固守。国民党三水县政府迁至鹿洞乡蒲坑村。县境除鹿洞、和平、龙潭、永安上、永安下等 5 乡及永治、安和乡部分村落外，余垆被日军占领。

　　是年　日本南支派遣军参谋菊机关特务头子菊池信到大塘莘田村活动，发展日特组织，刺探军事情报。菊池信回江门时被抗日游击队击毙。

1944 年

　　7 月　南番中顺游击区指挥部决定，把南海人民抗日独立中队扩编为南（海）三（水）大队，黄平任大队长，李群任政委，潘恩隆任中队长。

　　9 月 11 日　日军西犯广西桂林，兵过三水县六和地区。三水县全境沦陷。县政府逃亡至四会、广宁等地。

　　10 月 16　南三大队（10 月起，隶属中区纵队）派潘恩隆率手枪队员数人，前往其家乡三水县沙头圩茶楼，击毙了县伪联防第五大队独立第四分队队长潘登（鬼王登），并出告示晓谕民众，群众拍手称快。在南三大队开展锄奸活动的震慑下和统战工作的深入，三水县田螺坭村伪联防队头目何新荣和桃坭乡伪乡长潘玉枢先后投靠南三大队，南三大队活动地区进一步扩展到沙头圩、田螺坑一带。

11 月 1 日　南三大队 60 多人冒雨攻打南边圩伪警备队，缴获长短枪 60 余支、机枪 2 挺和子弹一批。

1945 年

1 月 15 日　广东人民抗日游击队珠江纵队独立第三大队在沙头圩公开宣告成立。冯光任大队长，梅易辰任政委，潘恩隆任副大队长，陆华任教导员。队伍共百余人。

2 月 6 日　冯光、梅易辰率第一、二中队和手枪队及当地民兵 300 多人，从沙头、田螺坑出发，夜袭南海县官窑圩伪三区区署，俘伪军警 20 余人，缴机枪 2 挺、长短枪 80 余支，砸开监狱救出被押群众 30 余人，处决民愤极大的汉奸万卓南等 4 人。

2 月 14 日　独立第三大队第一、二中队主力和黄七、张世良、何新荣等地方武装共 200 余人，从沙头出发攻打乐平圩，遭汪伪联防队骆汉容部顽抗，不克。

2 月 15 日　南海县梁支厦、万文甫、孔四拱、刘启和三水县林伯平、骆汉容等汉奸、土匪 1000 余人，向沙头、丰岗、小坭村一带进犯。独立第三大队奋勇迎击，战斗相持至 20 日。后驻西南街日军数十人赶来增援，游击队主动撤离。是役，日伪军死伤 50 多人，抗日军民牺牲 6 人。战士陈贻翼等 5 人及沙头、桃坭村群众 10 多人被敌俘虏，全被杀害。沙头圩一带民房被烧无数，被劫走耕牛百多头及大批财物。

2 月 25 日　中共地下党员陈肃立为掩护从沙头圩撤出的 8 位女同志，冒险渡江到高要县金利圩购买粮食，被国民党特工李教传派人于途中杀害。

4 月中旬　独立第三大队夜袭乐平源潭圩汪伪禤绍祥部，全歼守敌。

　　5 月底　独立第三大队南三乡政建设委员会成立，主任高云（高柱天），副主任麦少农（麦君素），民政委员邓楚云，武装委员邓斌（邓展明），下辖三水县的沙头、桃坄、源潭和南海县的小榄、大榄、银岗、小坄等 7 个联乡办事处，管辖纵横约 20 华里的地方。联乡办事处的主任、委员多选用当地知名士绅担任。办事处设民兵常备队，正、副队长多选当地实权人物担任。为加强对联乡办事处的领导，大队抽调一批干部分别到各联乡办事处任指导员。南三乡政建设委员会的主要任务：一是维持地方治安，保护人民生命财产，捍卫人民民主政权，打击反动势力；二是领导和保护生产；三是动员群众参军参战；四是征收军粮。乡政建设委员会辖下的地方一律免除日伪统治时期的各种劳役及苛捐杂税，开展减租减息运动，地主与佃农重新订立租约。实行减租减息后，每亩征收公粮 7.5 千克左右，广大群众因独立第三大队只搞粮税，所以很乐意缴纳军粮和税项。民兵维持治安，社会秩序良好，消除了村族械斗的现象。

　　8 月　日本投降，国民党部队接受驻西南火柴厂一个日军中队投降。

　　8 月 15 日　日本宣布无条件投降。鉴于形势变化发展很快，独立第三大队决定加紧北挺准备，命令分散各地的队伍回到三水县源潭附近一带集结待命。

　　8 月下旬　独立第三大队和第二支队一部 480 余人在三水源潭圩附近举行誓师大会，会后即由郑少康、梅易辰等率队向粤北挺进，于 12 月上旬先后到达江西省大庾县与东江纵队会师。同期北挺部队出发后，留守在南三边境的人员在高柱天（负责全面工作），曾标、严彪（先后负责军事），黄佩兰（负责组织），胡腾（负责统战），郭培福、余民生（先后负责财政）等人的领导下，坚持斗争。他们继 8 月底率领民兵常备队和发动群众击退了大天

二、伪联防队长禤绍祥向三水县源潭乡民主政权的反扑后，又于 11 月下旬，在国民党军队和地方反动团队近 2000 人疯狂向南三边境发动大规模的"围剿扫荡"中突围，保存了力量。留守人员于 12 月 15 日奉令先后撤离南三边地区。

9 月　中共北江特委先派袁海修，后派何君侠任中共三水县特派员，恢复和发展党组织。

1946 年

2 月　黄友涯任中共三水县特派员，公开身份为金本洲边小学教导主任。同月，中共派党员谭沃斌、巢健等到芦苞芦清乡小学任教。成立地下党支部进行革命活动。

8 月　李峰任中共三水县特派员。

1947 年

是年春　中共三水党组织为筹建一支以护航为名、实际由共产党员掌握的武装，以便开展斗争，决定派汤春韶（李峰夫人）回其家乡新会县司前变卖祖田筹款购买武器。汤返乡后，被当地乡长发现而被捕。在狱中，她保守机密，坚贞不屈。为使党组织免受破坏，上级党领导人把李峰和袁海修等调离三水，陈启锐接任中共三水县特派员。

同期　广州市郊一区特派员先后派共产党员伍平、卢文靖、郑乃行（郑方生）到三水县开展地下活动。

7 月　陈启锐因病离开三水，胡斯增接任中共三水特派员。

1948 年

10 月　根据中共珠江工委指示，在不暴露党组织的情况下，中共三水地下党组织用群众名义以合法形式对国民党"三征"

（征兵、征粮、征税）开展斗争。

年底　为宣传解放战争的伟大胜利，鼓舞和教育人民群众，打击反动势力，范湖保联小学、芦苞芦清小学的地下党组织、以简陋油印工具，秘密印发大量反内战传单，分发给统战对象，敦促国民党的地方武装、县政府和各区乡官员弃暗投明，将功赎罪。统战对象接到传单后，多数表示要同共产党合作。

1949 年

是年春　由于革命形势发展需要，陈启锐重返西区洲边小学任教，在该校建立中共西区洲边小学党支部，陈启锐兼任支部书记。

同期　在芦苞欧边小学建立党支部，书记何康明，副书记卢文靖。党员有甘坚、冯明（冯磊明）。

是年　在芦苞地区发展一批新民主主义青年团员，建立团支部。

是年　中共珠江地工委派共产党员张云、沈革、沈柏星、陈正宇等打入县保安警察大队第二中队做策反工作。

5 月　中共南（海）三（水）花（县）工作委员会成立。书记杜路，副书记陈启锐（主管三水工作）。隶属珠江工委。

7 月　地方实力派人物欧芳经中共地下党组织反复教育，派长子欧桂良与南三花工委代表杜路进行谈判，接受南三花工委提出的三项条件：一是不得妨碍中共地下党组织人员和游击队的活动。人民解放军未解放芦苞前，欧要负责确保芦苞一带安全和不受破坏，经济上支持游击队。二是人民解放军到境时不得抵抗。三是人民解放军到达后要主动把全部武装队伍交出整编。

8 月　为迎接解放大军南下，南（海）三（水）花（县）人民游击队成立，中队长骆展翔，战斗员百余人，有机枪 2 挺、长短枪 50 中多支。

附录三 **重要革命人物**

一、邓培

邓培（1883—1927），广东三水人。中国工人运动的早期领导人之一。生于贫苦工人家庭，14 岁到天津德泰机器厂当学徒，17 岁到京奉铁路唐山制造厂当工匠，曾参加同盟会活动。

1919 年五四运动爆发后，他在工人中组织职工同仁会和十人团，领导全厂工人和交通大学学生举行游行示威。1921 年春加入北京的共产党早期组织，同时领导成立唐山制造厂工会，被选为委员长。此后他积极开展工人运动，组织成立社会主义青年团，成立了中共唐山制造厂支部，任书记。

1922 年 1 月出席在苏联莫斯科召开的远东各国共产党及民族革命团体第一次代表大会，作为中国工人代表受到列宁的接见。4 月，任中共唐山地方委员会书记。8 月，被选为中共唐山地方执行委员会书记，同时担任中共北方区委委员、中国劳动组合书记部北京分部领导成员。1922 年，先后发动唐山制造厂 3000 余工人大罢工、唐山启新洋灰厂 7000 余工人大罢工和开滦五矿 3 万余工人总同盟大罢工，掀起唐山工人运动的高潮。他不仅是唐山地区中共组织的创建人，而且成为北方著名的工人运动领袖。

1923 年，邓培被选为京奉铁路总工会委员长。"二七惨案"后，积极发动唐山工人声援、募捐支持京汉铁路工人斗争。6 月，赴广州出席中共三大，被选为中央候补执行委员。会后回唐山继续领导工人运动，并筹建全国铁路总工会。

1924 年 2 月在北京参与领导召开全国铁路工人代表大会，正式成立中华全国铁路总工会，被选为委员长。

1925 年 1 月在中共四大会上，继续被选为中央候补执行委员，任中共中央驻唐山特派代表兼中共唐山地委书记。2 月到郑州主持召开全国铁路工人第二次代表大会，被选为全国铁路总工会执行委员。5 月赴广州出席第二次全国劳动大会，被选为中华全国总工会执行委员。五卅惨案发生后，他回唐山领导各界民众 2 万余人集会，声讨帝国主义罪行，举行罢工罢课罢市斗争。同年底被调到北京，专做全国铁路总工会工作。

1926 年 2 月在天津主持召开全国铁路工人第三次代表大会，继续被选为全国铁路总工会执行委员。不久作为全国铁路总工会总代表兼任驻广东办事处主任，到广州工作。5 月出席第三次全国劳动大会，再次被选为中华全国总工会执行委员。他领导广东铁路工人积极支援省港大罢工和北伐战争，并被选为广东省总工会委员。

1927 年 2 月到汉口参与主持召开全国铁路工人第四次代表大会，任主席团委员。4 月在广州四一五反革命政变中被国民党反动派逮捕，在狱中遭到严刑拷打，坚贞不屈。4 月 22 日，在广州从容就义。

二、陆伟昌

陆伟昌（1901—1928），广东三水青岐阁美村人。幼年丧父，母亲无力抚养，由在青岐圩开药店的叔父抚养长大。1920 年，陆伟昌小学毕业后考入县立中学。在学期间，他接受新思想，与一些进步同学秘密组织团体，开展学运。

1924 年中学毕业后前往广州等地，后来随彭湃从事革命活动，并加入中国共产党。1925 年底至 1926 年初，受彭湃派遣回家乡从事工农运动。陆伟昌先在阁美村开展工作。他与早年回三水活动的共产党员邓熙农、程鸿博一起，挨家挨户宣传。经过一段时间，农民群众普遍发动起来，百分之九十的农民加入了农会。1926 年夏秋间，阁美村农会正式成立，陆伟昌还建立了一支 30 多人的农民自卫军，自任总队长。农民自卫军在保卫农会，维持治安，以及后来在支援北伐中作出了很大的贡献。在组织阁美村农会的同时，陆伟昌与邓熙农及从香港、广州回来搞农民运动的张剑影、李恒高、刘作舟等人深入到西区青岐的 7 乡 10 多条村发动农民。经过几个月的努力，青岐所有村乡都成立了农会，很多农会还组织了农民自卫军，青岐成为全县农民运动最活跃最有声势的地区。陆伟昌还常到西区的大路、岗根和中区的塱西、西村、伏户、上九等乡村帮助开展农运工作。这些地方农会成立时，他都在会上发表演讲，鼓动农民起来斗争，对三水农运的蓬勃发展发挥了很大的作用。工农革命运动的开展，为三水地方党组织的建立创造了条件。1926 年五六月间，中共三水县支部成立，陆伟昌为支部成员，他和支部的成员一起全力领导工农群众运动。同年夏秋，40 个乡村和 1 个区成立了农会，会员达 3400 多人，全县农运进入了高潮。

1926 年秋，农民运动领导者彭湃到三水视察农运工作，陆伟昌和梁应坤、邓熙农向彭湃详细地汇报了三水农运情况，彭湃对如何进一步开展农运进行了指导，从此，三水农运以磅礴之势向前发展。1926 年 11 月，三水县农民协会在县城河口成立，全县 30 个乡、50 个村的农会和中小学、机关团体均有代表参加成立典礼。陆伟昌被选为县农会委员兼县农民自卫军队长。当工农革命运动犹如澎湃的怒涛滚滚向前，有力地荡涤封建势力之时，以蒋介石为首的国民党于 1927 年 4 月 12 日发动政变，三水的国民党右派于 4 月 19 日开始"清党"行动，大肆搜捕共产党人和革命群众。国民党三水县党部改组委员李国雄向省密告陆伟昌、邓熙农有是共产党嫌疑。当局派人查封陆伟昌的家并到处张贴告示，出"花红"（赏金）缉捕陆伟昌、邓熙农。陆、邓二人租了一只小艇在阁美、河口、木棉一带的北江河上躲避了一个多月。

1927 年，中共中央武汉八七会议后，在三水的共产党员恢复了活动。秋末，中共三水县委成立，陆伟昌任县委委员。根据中共中央确定的实行土地革命和武装反抗国民党反动派的总方针，并把发动农民举行秋收起义作为当前党的最主要任务的要求，陆伟昌他们深入农村恢复了一批农会组织。11 月，中共广东省委决定准备举行全省暴动，夺取政权。陆伟昌和邓熙农秘密组织了以西南镇榨油、理发等工会会员组成的工人赤卫队和阁美等村农会会员组织的农民自卫军，策应广州起义。起义枪响后，陆伟昌即同邓熙农率队与四会农军一度占领广三铁路走马营路段，封锁广州至西江地区的陆上要冲。广州起义失败后，白色恐怖严重，陆伟昌被迫转移香港。他千方百计找到彭湃。彭湃对他说，要组织武装反抗国民党的大屠杀，不可离开家乡民众。不久，陆伟昌返回三水活动。

1928 年 4 月，中共广东省委派人帮助改组后，三水成立临委，后改为县委。陆伟昌续任县委领导成员。他和其他党员按照中共广东省委"要尽量发展赤色工会会员"和"依据三水情形，要引起农民暴动，首先要领导农民起来反抗民团"等指示，深入到工人、农民之中，恢复了部分工会、农会组织，发展 5 名工农分子加入中国共产党，使三水的革命活动重新活跃起来。8 月的一天，陆伟昌到南海县南沙乡参加李校（注：李为土匪头子，据说白色恐怖时，陆伟昌曾打入其队伍，以图暂时立足）家举行的婚宴。晚上，南海县署出动几十人围村捉人。李校率队突围出去，漆黑中陆伟昌跟不上队伍，独自突围，遭敌人乱枪击中而牺牲，时年 27 岁。

三、邓熙农

邓熙农（羲农）（1901—1930），原名邓遂安，广东三水金本云塘村人，1901 年出生于一个富裕家庭。邓熙农少年聪慧好学，能言善辩。1917 年以第二名成绩考入新办三水县立中学。两年后考入广州政法学堂。在学期间，受五四爱国运动的影响，接触进步人士，研读马克思著作和革命书刊，逐步接受新思想，开始确立社会主义能够救中国的信念。当时很多进步青年为寻求救国之路，赴国外求学，邓熙农也想去苏联，但因父亲反对而未成行。但他追求真理的意志十分坚决，1922 年离开政法学堂去上海参加革命活动，次年返回广州，加入中国共产党。

1924 年 1 月，在中国共产党帮助下，国民党于广州召开了第一次全国代表大会。会议确定了联俄、联共、扶助农工的三大政策，实现了第一次国共合作。为了促进反帝反军阀的国民革命，中共派出一批党员到各地发动工农运动，发展党组织。是年春，邓熙农受中共广东区委派遣，回到家乡三水开展活动。他深入到理发、碾谷、烟丝、染布、起落货等行业的工人中去，宣传工人组织工会，团结起来才有力量，才能翻身做主人；共产党是为人民谋利益的党，将来的世界必定实行共产主义等革命道理。他还时常到码头、公园、学校等人群众多的地方发表演说，广泛宣传孙中山的新三民主义，宣传共产党的主张，号召大家起来革命。

在开展工人运动的同时，邓熙农也努力开展农民运动。1925年，他到西区青岐乡阁美村，以当教师为名开展工作。1926 年 2月，国民党三水县党部改组，邓熙农以个人身份加入国民党，5

月由国民党广东省党部委任为国民党三水县党部筹备员。他利用合法身份，全力投入工农运动。同年五六月间，参与建立中共三水县支部，与梁应坤、程鸿博、谭毅夫、陈殿钊等先后发动和帮助建立榨油、烟丝、染布、碾谷、起落货等行业工会和三水县革命工人联合会及工人纠察队、南（海）三（水）工人研究社。7月，米业工人向资本家提出增加工资、减少工时的要求遭到拒绝，邓熙农等通过工会组织发动全县米业工人举行大罢工。罢工斗争得到广东碾谷总工会和三水工会联合会的援助，坚持了月余，最后国民党广东省党部令三水县党部筹备处转三水县长，责令资方接受工人的全部条件，斗争取得了胜利。邓熙农也注重农运工作，1926年6月，他与陆伟昌、程鸿博发动和组织的阁美村农会成立，会员共30多人。农会接管了公产公物，实行禁烟禁赌、减租减息。组织农军，实行武装自卫。三水农民运动迅猛发展。全县有40多个乡村建立了农会，会员达3000多人。

1927年4月12日，蒋介石发动反革命政变，三水县国民党右派于4月19日开始大搜捕，一批共产党员和工会、农会骨干被逮捕。在白色恐怖下，邓熙农与陆伟昌先避舟楫于北江河上，后转到万金沙一带，昼伏夜出一个多月。中共中央在汉口召开的八七会议确定了实行土地革命和武装反抗国民党反动派的总方针。不久，中共三水县委成立。邓熙农为县委委员，他和共产党员们又投入新的战斗，恢复了一批工会农会组织，领导群众开展斗争。8月，中共广东省委香港会议部署，组织广州、西江、北江暴动。11月中共广东省委决定在广州举行武装暴动夺取政权。邓熙农与陆伟昌即以西南榨油、理发等工会的会员组成的工人赤卫队和阁美村农会会员组成的农民自卫军为队伍，与集结在三水的西江农军一起等候策应起义。12月11日，广州起义的枪声打响，工人赤卫队和农民自卫军曾一度占领了广三铁路走马营路段一带，封锁广州至西江地区的陆上要冲。广州起义失败后，白色恐怖笼罩全省，三水反动当局也加紧缉捕共产党员。三水党组织的成员被迫转移，邓熙农辗转隐蔽于家乡西区及高明明城、南海西樵、鹤山沙坪一带。不久，避往香港的陆伟昌返回三水，向邓熙农传达彭湃关于组织武装力量反抗国民党的大屠杀，不可离开家乡民众的指示，邓熙农即在西区开展秘密活动。

1928年8月下旬，邓熙农回云塘村活动，不幸被反动当局侦悉。县侦缉大队长刘贞一与西区华警中队长林干栓带领几十个民团团丁包围云塘村，邓熙农不幸被捕。邓熙农被押解到县城河口，适遇广三列车停靠，下车旅客甚众，他向行人高呼口号，宣讲要实行共产主义的道理。国民党反动当局将他解往广州南石头监狱。在刑讯中，邓熙农公开承认自己的身份，直言共产党人是为劳苦大众谋福利的，揭露国民党右派背弃孙中山的联俄、联共、扶助农工三大政策，篡夺革命领导权，破坏革命统一战线，勾结帝国主义屠杀共产党人和革命群众的可耻行径，斥责国民党右派与军阀政府都是城狐社鼠。邓熙农每次受审都理直气壮地痛斥敌人，反置敌人于受审地位。其父十分焦急，多方设法营救，海外的亲戚也出资救助。反动当局允诺："只要他表悔改之意，就可以释放。"但邓熙农断然表示，绝不变志，决不屈膝求生。他传出家信，叫妻子不要为他忧伤，要教育好后代，鼓励家人相信正义的事业一定胜利。经过两年多的狱中折磨，无数次的刑审逼供，邓熙农都不屈服变节。

1930年12月23日，邓熙农被押解回三水。次日，被押赴刑场。邓熙农沿途高呼"中国共产党万岁""打倒国民党反动派"，场面悲壮，感动无数群众。邓熙农牺牲时，年仅29岁。

四、其他革命人物

李伟鸿，大塘镇莘田村人，1911年生。1939年参加地下组织，为中共地下党员。1941年在大塘莘田村遭日军飞机袭击牺牲，时年30岁。

梁应坤，西南镇上横涌村人，1894年生。1925年参加省港大罢工。曾任中共三水县支部书记、中共三水县委书记。1932年革命低潮时赴香港坚持革命斗争。受党组织的派遣，1943年乘船到海南岛执行任务，为保护党的机密，梁应坤与叛徒英勇搏斗，堕海牺牲，时年49岁。

何少玲，西南镇人，1903年生，中共党员。1941年参加革命，任南三大队通讯员，1943年在三水县被日寇杀害，时年40岁。

何新荣，乐平镇田螺坭村人，1890年生。出身贫苦，清末开始当土匪。1943年任日特菊机关组织的支局长，在三溪一带活动。1944年率队向中共领导的南三大队投诚。弃暗投明后，何新荣被任命为南三大队第三中队长，先后参加了围攻南海县官窑圩万文甫老巢及攻打乐平、沙头大会战等战役，表现机智勇敢，屡受上级表扬。曾率队于田螺坭村截获日伪军大批粮食及其他重要物资，送沙头抗日游击根据地，对解决当时部队补给困难起了重要作用。起义前，何新荣是汉奸林伯平的部属。林伯平对何新荣的"叛变"，既怕又恨，曾把何新荣的家财抢光，房子烧毁。但何新荣处之泰然，且更积极参加抗日斗争。1945年日军投降后不久，独立第三大队大部北撤，何新荣受命留下坚持革命工作。1946年初，不幸被伪乡长何泽林告密，在沙头圩被捕，转解西南。当时，中共地下党曾设法营救，后因何新荣被折磨过度，1946年1月20日于监狱中牺牲，时年56岁。

陈肃立，名兑光，金本镇洲头村人，1906 年生。1937 年 9 月到延安抗日军政大学学习，1938 年毕业后受党组织派遣回广东活动。时值日军入侵县境，陈肃立与一起回来的抗日军政大学同学组织武装抗日。陈到高要新桥圩的一支地方抗日武装队伍中担任领导。1940 年 5 月，陈奉党组织之命返回故乡，以农耕为掩护，暗中对当地实力人物进行统战工作，组织和扩大抗日力量，遏制特务汉奸的猖獗活动，并组织各村武装联防，防止匪劫。1944年，党组织安排 8 位女同志到陈家暂往。陈为解决这批同志的粮食问题，到高要县金利圩买粮，途中被国民党中统特务李教传杀害，时年 38 岁。

严慧龄，河口镇城内村人，1921 年生。严慧龄读中学时，正值日军侵华，她毅然加入三水县抗敌后援会战地工作团，1940 年参加中国共产党。与黄池宽结婚后，夫妇同在河源县贡村小学以教书为掩护，进行地下革命活动。1941 年，黄池宽调任中共博罗县委书记，严随夫前往，并任中共博罗县委妇女部长，她深入石湾地区抗日前线，组织群众抗击日军。1943 年与黄池宽同时调入东江纵队工作，并化名黄桂英，与夫以兄妹相称，秘密回广州活动。1945 年夏，严奉命随东江纵队邬强部从罗浮山向粤北挺进，途中遇国民党军和地方反动武装袭击，8 月在粤北始兴县奇心洞战役中牺牲，时年 24 岁。

何学文，乐平镇桃圻村人，1916 年生。1944 年初参加南三大队。1945 年 2 月在攻打乐平圩联防队的战斗中牺牲，时年 29 岁。

陆卓，三水县人，南三大队和独立第三大队战士，1945 年春夏间攻打南边陆坑村日伪警察所时牺牲，年岁不详。

禤洪，乐平镇隔坑村人，1925 年生。1944 年参加南三大队"铁鹰"队。1946 年北撤途经英德与国民党军队作战中牺牲，时年 21 岁。

　　龙英业，乐平镇桃坭村人，1914 年生。1944 年参加南三大队，1946 年在北撤途中与国民党军队作战中牺牲，时年 30 岁。

　　潘苏，乐平镇桃坭村人，1915 年生。1943 年参加南三大队，1946 年在北撤途中与国民党军队作战中牺牲，时年 31 岁。

　　钱殿余，西南镇辑罗村人，1945 年参加独立第三大队，1946 年北撤至南雄，在与江西省交界的坳背村牺牲，年岁不详。

附录四 革命遗址

一、桃垎联乡办事处旧址

桃垎联乡办事处旧址位于乐平镇桃垎村潘氏大宗祠。1944—1945 年，中共领导的抗日武装广东人民抗日游击队珠江纵队独立第三大队在此建立了基层民主政权——桃垎联乡办事处。

桃垎村潘氏大宗祠

二、冯氏宗祠——南三大队抗日活动旧址

南三大队抗日活动旧址位于乐平镇隔坑村的冯氏宗祠。1944—1945 年南三大队在此地长期驻扎活动。

隔坑村冯氏宗祠

三、褟氏宗祠——南三大队抗日基地旧址

南三大队抗日基地旧址位于乐平镇源潭村委会康乐村褟氏宗祠。1944 年 8 月至 1945 年 8 月，南三大队（后改编为珠江纵队独立第三大队）长期在康乐村驻扎活动。

康乐村褟氏宗祠

四、张氏宗祠——南三大队抗日活动基地旧址

南三大队抗日活动基地旧址位于乐平镇源潭村委会张岗头村张氏宗祠。1944 年 8 月至 1945 年 8 月，南三大队（后改编为珠江

纵队独立第三大队）长期在张岗头村驻扎活动。

张岗头村张氏宗祠

五、中共三水县工委和西江特委旧址

中共三水县工委和西江特委旧址位于大塘镇莲滘村委会莲滘村罗氏宗祠。

莲滘村罗氏宗祠

六、邓熙农烈士故居

邓熙农烈士故居在西南街道金本云塘村。这里留下了他光辉革命历程的印记。

邓熙农烈士故居

七、蚺蛇村炮楼

乐平镇乐平村委会蚺蛇村炮楼建于民国时期，当时为保护村庄免遭受盗贼和土匪的骚扰、抢劫，村民在村口修建了围墙和炮楼两座。

1944 年 7 月开始，南三大队在此区域内活动，建立起牢固的群众基础。1945 年 2 月 15 日、伪军从南、西、北三面大举向独立第三大队驻地沙头、小垇村"扫荡"，在敌我力量悬殊的情况下，独立第三大队战士与民兵发挥果敢的斗争精神，运用阵地战、狙击战、巷战、麻雀战、地雷战等战术，抗击来犯之敌。独立第三大队在蚺蛇村利用炮楼英勇顽强地狙击敌人，经过六天五夜的战斗，日、伪军无法占领沙头、小垇村，最后灰溜溜地撤走，沙头、小垇

蚺蛇村炮楼遗址

村保卫战毙伤日伪军 60 余人。

20 世纪 50 年代后，两座炮楼拆除一座，另外一座仅余地面一层，1993 年村民重新修缮了仅剩地面一层的炮楼。

八、中共南三番沦陷工作委员会旧址

1940 年 10 月起，中共西江特委刘田夫等领导人在三水县乐平大旗头村郑大夫家庙设立领导机构和联络站，同时设立的联络站还有芦苞镇和乐平圩，开展抗日统战工作。1940—1941 年间，中共西江特委刘田夫、冯燊、梁威林等领导把特委机关驻扎三水，直接在三水抗日前线活动，领导三水和西江各县人民的抗日斗争。为了进一步加强对南海、三水、番禺北部沦陷区抗日工作的领导，从 1940 年 10 月起，设立了中共南三番沦陷区工作委员会，工委书记王磊、组织部部长邓重行、宣传委员绕东（绕华）、武装委员邝达、妇女主任梁庄仪。

中共南三番沦陷区工作委员会旧址

九、中共西江特委和中共三水县委机关旧址

中共西江特委和中共三水县委机关旧址位于三水区芦苞镇刘寨村委会三村麦街 6 号民居。1939 年 1 月，中共西江临时工作委员会成立，3 月改称西江特别委员会，领导三水、四会、广宁、

高要等地的党组织和抗日救亡工作。5 月，西江特委派遣在国民党广东税警总团政训处工作的陈少陵等 10 名共产党员和 10 多名进步青年从驻地四会到三水，在国民党三水县政府内建立中共三水县特别支部，陈少陵任书记。中共三水县特别支部成立后，积极慎重发展党员，至 9 月，三水县已有党员 20 名，党的力量得到

中共西江特委和中共三水县委机关旧址

壮大。年底，中共西江特委又派遣一批共产党员到国民党第七战区挺进第四纵队（简称"挺四"），组建起中共"挺四"支部，开展抗日统战工作。在西江特委的领导下，三水区的党组织得到了发展和壮大，1939 年 11 月，中共三水县工作委员会成立（1941 年初改为中共三水县委员会）。三水县特别支部和三水县工作委员会通过各种形式发动组织群众开展抗日活动，成为三水人民抗日斗争的领导核心。1940—1941 年间，西江特委机关迁驻三水县芦苞，冯燊、梁威林先后在三水抗日前线活动，领导三水和西江各县人民开展抗日斗争。

十、上横涌村头厅——三水首个农民协会旧址

1926 年初，广东各地农民运动风起云涌，中共广东区委派遣曾参加省港大罢工的机器工人、中共党员梁应坤（1894—1942，三水区云东海街道横涌村委会上横涌村人）回家乡三水县组建农民协会，开展农民运动。梁应坤在家乡良和乡上横涌村发动农民加入农民协会，与土豪劣绅、地主恶霸作斗争。村民何挽中积极参与筹建农会，成为组建农会的得力助手。经过艰苦深入的发动

上横涌农民协会遗址

工作，农民群众的觉悟逐渐提高，成立农会的条件已基本成熟，是年夏，上横涌农会成立大会在村头榕荫厅（即村头厅）召开，三水县第一个农民协会——上横涌农民协会宣告成立。梁应坤当选会长，何挽中当选副会长。1927 年，国民党反动派在广州发动反革命政变后，梁、何二人转至香港活动，上横涌农民协会遂告解散。

纪念场馆

一、三水人民抗日纪念碑

三水人民抗日纪念碑矗立在乐平镇源潭村委会，占地 800 多平方米。1997 年 4 月，三水市委、市政府拨出专款 12 多万元兴建，同年 7 月 7 日落成。碑高 8 米，由平台、碑座、碑身组成，碑内结构为钢筋水泥砼，外为福建寿石，荔枝面。碑座正面长、宽均 3.5 米，高 1.2 米。左右侧中间为凹青石，正刻碑文，左右刻葵花图案，碑身下面为青石，镌刻着原珠江纵队政委梁嘉题写的"三水人民抗日纪念碑"碑名。近年增设了"三水人民英勇抗日"群雕像等景观。

三水人民抗日纪念碑

二、三水革命烈士陵园

三水革命烈士陵园始建于 1958 年，1964 年重修。为纪念三水革命英烈，激励后人，中共三水区委、区人民政府于 2003 年 4 月在三水森林公园修建三水纪念广场，并将三水革命烈士陵园从三水西南公园迁至三水纪念广场。

三水纪念广场占地约 3000 平方米，位于纪元塔博物馆西侧山岗，北倚翠岭，南傍大江，西连沃野，东接广厦。坐落于其中的三水革命烈士陵园坐西北向东南，总宽 55.91 米，总深 69.61 米，占地 973 平方米。陵园环境优美，绿树成荫，四周植满桉树和台湾相思树。陵园西北部建有一座革命烈士纪念碑，以纪念解放三水县西南镇的革命烈士。该碑初建于 1960 年，1988 年 10 月移至三水县西南镇中心城区广海中路西南公园侧，2003 年与三水革命烈士陵园一并迁到三水纪念广场。纪念碑底座为大理石结构，外铺贴瓷砖，红砂岩人物浮雕，花岗岩碑身，刻有广东省原省长刘田夫题写的"革命烈士永垂不朽"8 个大字。

三水革命烈士陵园

　　三水革命烈士陵园于 2003 年 4 月被三水区人民政府公布为三水区文物保护单位，2006 年 10 月被佛山市人民政府公布为佛山市文物保护单位。三水革命烈士陵园 1995 年 4 月被中共三水市委、市人民政府公布为三水市爱国主义教育基地；三水革命烈士纪念碑于 1997 年 7 月被中共三水市委、市人民政府公布为三水市爱国主义教育基地。

参考文献

1．三水县地方志编纂委员会编：《三水县志》，广东人民出版社，1995 年版。

2．三水档案局编：《三水县大事记》，2004 年内部出版。

3．三水县民政局编：《三水县民政志》，1991 年内部出版。

4．三水县政协文史委员会编 ：《三水文史》（1—23 编），1980—1986 年内部出版。

5．三水年鉴编辑部编：《三水年鉴》（1996—2018 年），1996—2018 年广东人民出版社、中华书局等出版。

6．三水区地方志办公室编：《全粤村情》（三水区卷上、下册），上交省志办待出版。

7．三水区档案局、区党史办编：《中国共产党三水区历史大事记》，2004 年内部出版。

8．三水区党史办编：《中共三水地方党史》，2002 年内部出版。

9．中共三水区委组织部、区档案局：《三水党史人民选辑》，2010 年内部出版。

10．三水区档案局：《三水历史人物选录》，2003 年内部出版。

11．三水区档案局、唐山市政协文史资料委员会：《邓培烈士传》，2003 年内部出版。

12. 三水区党史办编：《三水革命英烈》，1993 年内部出版。

13. 三水区档案局、区党史办：《中国共产党三水历史第二卷》（1949—1978 年），2013 年内部出版。

14. 三水区档案局、区党史办编：《中国共产党三水县重要文献选编》（1950 年 1 月—1978 年 11 月），2007 年内部出版。

15. 三水区档案局编：《中国共产党三水历次代表大会文献选编》（一、二），2004 年内部出版。

16. 三水县武装部队《军事志》编写组：《三水县军事志》，1989 年内部出版。

17. 三水县地名委员会编：《三水县地名志》，广东高等教育出版社，1988 年版。

18. 中共三水区委组织部、宣传部、区档案局编：《腾飞的三水》，2011 年内部出版。

19. 中共南海市委党史研究室、中共三水市委党史研究室编著：《珠江纵队独立第三大队》，1995 年印，内部交流。

20. 《乐平抗日史料》，1992 年，乐平镇内部出版。

后记

　　回首过去，数十年风雨历程，一路艰辛汗水，老区人民和三水人民斗志昂扬，开拓进取，在中国共产党的领导下取得了令人瞩目的进步。数十年经济社会的发展，三水乐平革命老区人民的生活实现了由贫穷到温饱，再到整体小康的跨越式转变；社会实现了由封闭、贫穷、落后和缺乏生机到开放、富强、文明和充满活力的历史巨变；经济实现了持续快速增长，民生得到显著改善，人民生活总体上达到小康水平，科技教育快速发展，社会事业全面进步；人民群众主人翁意识显著增强，受教育水平和文明程度明显提高，社会整体文明程度大幅提升。

　　继往开来，中国的发展永不止步，在习近平总书记的领导下，全面深化改革，着眼全局性重大问题进行顶层设计，狠抓改革落实，一往无前，中国也踏上了新的历史征程。

　　中国特色社会主义进入新时代，我们要铭记老区人民所作出的牺牲与贡献，坚持全面深化改革，充分发挥我国社会主义制度优越性，中华民族必将实现伟大复兴，国家富强、民族振兴、人民幸福，屹立于世界民族之林！三水人民和老区人民将过上美好、幸福的生活！

编者

2021 年 4 月